ÉTHIQUE DES AFFAIRES

COMITÉ ÉDITORIAL

Emmanuel CATTIN

Sandra LAUGIER

Michel MALHERBE

assisté de
Gaël KERVOAS

TEXTES CLÉS

ÉTHIQUE DES AFFAIRES

Marché, règle et responsabilité

Textes réunis et présentés par
Alain ANQUETIL

Traductions sous la direction d'A. ANQUETIL
par
G. KERVOAS, C. LAUGIER, P. VELLOZZO

*Textes traduits avec le concours
de Total*

PARIS
LIBRAIRIE PHILOSOPHIQUE J. VRIN
6, place de la Sorbonne, V^e
2011

PRÉFACE

À quiconque veut introduire l'éthique des affaires, c'est-à-dire la branche de l'éthique appliquée à l'économie de marché, à ses pratiques et à ses acteurs, deux qualificatifs semblent s'imposer : *sceptique* et *artificiel*.

Avoir une attitude sceptique sur la place que tient l'éthique dans les affaires ressemble à une platitude. Pourtant cette attitude a été conceptualisée par Edward Freeman sous la forme de la « thèse de la séparation »[1]. Celle-ci affirme que le langage utilisé pour décrire les pratiques de l'économie marchande est séparé du discours éthique et que cette séparation engendre la croyance, largement partagée, que les normes morales qui gouvernent la vie des affaires sont d'une exigence inférieure à celles qui gouvernent la vie ordinaire. On retrouve la thèse de la séparation à l'arrière-plan de multiples thèmes qui ont été abordés par les chercheurs de la discipline. C'est le cas, par exemple, du supposé « mutisme » des managers, qui désigne le fait qu'ils seraient « réticents à décrire leurs actions en termes moraux même quand ils agissent pour des raisons morales »[2].

1. R.E. Freeman, « The politics of stakeholder theory : Some future directions », *Business Ethics Quarterly*, 4(4), 1994, p. 409-421.
2. F.B. Bird, J.A. Waters, « The moral muteness of managers », *California Management Review*, 32(1), 1989, p. 73-88.

À ce « scepticisme tenace envers la fiabilité et la qualité morale des comportements en affaires », comme le dit Amartya Sen[1], l'éthique des affaires a bien sûr répondu. Elle a ainsi cherché à démontrer qu'il existe des liens intrinsèques entre l'économie et la morale. Elle a également proposé des théories morales adaptées aux spécificités du domaine – liberté économique, concurrence, impératifs d'efficacité et de rentabilité. Elle a enfin invoqué le caractère *artificiel* des règles qui gouvernent son fonctionnement.

John Stuart Mill dénonçait « l'illusion universelle » issue de l'habitude et de la coutume, laquelle « neutralise toute critique éventuelle des règles de conduite que l'humanité s'impose à elle-même »[2]. Une telle illusion pourrait aussi « neutraliser toute critique » sur le système de normes qui régit la vie des affaires. Cependant, comme Thomas Donaldson et Thomas Dunfee le soulignent, « les systèmes économiques (…) ont une origine artificielle, pas naturelle ». Ce sont des artefacts : « Les gens les créent (…) et ils auraient pu choisir de les fabriquer de façon différente »[3]. Cette affirmation permet de répondre au scepticisme relatif à la place de l'éthique dans les affaires, tout comme elle retourne la célèbre analogie de la vie économique marchande avec le jeu de poker qui a été proposée par Albert Carr[4]. En effet, puisque les systèmes économiques sont des artefacts, il suffirait, pour garantir la moralité de leur fonctionnement, de « fabriquer » des règles éthiques appropriées auxquelles

---

1. Cf. *infra*, p. 54.

2. J.S. Mill, *On Liberty*, trad. fr. L. Lenglet, *De la liberté*, Paris, Gallimard, 1990.

3. Cf. *infra*, p. 118.

4. A.Z. Carr, « Is bluffing ethical ? », *Harvard Business Review*, 46(1), 1968, p. 143-153. Sur cette analogie, voir dans ce volume R.C. Solomon et, sur la thèse de la séparation, R.A. Buchholz et S.B. Rosenthal. *Cf.* également A. Anquetil, *Qu'est-ce que l'éthique des affaires ?*, Paris, Vrin, 2008.

les acteurs de l'économie marchande seraient contraints de se conformer.

C'est en définitive l'une des directions qu'a prise l'éthique des affaires telle que la conçoivent, en particulier, les grandes entreprises. En effet, elles cherchent à mettre en œuvre des politiques visant à rendre leurs pratiques *conformes* à des systèmes normatifs, dont certains ont un caractère légal, comme les lois anti-corruption. Au passage, cette recherche de la conformité (*compliance*) s'accorde bien avec des modes de pensée managériaux souvent fondés sur la fixation d'objectifs et la mesure de la performance.

L'éthique des affaires, dans le contexte académique, s'est bien sûr penchée sur ces démarches. L'un de ses axes de recherche porte ainsi sur leur efficacité, en particulier sur les effets pratiques des programmes de conformité et des dispositifs éthiques adoptés par les entreprises – comités d'éthique, codes de conduite, alerte professionnelle, etc. Mais on pourrait considérer que l'accent mis sur la conformité traduit une vision étroite de la discipline. Car celle-ci n'a certainement pas pour seule vocation de mesurer l'efficacité de programmes de conformité et de dispositifs éthiques. Elle vise aussi à fournir aux acteurs (dirigeants, managers et employés) des critères leur permettant d'agir bien et de vivre bien. La vision étroite signifierait notamment que le souci de la firme pour la conformité prendrait le pas sur sa contribution à la quête individuelle d'une vie bonne. Il n'est pas surprenant que certains auteurs aient mis en garde contre les limites éthiques d'une recherche trop exclusive de la conformité à des systèmes normatifs[1].

1. Sur les rapports entre l'éthique et la « conformité », voir G.R. Weaver et L.K. Treviño, « Compliance and values oriented ethics programs : Influences on employees' attitudes and behavior », *Business Ethics Quarterly*, 9(2), 1999,

Les questions relatives au contenu des règles du jeu de la vie économique et à la manière dont ces règles sont déterminées sont, pour l'éthique des affaires, des questions substantielles. Les thèses de Robert Reich, par exemple, montrent que ces deux questions renvoient à une certaine conception de la firme et de sa place dans la société[1]. À la manière de Milton Friedman, mais sans partager son engagement envers un libéralisme libertarien, Reich affirme que le premier devoir d'un dirigeant est de maximiser le profit de son entreprise[2]. En aucun cas ce dirigeant n'est autorisé à faire des « calculs moraux », c'est-à-dire à « arbitrer entre les profits et le bien public ». Car, selon Reich, c'est uniquement aux citoyens, et non aux firmes, qu'il appartient de fixer les règles du jeu économique. Quant au discours selon lequel les firmes devraient exercer des responsabilités sociales, il a pour effet contreproductif de détourner l'attention du public « de la responsabilité démocratique consistant à fixer les règles du jeu en vue de réaliser le bien commun ». Cela ne signifie pas que les règles de la vie des affaires doivent être conçues sans que les pouvoirs publics collaborent avec les firmes, puisque celles-ci sont bien placées pour répondre aux enjeux environnementaux et sociaux contemporains, et qu'elles jouent un rôle essentiel en matière d'innovation[3]. Mais la responsabilité de la régulation incombe en dernier ressort aux citoyens, donc, pour une grande part, à la loi.

p. 315-335, et C. Michaelson, « Compliance and the illusion of ethical progress », *Journal of Business Ethics*, 66, 2006, p. 241-251. Celui-ci rappelle que la distinction entre l'éthique, centrée sur le choix juste, et la conformité à des critères imposés de l'extérieur a été institutionnalisée dans le système légal américain.

1. R.B. Reich, « How capitalism is killing democracy », *Foreign Policy*, 162, 2007, p. 38-42.

2. Voir le texte de référence de Friedman traduit dans Anquetil, *Qu'est-ce que l'éthique des affaires ?, op. cit.*

3. R.B. Reich, « Government in your business », *Harvard Business Review*, 87(7/8), 2009, p. 94-99.

L'argument de Reich concerne les rapports entre le capitalisme et la démocratie. Il a une portée morale et politique. C'est également le cas de certaines théories normatives, proposées au sein de la discipline, dont les conclusions s'avèrent très ambitieuses sur le plan pratique. L'effort de théorisation dont elles témoignent a précisément constitué l'un des critères de sélection des textes qui composent cet ouvrage.

Les textes de la première partie ont une visée épistémologique qui se décline sur trois plans : dilemmes et désaccords moraux fondamentaux auxquels les acteurs du système économique ne peuvent se soustraire (Alasdair MacIntyre); portée de la discipline en matière d'échange économique, de production et de répartition (Amartya Sen); présupposés métathéoriques et types de relations entre les branches normative et empirique de l'éthique des affaires (Gary Weaver et Linda Treviño).

Ceux de la deuxième partie témoignent du souci de changer certaines structures et pratiques de l'économie de marché, sans toutefois remettre en cause ses principes fondamentaux. On y trouvera non seulement des tentatives d'adapter à la vie des affaires des cadres normatifs issus de la philosophe morale (les théories du contrat social, le déontologisme kantien et l'éthique de la vertu, qui constituent les références théoriques des textes de Thomas Donaldson et Thomas Dunfee, de Norman Bowie et de Robert Solomon), mais aussi des descriptions d'autres fonctionnements possibles de l'économie de marché et des organisations qui la composent. Pour reprendre les mots de Bowie, si ces descriptions prenaient corps, «la pratique des affaires serait très différente de ce qu'elle est aujourd'hui»[1]. Ceci renvoie à la dimension «suicidaire» de l'éthique des affaires que soulignaient Christian Arnsperger et Philippe Van Parijs car,

---

1. N.E. Bowie, *Business ethics : A Kantian perspective*, Malden, Blackwell Publishers, 1999.

selon eux, « dans la mesure où éthique et profit divergent sensiblement, les injonctions de l'éthique des affaires sont autodestructrices »[1].

Les textes de la troisième partie ont une portée ambitieuse car ils invitent à nouveau à changer fondamentalement les conceptions et les descriptions de la vie des affaires. Les deux premiers font référence au cadre théorique dominant de la *business ethics* : la théorie des parties prenantes. Les arguments présentés sont adossés à des arrière-plans philosophiques : post-modernisme, pragmatisme et éthique du *care* chez Andrew Wicks, Daniel Gilbert et Edward Freeman ; pragmatisme chez Rogene Buchholz et Sandra Rosenthal. Le dernier texte envisage l'éthique des affaires comme une branche de la philosophie politique et c'est de ce point de vue que son auteur, Christopher McMahon, traite de la légitimité de l'autorité des managers au sein des entreprises.

Pour compléter cette présentation et préciser l'esprit général de l'ouvrage, il est utile d'aborder deux questions relatives à l'objet d'étude qui influencent notablement la manière de concevoir l'éthique des affaires. L'une a trait à l'importance accordée à la décision éthique dans le contexte économique, l'autre à la définition de la firme et de ses finalités.

Il est évident que la vie économique se compose d'une multitude de situations de choix. Beaucoup d'auteurs définissent d'ailleurs l'éthique des affaires en termes de « décisions » ou de « problèmes ». Laura Nash, par exemple, affirme qu'elle a pour objet la « résolution de problèmes » et que son premier but est de « comprendre la nature de la décision dans les affaires »[2].

---

1. C. Arnsperger, P. Van Parijs, *Éthique économique et sociale*, Paris, Éditions La Découverte, 2003.

2. L.L. Nash, *Good intentions aside : A manager's guide to resolving ethical problems*, Harvard Business School Press, 1990.

Qu'une partie de la littérature du domaine soit consacrée aux dimensions normative et empirique de la décision éthique n'a rien d'étonnant puisque la philosophie morale porte en particulier sur l'action humaine et que l'étude de la décision relève des sciences humaines et sociales. Mais donner trop d'importance à la décision éthique risque de conférer une visée trop étroite à la discipline, comme l'a souligné par exemple John Boatright. Partant des crises majeures qu'a connues l'économie de marché, spécialement la crise financière de l'année 2008 et ses prolongements, il affirme qu'«une part trop importante des travaux en éthique des affaires est centrée de façon inadéquate sur la décision individuelle dans les organisations, notamment la décision prise au plus haut niveau»[1]. Il contraste cette vision avec celle, plus systémique, centrée sur le fonctionnement des marchés. Une telle vision va au-delà des considérations relatives aux bonnes intentions et à la conception classique de la décision juste. Elle reconnaît notamment que des décisions ayant de mauvaises conséquences peuvent provenir d'agents «modérément rationnels» qui ne font que répondre à des «incitations dans un système complexe d'interactions»[2].

Donner la priorité à la décision peut en outre laisser penser qu'il existe des moments éthiques particuliers au cours de la vie d'une entreprise – ces moments où une décision cruciale, porteuse de graves conséquences morales, doit être prise. Cette vision erronée conduit à croire que les décisions éthiques sont essentiellement l'affaire des dirigeants ou des managers. Elle est

1. J.R. Boatright, «Business ethics: Where should the focus be?», *Business Ethics Quarterly*, 20(4), 2010, p. 711-712.
2. Sur ce point, Boatright cite la formule de Douglas W. Hubbard (*The failure of risk management: Why it's broken and how to fix it*, New York, Wiley, 2009): «Ne jamais attribuer à la méchanceté ou à la stupidité ce qui peut être expliqué par des individus modérément rationnels qui suivent des incitations dans un système complexe d'interactions».

susceptible de contribuer à justifier l'une des métaphores masculines de la vie des affaires critiquée dans cet ouvrage par Wicks, Gilbert et Freeman, selon laquelle les firmes doivent être structurées hiérarchiquement, les décisions importantes étant concentrées en peu de mains. Et cette vision pourrait même conforter la thèse de la séparation puisqu'elle signifie que l'éthique est présente dans certaines classes de situations bien définies.

Toutefois, la place accordée à la décision éthique dépend de la manière de définir l'entreprise. Beaucoup d'auteurs de l'éthique des affaires ont proposé des définitions allant bien au-delà de celle, classique, selon laquelle la firme serait une association privée exprimant la volonté des actionnaires et dont la gestion viserait exclusivement la satisfaction de leurs intérêts. Par exemple, Wicks, Gilbert et Freeman affirment que « l'entreprise est formée par le réseau des relations dans lequel elle est impliquée par l'intermédiaire de ses employés, de ses clients, de ses fournisseurs, des communautés, des entreprises et d'autres groupes qui interagissent avec elle, lui confèrent du sens et contribuent à la définir »[1]. Il résulte de ce genre de définition un élargissement du domaine de l'éthique des affaires.

Une idée maîtresse des différentes définitions proposées est que « les firmes sont des communautés »[2]. Quelle que soit la façon dont est conçue une communauté, cette idée a au moins deux conséquences. La première concerne la nature des buts poursuivis par une entreprise. Pour Antonio Argandoña, par exemple, le but fondamental est de réaliser le « bien commun de l'entreprise ». Dans la mesure où toute institution doit donner la priorité à la personne humaine, ce bien commun est

---

1. Cf. *infra*, p. 275-276.
2. R.C. Solomon, « The corporation as community : A reply to Ed Hartman », *Business Ethics Quarterly*, 4(3), 1994, p. 271-285.

« l'accomplissement de sa finalité en tant qu'entreprise, à savoir la création des conditions permettant à ses membres (ceux qui participent à son activité) de réaliser leurs buts personnels »[1]. L'idée selon laquelle l'entreprise doit « créer des conditions » permettant à ses membres de réaliser certains biens est notamment présente chez les tenants de l'éthique de la vertu (l'entreprise doit permettre l'exercice des vertus des personnes qui la composent) et du déontologisme kantien (elle doit donner du sens au travail et respecter l'autonomie de ses membres)[2].

La deuxième conséquence porte sur la place de la recherche du profit au sein de l'ensemble des buts poursuivis par l'entreprise. De la conception de l'entreprise comme communauté résulte l'idée que la recherche du profit n'est qu'un effet secondaire. Ronald Duska le dit clairement : « On considère que le profit est un effet secondaire du principal but de l'entreprise, qui est de produire de la valeur de façon équitable pour tous ceux qui sont concernés par ses activités »[3]. Solomon, de son côté, relie le profit et la communauté : « Mettre en avant la communauté n'est pas en opposition avec la recherche du profit.

---

1. A. Argandoña, « The stakeholder theory and the common good », *Journal of Business Ethics*, 17, 1998, p. 1093-1102.

2. *Cf.* les textes de Solomon et de Bowie dans ce volume.

3. R. Duska, « BEQ's twentieth anniversary : The evolution of business ethics », *Business Ethics Quarterly*, 20(4), 2010, p. 729-730. En ce qui concerne les entreprises, les « credo » des laboratoires pharmaceutiques Johnson & Johnson et Merck sont souvent cités en exemple dans le champ de l'éthique des affaires, le premier parce qu'il propose un classement des parties prenantes dans lequel les actionnaires figurent au dernier rang, le second à cause de la formule : « Medicine is for the people. It is not for the profits. The profits follow. » (citée par D.J. Vogel, « Is there a market for virtue ? The business case for corporate social responsibility », *California Management Review*, 47(4), 2005, p. 19-45).

Dans toute entreprise prospère, c'est même l'une de ses conditions préalables »[1].

La « création de valeur » ou la « réalisation de valeurs » sont souvent considérées comme le premier objectif de la firme[2]. Cependant, toute entreprise *doit* faire du profit, même s'il n'est qu'un effet secondaire. Il en va de sa survie et de la possibilité même de réaliser des valeurs non financières. L'une des questions posées à l'éthique des affaires est précisément de concevoir des modes d'organisation permettant à la firme de réaliser une pluralité d'objectifs sans compromettre ses chances de survie. Les concepts d'« entreprise vertueuse » ou d'« entreprise comme règne des fins » sont censés désigner de tels modes d'organisation, mais leur incarnation pratique ne va évidemment pas sans difficultés.

Cette question, de nature organisationnelle, est étroitement liée à la possibilité de préserver l'autonomie des employés d'une firme et, plus largement, de tous ceux qui sont affectés par ses activités. Ce problème est souvent abordé à travers le concept de « qualité d'agent moral » (*moral agency*), étroitement lié à celui de responsabilité[3]. L'une des finalités essentielles de l'éthique

---

1. R. C. Solomon, « The corporation as community : A reply to Ed Hartman », *op. cit.*

2. Voir l'article de R.E. Freeman, K. Martin et B. Parmar, « Stakeholder capitalism », *Journal of Business Ethics*, 74, p. 303-314, traduit dans Anquetil, *Qu'est-ce que l'éthique des affaires?*, *op. cit.* R.C. Solomon précise que ces valeurs doivent émaner d'une authentique démarche réflexive de la firme sur le sens de ses missions (*Ibid.*).

3. Dans l'éthique des affaires, les rapports entre autonomie et qualité d'agent moral sont par exemple discutés par E.E. Tsahuridu et W. Vandekerckhove, « Organisational whistleblowing policies : Making employees responsible or liable? », *Journal of Business Ethics*, 82, 2008, p. 107-118. Ils remarquent que les employés sont considérés comme responsables de leur conduite et tenus d'en rendre compte (caractéristiques de la qualité d'agent moral), mais sans être moralement autonomes puisque leurs entreprises « prescrivent habituellement les moyens (systèmes/processus) et les fins (buts/objectifs) de la conduite ».

des affaires, peut-être sa finalité essentielle, est d'évaluer dans quelle mesure la qualité d'agent moral peut être garantie dans le contexte de l'économie marchande.

MacIntyre, par exemple, définit la qualité d'agent moral comme le fait, pour une personne, d'être légitimement tenue pour responsable de ses actes – cette responsabilité portant sur la dimension intentionnelle de son action, les éventuels effets secondaires dont elle aurait dû avoir connaissance avant d'agir et certains des effets qu'elle aurait pu raisonnablement prévoir[1]. Il se demande s'il existe des «types de structures sociales qui empêcheraient leurs membres de se concevoir comme des agents moraux». Ce ne serait certainement pas le cas, selon lui, d'une organisation dans laquelle les rôles et les responsabilités de ses membres seraient clairement spécifiés – chacun considérant, à cause des menaces de sanctions et surtout de la force de l'habitude, que ses devoirs moraux se limitent à ceux prescrits par son rôle et qu'en aucune manière il n'a à remettre en cause les «critères établis» qui le justifient.

Même si le propos de MacIntyre ne porte pas spécifiquement sur les modes d'organisation des entreprises, sa description d'un tel fonctionnement bureaucratique a des équivalents dans le champ de l'éthique des affaires. Ainsi, Boatright a décrit cinq modèles relatifs au rôle d'un manager puis tiré les conséquences de chacun d'eux sur un plan éthique. Selon le «modèle de l'organisation formelle», la firme est une entité hiérarchisée au sein de laquelle les rôles dépendent strictement des buts à accomplir. La conséquence éthique d'une telle structure est que «toute considération qui n'est pas reliée aux buts ou aux finalités de

---

1. A. MacIntyre, «Social structures and their threats to moral agency», *Philosophy*, 74, 1999, p. 311-329.

l'entreprise est automatiquement exclue car non pertinente dans le cadre de la prise de décision »[1].

Un tel modèle *ne pourrait pas* être prescrit par l'éthique des affaires académique. Mais celle-ci peut-elle pour autant exiger des firmes qu'elles « créent des conditions » permettant à leurs membres de conserver *pleinement* leur qualité d'agent moral ? Le problème se pose si la qualité d'agent moral est considérée en un sens fort, à la manière d'Henry D. Thoreau qui affirmait, à propos des rapports entre les citoyens et l'État, que, « dans leur masse, les hommes servent ainsi l'État, non pas en leur qualité d'hommes, mais avec leur corps, comme des machines ». Et il ajoutait : « Ils n'inspirent pas plus de respect que des hommes faits de paille ou de simples mottes de terre »[2]. Thoreau établissait un lien entre la « qualité d'homme » et le fait de mériter le respect d'autrui. Traitant de la vie des organisations, l'éthique des affaires a tenté d'apporter des réponses sur ces deux plans en insistant sur l'importance de l'autonomie des employés et en la reliant aux caractéristiques d'un « travail qui a du sens », comme le dit Bowie dans cet ouvrage – afin, pour reprendre ses termes, de faire en sorte que chaque employé soit « un sujet autonome, raisonnable, moral, qui se conçoit lui-même comme partie prenante dans des relations de soutien mutuel et de coopération avec les autres »[3].

Les défenseurs de l'autonomie ou de la qualité d'agent moral au sens fort se heurtent à une limite pratique qui réside dans le fait que, pour réaliser ses différents objectifs, l'entreprise doit

---

1. J.R. Boatright, « Ethics and the role of the manager », *Journal of Business Ethics*, 7(4), 1988, p. 303-312. La citation est issue de J. Ladd, « Morality and the ideal of rationality in formal organizations », *The Monist*, 54, 1970, p. 488-516.

2. H.D. Thoreau, *Resistance to civil government*, 1849, trad. fr. S. Rochefort-Guillouet et A. Suberchicot, « Résistance au gouvernement civil », dans *Désobéir*, Éditions de L'Herne, 1994.

3. Cf. *infra*, p. 194.

favoriser la coopération. Et même si ses employés et ses autres parties prenantes peuvent être motivés pour coopérer parce qu'ils comptent recevoir une partie du futur bénéfice mutuel, l'organisation de la coopération implique des contraintes sur l'autonomie de ceux qui y participent. Surtout que la coopération n'est pas seulement présentée comme un bien que chaque entreprise doit rechercher pour des raisons d'efficacité, elle est aussi décrite comme un bien social. Donaldson et Dunfee affirment ainsi que « même un anarchiste extrême (…) doit reconnaître que la société est souvent dans une meilleure situation lorsqu'elle dispose d'« organisations productives » au sein desquelles les gens coopèrent en vue de réaliser des fins économiques » [1].

L'une des questions fondamentales posées à l'éthique des affaires, notamment du point de vue des praticiens, est de trouver des manières moralement justifiées de concilier les contraintes de la coopération et la préservation de l'autonomie des employés. Mais il s'en ajoute une autre, particulièrement difficile à traiter dans un contexte de mondialisation des échanges économiques : permettre aux « voix silencieuses », c'est-à-dire aux parties prenantes qui n'ont pas les moyens de défendre leurs intérêts, non seulement de s'exprimer, mais aussi d'être *effectivement* reconnues. On trouvera, notamment dans la troisième partie de cet ouvrage, des tentatives de répondre à ces questions.

---

1. T. Donaldson, T.W. Dunfee, *Ties that bind : A social contracts approach to business ethics*, Harvard Business School Press, 1999.

FONDEMENTS ÉPISTÉMOLOGIQUES

INTRODUCTION

L'éthique des affaires a réellement commencé à bénéficier d'une autonomie institutionnelle à partir du début des années 1980. Il paraît donc normal que sa jeunesse ait suscité, de la part des spécialistes et des observateurs, de profonds questionnements épistémologiques. La première question posée a été celle du rapport entre ses dimensions normative et empirique, c'est-à-dire, pratiquement, entre la philosophie morale et politique et les sciences humaines et sociales.

On en trouvera une conceptualisation claire et didactique dans l'article de Weaver et Treviño. Il est important de signaler que ces deux auteurs, en plaidant pour une unification des approches normative et empirique de l'éthique des affaires, soulèvent indirectement la question de la légitimité de sa prétention à être une discipline autonome. Un doute similaire est perceptible chez MacIntyre lorsqu'il évoque sa nécessaire pluridisciplinarité, mais aussi chez Sen, qui souligne souvent l'importance de l'éthique, conçue *en un sens général*, dans la vie économique. Car le fait qu'elle soit institutionnalisée, dans le contexte académique, à travers des revues spécialisées, des cours et des postes d'enseignants-chercheurs ne suffit pas à justifier son statut de discipline à part entière.

Ce problème est sérieux parce qu'il peut nourrir, de façon insidieuse, le scepticisme à son encontre. Mais il est assez facile d'y répondre en invoquant les résultats qu'elle a produits, l'utilité de disposer d'une source de réflexion se démarquant des discours polémiques sur la moralité de la vie économique ou simplement le caractère heuristique, selon le mot de Daniel Andler, de l'existence d'une telle discipline – ce que fait d'ailleurs MacIntyre quand il affirme qu'elle constitue « l'*occasion* d'une activité interdisciplinaire »[1].

Deux arguments justifient notamment l'utilité heuristique de l'éthique des affaires comme discipline académique. Le premier s'inspire de l'influence qu'exerce le droit sur la vie économique. Jeffrey Nesteruk, par exemple, rappelle que la loi vise à produire des effets sur les décisions prises au sein des firmes, qu'elle façonne les rôles assumés par leurs managers et qu'elle influence aussi le type de communauté qu'est l'entreprise[2]. Or, pour que l'éthique des affaires puisse remplir ce genre de fonction, il est préférable qu'elle ne se présente pas en ordre dispersé mais plutôt comme une discipline unifiée.

Le deuxième argument intègre les attentes de la société et les demandes concrètes des acteurs du domaine. Dans la mesure où ces demandes portent non seulement sur l'explication et la compréhension des phénomènes de toutes sortes qui ont trait à l'éthique dans les affaires, mais aussi sur les normes morales

---

1. Je souligne. *Cf.* D. Andler, « L'ordre humain », dans *Philosophie des sciences*, vol. 2, Paris, Folio-Gallimard, 2002. En ce qui concerne les résultats produits par la discipline, certains auteurs mettent en doute leur pertinence en raison de la persistance de conduites moralement blâmables dans la vie économique. Car en dépit de contributions académiques visant à faire prendre conscience de l'importance de l'éthique dans les affaires, la discipline semble avoir échoué à limiter les pratiques non éthiques. Peut-être est-ce faute d'avoir bien compris « les conditions du progrès moral des entreprises et de la société » (G.G. Brenkert, « The limits and prospects of business ethics », *Business Ethics Quarterly*, 20(4), 2010, p. 703-709).

2. J. Nesteruk, « Law, virtue, and the corporation », *American Business Law Journal*, 33(3), 1996, p. 473-487.

susceptibles de guider la conduite, un rapprochement, même minimal, de ses dimensions empirique et normative se justifie. En outre, il est peu probable que ces acteurs soient seulement intéressés par les « bonnes pratiques » et les recettes que pourraient produire la discipline. Leurs demandes incluent aussi des clarifications conceptuelles et des évaluations critiques suscitant la réflexion sur la moralité de leurs pratiques professionnelles. C'est en ce sens que l'éthique des affaires académique devrait s'adresser à eux, et c'est justement à ce sens-là que MacIntyre et Sen se réfèrent.

J'en viens maintenant aux textes de cette partie. Chacun d'eux attribue une fonction à l'éthique des affaires : aider les acteurs de la vie économique à accomplir les « tâches morales » leur permettant de répondre le mieux possible aux problèmes qui se posent « dans un monde social radicalement imparfait » (MacIntyre) ; favoriser « l'avènement d'une société bonne », par exemple en encourageant l'intégration de buts sociaux à la recherche privée du profit (Sen) ; expliquer, comprendre, évaluer et prescrire des conduites dans le contexte de l'économie marchande (Weaver et Treviño).

La présence d'un écrit de MacIntyre ne surprendra pas le lecteur averti car ce philosophe a inspiré des recherches en éthique des affaires. Les principales sources d'inspiration ont été puisées dans *Après la vertu*[1]. Elles peuvent être scindées en deux catégories. La première comprend un ensemble de concepts qui s'inscrivent dans le cadre normatif d'une éthique de la vertu néo-aristotélicienne et sont susceptibles d'être appliqués dans le contexte des affaires : pratiques ; vertus liées aux pratiques ; biens internes et externes ; institutions ; traditions. Ces concepts ont été

---

1. A. MacIntyre, *After virtue : A study in moral theory*, University of Notre Dame Press, 1981, trad. fr. L. Bury, *Après la vertu : étude de théorie morale*, Paris, P.U.F., 1997.

repris dans une perspective générale ou à l'appui de thèses spécifiques à certaines professions[1].

La deuxième catégorie concerne les conséquences sociologiques de l'émotivisme. Cette doctrine affirme que tout jugement moral exprime une préférence, une attitude ou un sentiment, qu'il est de ce fait dénué de valeur de vérité et rend impossible un accord rationnel entre les personnes. Selon MacIntyre, l'émotivisme s'incarne dans la société moderne : il « a pris corps dans notre culture ». Cela signifie en particulier que des personnages « incarnent ces modes émotivistes dans leur comportement ». C'est précisément le cas du manager, l'un des personnages typiques de la société émotiviste contemporaine. Il cherche les moyens les plus efficaces pour réaliser les fins de son organisation, mais, pour MacIntyre, l'efficacité en question n'est pas moralement neutre car elle est « inséparable d'un mode d'existence humaine où l'invention de moyens consiste principalement à manipuler des êtres humains pour qu'ils obéissent à certains schémas de comportement »[2].

Ce genre de considération a par exemple inspiré Charles Horvath, pas seulement pour défendre une éthique de la vertu appliquée à la vie des affaires, mais aussi pour rejeter les théories normatives kantiennes et utilitaristes – à la manière de MacIntyre qui soulignait leur échec, après les Lumières, à fonder la morale sur une conception non téléologique de la nature humaine[3].

---

1. Pour un aperçu de l'utilisation générale de ces concepts, *cf.* Anquetil, *Qu'est-ce que l'éthique des affaires ?*, *op. cit.* Sur des usages spécifiques, voir par exemple la mise en garde contre les effets de la recherche excessive des biens externes (profit, réputation) par les grands cabinets d'audit comptable au détriment des biens internes (excellence du travail, intégrité), dans J.R. Francis, « After virtue ? Accounting as a moral and discursive practice », *Accounting, Auditing & Accountability Journal*, 3(3), 1990, p. 5-17.

2. A. MacIntyre, *Après la vertu : étude de théorie morale*, *op. cit.*

3. C.M. Horvath, « Excellence v. effectiveness : MacIntyre's critique of business », *Business Ethics Quarterly*, 5(3), 1995, p. 499-532.

Horvath résume ainsi son argument : « MacIntyre considère que, dans la mesure où elle partage les faiblesses de l'éthique utilitariste, l'éthique des affaires *facilite* effectivement un rejet émotiviste de la capacité à prendre des positions morales. Mais les entreprises ont trouvé un fondement éthique de substitution à travers le concept d'efficacité. Dès lors qu'on est efficace pour atteindre un objectif, on est [moralement] bon. »

Dans la société émotiviste, les agents ne disposent que de repères moraux incohérents hérités du passé et ils ne peuvent recourir à aucune « procédure rationnelle commune » pour résoudre les conflits éthiques. Ceux-ci demeurent insolubles. Dans l'article présenté dans cet ouvrage, MacIntyre explique pourquoi c'est le cas. On peut comprendre son argument comme une application aux acteurs de la vie des affaires de sa thèse sur la fragmentation des repères moraux et l'insolubilité des conflits. Il y décrit notamment les attitudes que peuvent prendre les décideurs face à « cinq types de dilemmes inévitables ». Affronter ces dilemmes et plus largement le « constat d'une imperfection morale radicale » suppose en particulier d'éviter le morcellement du moi et de combattre l'obsession pour l'efficacité à court terme. MacIntyre ne dit pas ici comment les acteurs de la vie des affaires pourraient sortir des impasses créées par les « structures sociales et culturelles qui régissent les affaires », mais son propos fixe le cadre épistémologique au sein duquel l'éthique des affaires peut, selon lui, se déployer.

Sen traite de son côté du « sens économique » de l'éthique des affaires. Cela suppose d'envisager la vie des affaires non seulement sous l'angle des échanges entre agents dans le contexte d'une économie de marché, mais aussi à travers l'organisation de la production et la répartition des ressources (le « partage du gâteau » dont parle aussi MacIntyre).

L'article commence par le scepticisme sur la place de l'éthique dans les affaires, qui touche également la science économique. Selon Sen, un tel scepticisme est fondamentalement injustifié. L'erreur se situe à la naissance de la science économique moderne, précisément dans l'interprétation biaisée de la position d'Adam Smith sur le rôle vertueux de l'égoïsme individuel qui s'exprime dans les échanges[1]. Sen montre que la thèse de Smith a été généralisée à tort et que l'éthique est essentielle à la vie des affaires – que l'on considère les processus d'échange, de production ou de répartition. Il ne s'agit pas seulement d'une éthique minimale reposant sur l'honnêteté dans les transactions, mais d'une éthique exigeante qui imprègne la structure motivationnelle de l'action. S'y intègrent en effet des « motifs désintéressés », des « considérations sociales », la conviction que le succès d'une firme est un bien public ainsi que « le souci d'autrui et la recherche de modalités équitables de répartition »[2].

Finalement, Sen propose deux niveaux de réponses à la question du sens économique de l'éthique des affaires. Quelle que soit la définition de ce sens particulier, cette discipline a pour fonction de garantir « la confiance mutuelle en certaines règles de conduite » des agents économiques et de leur prescrire d'« assumer également une part de responsabilité sociale ». Une deuxième réponse dépend de la manière de réaliser l'objectif économique fondamental d'« amélioration de la société ». À cet

1. Sen analyse le rapport de l'économie moderne et de l'éthique dans *On ethics and economics*, Basil Blackwell, 1987, trad. fr. S. Marnat, *Éthique et économie*, Paris, P.U.F., 1993.

2. Dans un texte ultérieur, Sen cite également deux « facultés morales » mises en avant par Rawls : « le sens de la justice et la capacité à concevoir le bien » (*Development as freedom*, Alfred Knopf Inc., 1999, trad. fr. M. Bessières, *Un nouveau modèle économique*, Paris, Odile Jacob, 2003 ; J. Rawls, *Political liberalism*, New York, Columbia University Press, 1993, trad. fr. C. Audard, *Le libéralisme politique*, Paris, P.U.F., 1995). Voir aussi A. Sen, « Economics, business principles and moral sentiments », *Business Ethics Quarterly*, 7(3), 2007, p. 5-15.

égard, l'éthique des affaires ne devrait exclure aucun des deux types de raisonnements que les dirigeants des firmes sont susceptibles de faire : soit accorder à l'objectif d'amélioration sociale une valeur intrinsèque et en faire le but premier de leur activité, soit agir en fonction de la doctrine de l'intérêt bien compris et faire en sorte que l'éthique ne compromette pas la réalisation du profit, voire qu'elle la favorise.

L'argument, proposé par Weaver et Treviño, de l'unification des dimensions normative et empirique de l'éthique des affaires a été résumé au début de cette introduction. Quelques compléments méritent toutefois d'être apportés.

La grande majorité des spécialistes ont applaudi le rapprochement effectif de la philosophie et des sciences humaines et sociales au sein de l'éthique des affaires. La conviction de David Messick et Ann Tenbrunsel selon laquelle, à côté de l'éthique normative, « beaucoup de domaines de recherches en psychologie et en économie comportementale sont pertinents pour l'éthique des affaires » – y compris leurs « théories, résultats et méthodes » – semble s'être traduite dans les faits[1]. Treviño a pu ainsi conclure que les études empiriques ont abouti à des résultats tangibles, par exemple sur les « facteurs influençant les choix non éthiques » et sur ceux susceptibles de les réduire[2]. Mais, dans le même article, cet auteur constatait aussi que les approches normatives et celles issues des sciences sociales « demeuraient sur des voies parallèles qui étaient peu à même de converger ».

Cette voie « paralléliste » est la première des trois sortes de relations entre démarches normatives et empiriques que Weaver

1. D.M. Messick, A.E. Tenbrunsel (ed.), *Codes of conduct : Behavioral research into business ethics*, New York, Russell Sage, 1996.
2. L.K. Treviño, « Navigating business ethics : Smoother sailing ahead », *Business Ethics Quarterly*, 20(4), 2010, p. 761-764.

et Treviño se proposent d'analyser et d'illustrer. Leur préférence va clairement à l'« intégration théorique », qui suppose un degré élevé d'unification. L'idéal visé ne reflète pas seulement un souci pragmatique de produire des théories normatives ayant une portée pratique, de rechercher des résultats empiriques suscepti-bles d'inspirer des normes de conduite, plus largement de répon-dre à des questions que la supposée séparation des disciplines normatives et empiriques empêcherait de traiter. Il consiste également à lui conférer un statut qui encourage ses chercheurs à contribuer au progrès moral de la vie des affaires.

Au cours de leur examen, Weaver et Treviño abordent des questions relevant de la philosophie des sciences (par exemple l'incommensurabilité des paradigmes de Thomas Kuhn) ou spécifiquement de l'épistémologie des sciences sociales (comme le lien entre le modèle de l'intégration théorique et la question de l'interprétation). Mais ils proposent aussi les conditions que devrait remplir toute théorie souhaitant répondre aux critères d'unification qu'ils appellent de leurs vœux. Ils en donnent un exemple, mais cet ouvrage offre l'occasion d'en découvrir un autre, présenté dans l'article de Donaldson et Dunfee, dont le titre renvoie explicitement à la question de Weaver et Treviño : « Vers une conception unifiée de l'éthique des affaires : la théorie des contrats sociaux intégrés »[1].

---

1. Donaldson et Dunfee soulignent en outre que la structure normative de leur théorie vise à devenir « une sorte de réceptacle permettant d'intégrer des principes empiriques ou comportementaux » (*Ties that bind : A social contracts approach to business ethics*, *op. cit.*).

ALASDAIR MACINTYRE

POURQUOI LES PROBLÈMES DE L'ÉTHIQUE DES AFFAIRES SONT-ILS INSOLUBLES?*

1. J'ai deux objectifs principaux dans cet article. Je voudrais tout d'abord faire porter l'attention, non pas sur la qualité d'agent moral (*moral agency*) et la responsabilité conçues au niveau de l'individu, mais sur les structures sociales et culturelles qui régissent les affaires et toutes les autres activités dans notre société. En effet, je vais défendre l'idée que c'est seulement lorsque nous aurons compris la manière dont les problèmes moraux contemporains se posent à *qui que ce soit* dans notre type de société et de culture que nous pourrons comprendre les problèmes moraux spécifiques qui se posent aux dirigeants et aux cadres d'entreprise. Je voudrais ensuite suggérer qu'en réorientant ainsi notre attention, il devient évident que les problèmes de l'éthique des affaires ne peuvent être étudiés que dans une perspective pluridisciplinaire. La philosophie morale, la sociologie de la culture, la théorie des organisations peuvent toutes apporter une contribution cruciale; mais la contribution de chacune d'elles prise isolément nous apprend relativement peu

---

* «Why are the problems of business ethics insoluble?», *Proceedings of the First National Conference on Business Ethics*, 1977, p. 99-107. Repris dans B. Baumrin, B. Friedman (ed.), *Moral responsibility and the professions*, New York, Haven Publishing, 1982. Traduit par G. Kervoas.

de choses. C'est seulement lorsque nous rassemblons ce qu'elles ont toutes à dire que nous parvenons au genre de formulation des problèmes dont nous avons cruellement besoin.

Bien que je me détourne de la qualité d'agent moral conçue au niveau individuel, je dois souligner que je ne dénigre pas l'importance de ce niveau. C'est seulement qu'il y a relativement peu de choses à en dire, et l'essentiel de ce qui doit en être dit n'a rien de spécifique à l'éthique des affaires. Le mensonge, la tricherie, le vol et la corruption sont moralement mauvais pour les cadres d'entreprise, exactement comme ils le sont pour les professeurs ou les éboueurs. Et d'ailleurs je comprends parfaitement l'homme d'affaires qui verrait une forme d'impertinence dans le fait qu'un professeur lui fasse la leçon en éthique des affaires. S'il nous demandait : « Et pourquoi ne devrais-je pas, moi, donner des leçons aux professeurs sur l'éthique universitaire ? », la seule réponse qui conviendrait serait : « Pourquoi pas, en effet ? » Je ne souhaite pas non plus faire un catalogue des scandales ou des crimes de la vie des affaires. Nous devrions regarder avec suspicion cette accoutumance à une indignation morale facile et immédiate dont les Américains font preuve depuis peu. Elle manifeste le besoin de trouver un bouc émissaire – ce qui, de manière caractéristique, est le symptôme d'un malaise profond mais inavoué vis-à-vis de soi-même. Et elle vient renforcer l'idée que les problèmes de la vie des affaires américaine sont essentiellement les problèmes de la société dans son ensemble. Nous devrions toujours nous rappeler cette remarque du plus enthousiaste des étudiants en éthique des affaires – Karl Marx : nous ne devons pas « rendre un individu singulier responsable des rapports et des conditions dont il demeure socialement le produit »[1].

---

1. K. Marx, *Le Capital*, vol. I, préface à la première édition, trad. fr. J.-P. Lefebvre (éd.), Paris, P.U.F., 1993.

2. Commençons par considérer la condition générale dans laquelle se trouvent maints débats moraux dans notre culture. Il semble que bon nombre de ces disputes – sur des sujets aussi divers que la guerre, la justice, l'avortement et l'euthanasie – soient systématiquement interminables. Des arguments rivaux, amenant des conclusions mutuellement incompatibles, s'ignorent les uns les autres parce qu'ils partent de prémisses radicalement différentes. Dans les débats portant sur le caractère moral de la guerre, par exemple, l'une des parties adoptera comme prémisses que seule une guerre où l'on peut maintenir une distinction entre combattants et non-combattants peut être une guerre juste, et qu'une distinction de ce genre ne peut être faite dans la guerre moderne, quelle qu'elle soit ; tandis qu'une partie rivale adoptera comme prémisses que, si vous souhaitez maintenir la paix, vous devez être prêt à partir en guerre, et être perçu comme tel, et que vous ne pouvez être ainsi perçu que si vous êtes de temps en temps prêts à aller au bord du gouffre, et même au-delà. Dans les débats portant sur le caractère moral de l'avortement, l'une des parties peut se fonder sur le postulat que chacun a le droit de faire ce qu'il veut avec son propre corps, et qu'un embryon fait partie, au moins pendant un certain temps, du corps de sa mère, tandis que la partie adverse pourra postuler que toute suppression d'une vie humaine innocente est un meurtre et qu'un embryon est une vie humaine innocente.

Dans le premier exemple, c'est une conception de la justice qui trouve sa source lointaine dans la théologie médiévale que l'on confronte à une conception de la *raison d'État* qui provient en définitive de la Renaissance italienne ; dans le second exemple, une conception des droits de l'homme qui compte Adam Smith et John Locke parmi ses aînés est confrontée à une conception du bien et du mal qui se réfère entre autres à la Bible. Comment sommes-nous alors censés faire un choix entre des concepts rivaux ou des ensembles de prémisses rivales ? Comment sommes-nous censés peser ce que chacune de ces thèses exige de nous ? En nous interrogeant de la sorte, il devient clair que, dans notre culture, nous ne possédons pas de procédure rationnelle commune pour résoudre ces questions. Nous prétendons peser des affirmations contraires, mais notre culture ne nous fournit aucun instrument de mesure. Et je ne parle pas seulement des cas où chacun de nous défend son point de vue face aux autres ; c'est aussi le cas, et de manière plus alarmante, lorsqu'en chacun de nous des considérations très diverses semblent réclamer notre allégeance. L'arbitraire s'immisce alors dans la formation de nos opinions autant que dans les débats publics. Notez toutefois que je ne suis pas en train d'affirmer qu'il n'existe aucun moyen rationnel de fonder des arguments moraux, mais seulement que, dans une large mesure et de façon inquiétante, notre culture n'en connaît pas. Nous sommes influencés par trop de points de vue en même temps, nous sommes tentés par des thèses qui résultent d'un trop grand nombre de prémisses rivales.

Cette diversité et cette hétérogénéité morales reflètent bien le fait que nous avons hérité des cultures qui nous ont précédés un certain nombre d'opinions morales fragmentaires qui ne sont pas entièrement cohérentes, chacune étant en outre largement coupée du contexte intellectuel et social qui l'avait vu naître. Notre passé a été forgé par le judaïsme, le catholicisme et le puritanisme, par Thomas d'Aquin et par Adam Smith, par Machiavel et par Clausewitz, par Jefferson et par Thoreau, par Marx et par Henry Ford. Cette confusion dont nous avons héritée, nous l'appelons « pluralisme ». Or la notion de pluralisme est elle-même trompeuse. Car elle sous-entend que les désaccords importants et insolubles sont des désaccords externes entre différents groupes humains, alors que le présent argument affirme que les désaccords insolubles, qu'ils soient latents ou manifestes – et par conséquent le caractère arbitraire de certains jugements et de certains comportements – peuvent se produire, au moins de manière aussi importante, au sein d'un même groupe ou dans la vie des individus.

3. Considérons maintenant un deuxième trait bien différent de notre société. La plupart des théories politiques et économiques du XIXᵉ siècle et du début du XXᵉ siècle partageaient l'idée que, dans les sociétés avancées au moins, les problèmes de production étaient résolus ou sur le point de l'être. Elles présupposaient qu'une quantité de biens et de services pratiquement illimitée était disponible ou qu'elle le serait très bientôt. Même de nos jours, nombre de nos contemporains parlent et agissent bien souvent comme si c'était le cas. Or ce n'est pas le cas. La rareté se trouve être, en un sens important, irrémédiable. C'est pourquoi le vieux présupposé libéral, selon lequel nous pouvons résoudre le problème de la division équitable du gâteau économique simplement en continuant d'en accroître la taille, s'avère faux. Plus grande sera la part de gâteau accaparée par un groupe ou un individu, plus petites seront les parts disponibles pour les autres. Nous ne pouvons espérer résoudre les problèmes d'un groupe dans cette société si ce n'est au détriment d'un autre groupe. Tout gain implique une perte, qui est en général subie par quelqu'un d'autre ; tout bénéfice a un coût, qui est en général supporté par quelqu'un d'autre. Notre condition morale se caractérise par le fait qu'il devient impossible d'abolir les conflits sociaux et économiques fondamentaux, et qu'il s'avère de plus en plus difficile de les dissimuler. Il n'y aura pas de remède à la rareté ni de réconciliations faciles, voire aucune réconciliation possible.

Ne pourrions-nous pas alors éviter cela grâce à une transformation réellement radicale de nos conditions économiques et sociales ? Quel que soit le sens que nous sommes prêts à donner au mot « radical » – que nous nous situions très à droite ou très à gauche, ou au sein de n'importe quel courant politique intermédiaire –, les réponses à cette question resteront les mêmes. Car la seule réponse est qu'une telle transformation ne se produira pas dans l'immédiat, ni dans un avenir que nous pouvons prévoir. Or, l'avenir prévisible est celui dans lequel nous allons vivre les dix ou vingt prochaines années, voire plus encore. La politique de transformation révolutionnaire est utopique, et nous, les utopistes de gauche comme de droite, devrions au moins concéder cette vérité à l'oligarchie politique bien en place par laquelle nous sommes actuellement gouvernés. Nous devons donc trouver un moyen de vivre avec les conflits, les dilemmes et les problèmes insolubles d'un monde social radicalement imparfait.

4. Si l'argument de la section précédente est correct, alors, même si tous nos objectifs moraux, nos valeurs et nos allégeances étaient consistants et compatibles entre eux, nous ne pourrions pas les réaliser tous, mais nous aurions des choix cruciaux à faire et nous nous trouverions impliqués dans des conflits continuels et inévitables, bien que parfois dissimulés. Si l'argument de la deuxième section est correct, alors, même si nous vivions dans une économie d'abondance, nous serions condamnés à des désaccords irréconciliables et à une part inévitable d'arbitraire. Si les deux arguments sont corrects, alors il est clair que les conflits, les désaccords et les problèmes insolubles seront au cœur de notre vie sociale et morale.

À cet égard, les cadres d'entreprise ne sont pas différents des autres. Ils se trouveront nécessairement impliqués dans des situations où ils ne pourront pas faire de bien à quelqu'un sans causer de tort à quelqu'un d'autre, et où il ne sera pas possible de parvenir à un accord moral rationnel sur la façon de répartir les bénéfices et les torts. Considérons cinq types de dilemmes inévitables.

Le premier découle des exigences incompatibles qui proviennent de conceptions de la justice fondées soit sur des idéaux de distribution en fonction des besoins, soit sur le mérite.

Les arguments en faveur des premières reposent typiquement sur des prémisses mettant en avant le droit de chaque être humain à ce que certains de ses besoins fondamentaux soient satisfaits – un droit qui est violé lorsque le taux de mortalité infantile, la malnutrition chez les petits enfants ou le traitement des maladies chroniques varient entre les régions géographiques, les classes sociales et les groupes ethniques (comme ils varient d'ailleurs dans notre société en raison des fortes inégalités en matière d'assurance maladie). Les arguments en faveur des secondes conceptions de la justice reposent typiquement sur des prémisses concernant le droit de chacun à recueillir les fruits de son travail ou de ses gains. Dans une société où les ressources sont rares, la satisfaction des exigences du premier type est souvent incompatible avec la satisfaction des exigences du second type. Souvent nous ne pouvons redistribuer les ressources pour répondre aux besoins de quelqu'un que si nous nions à quelqu'un d'autre le droit à ce qu'il a gagné. C'est un dilemme auquel toute politique relative à l'imposition des individus et des entreprises apporte une réponse implicite ou explicite ; et par conséquent toute attitude envers l'imposition des individus et des entreprises est aussi une manière de répondre à ce dilemme.

Deuxièmement, il existe une forme de dilemme qui découle des exigences incompatibles provenant soit de conceptions de la justice fondées sur des idéaux de distribution en fonction des besoins, soit de certaines conceptions de la liberté individuelle. Il est probable, par exemple, qu'une redistribution immédiate et égalitaire de l'assurance maladie aux États-Unis ne pourrait avoir lieu que si nous refusions aux médecins, aux chirurgiens et aux infirmiers le droit de pratiquer là où ils le souhaitent. La seule mise en place d'incitations matérielles ne suffirait pas à réaliser cette fin. La liberté des professions médicales à ne pas subir de telles contraintes est un bien auquel elles accordent, comme nous, une grande valeur ; la justice à l'égard des besoins fondamentaux est également un bien auquel nous accordons une grande valeur.

Cependant, la réalisation d'un de ces biens est un obstacle à l'accomplissement de l'autre. J'ai volontairement choisi ici un exemple situé en dehors du contexte des affaires afin d'insister à nouveau sur le fait que de tels dilemmes surviennent dans de nombreux domaines de notre vie sociale, et pas seulement dans les affaires. Mais ils surviennent aussi dans les affaires. Par exemple, il est possible que nous ne puissions parvenir à un meilleur résultat dans l'égalité d'accès des consommateurs au courant électrique sans mettre en place des régulations qui limiteront ou supprimeront certaines libertés. J'ai déjà noté que des réponses au premier type de dilemme s'incarnent toujours dans certaines attitudes à l'égard de l'impôt. Nous devrions noter à présent que les réponses à ce deuxième type de dilemme s'incarnent souvent dans des attitudes à l'égard de la régulation.

Ces deux premiers types de dilemme s'enracinent dans des conceptions rivales qui produisent non seulement des désaccords moraux, mais aussi des désaccords philosophiques. Le débat entre ces conceptions rivales finit souvent par porter sur le contenu exact de leur opposition, et une bonne partie de la philosophie morale et politique s'occupe justement de ces questions. Évidemment, il est probable que ces questions et ces dilemmes surviennent dans toute société dont le type d'organisation économique présente un haut degré de complexité. Mais je voudrais maintenant mentionner deux autres formes de dilemmes qui s'enracinent dans certains traits spécifiques aux sociétés à économie de marché.

La première forme naît du conflit entre des idéaux de justice, centrés d'un côté sur les besoins ou sur le mérite, et de l'autre sur le mécanisme des prix. Car le mécanisme des prix ne satisfait que des besoins exprimés dans la *demande* et ne récompense que le mérite exprimé dans la *demande*. C'est un lieu commun de dire que, dans l'économie de marché, il n'y a pas de juste prix ou de juste salaire ; et cette remarque, devenue classique, selon laquelle l'économie de marché exclut la justice du marché, a été adoptée par les champions de l'économie de marché comme par tous ses critiques socialistes. Or le mécanisme des prix est la seule méthode effective que nous ayons pour ajuster la consommation à l'accumulation du capital ; et dans ce type d'économie, l'accumulation continue du capital est la condition préalable de l'emploi à grande échelle, comprenant la création continue de nouveaux emplois pour une main d'œuvre croissante. L'emploi à grande échelle est à son tour la condition préalable à la réalisation, par la plupart des gens et dans tout type d'économie, de maints autres biens sociaux, matériels et moraux. Il s'ensuit qu'il y aura bien des situations dans lesquelles nous devrons choisir entre la justice et le mécanisme des prix.

En outre, le processus d'accumulation du capital a lui-même tendance à engendrer des inégalités, et pas seulement au sein des économies de marché. La croissance accentue souvent le fossé entre ceux qui contrôlent les décisions d'investissement et ceux dont les vies sont modelées par des décisions d'investissement sur lesquelles ils n'ont aucun contrôle. Elle aiguise souvent la division entre ceux qui possèdent d'importantes compétences techniques, qui sont rares dans les périodes clés de croissance, et les ouvriers non qualifiés. Elle accroît la distance entre ceux qui ont un emploi et les chômeurs chroniques ou saisonniers. C'est à travers les effets de ces divisions qu'en outre la production d'inégalités par la croissance devient souvent génératrice d'injustices.

Un cinquième type de dilemme provient précisément des tentatives systématiques de régler les problèmes posés par les troisième et quatrième types. Bismark et Disraeli sont les prototypes de ces hommes politiques qui espéraient employer le pouvoir de l'État pour corriger le pouvoir du marché. Les conservateurs américains contemporains oublient souvent que certains de leurs aïeuls politiques européens du XXᵉ siècle furent à

l'origine des politiques étatistes auxquelles ils s'opposent vigou-
reusement aujourd'hui au nom du libéralisme économique européen du XIXᵉ siècle. Je ne fais pas cette remarque à des fins polémiques, mais parce qu'il est important de se rendre compte que le
recours au pouvoir de l'État n'est pas nécessairement lié aux
critiques socialistes de l'économie de marché ; au contraire, il
joue un rôle central dans les traditions politiques dominantes des
sociétés dans lesquelles des économies de marché se sont
développées.

Toutefois, faire appel à l'État ne fait que créer de nouveaux
types de dilemmes, fort bien connus par ailleurs. Car à vouloir
protéger la justice et l'égalité contre la logique expansionniste
du marché, l'État crée toujours de nouvelles formes de servilité
et de dépendance. L'argument d'Hilaire Belloc dans *l'État
servile* demeure aujourd'hui tout aussi puissant et pertinent qu'à
l'époque de sa première parution. Là encore, un ensemble d'exigences morales incompatibles est engendré ; là encore, la justice
et l'égalité viennent s'opposer, mais sous une nouvelle forme,
à la liberté et à l'indépendance.

5. Ainsi, les cadres d'entreprise – comme bien d'autres – se
trouvent constamment confrontés à des demandes mutuellement
incompatibles. Ils ne disposent d'aucun critère ni d'aucune
procédure d'ordre supérieur qui leur permettraient de les
réconcilier ou même de les mettre en ordre de manière rationnelle. Les philosophies morales qui s'étaient promises de fournir
une procédure ou un critère de ce genre – et l'utilitarisme en est
peut-être l'exemple le plus connu – ont notoirement manqué
à leurs promesses. Par conséquent, nous devons accepter comme
inévitable l'imperfection radicale de toute action sociale. La
meilleure attitude qui nous soit offerte par notre culture, notre
économie et notre société nous conduira souvent à violer
certaines normes de justice, d'égalité ou de liberté. Et les cadres

d'entreprise ne sont à cet égard pas mieux lotis – ils sont même souvent moins bien lotis – que quiconque.

Toutefois, vivre au sein d'une forme de vie sociale aussi radicalement imparfaite est en soi une tâche morale que l'on peut accomplir plus ou moins bien. Un des meilleurs moyens de s'assurer qu'elle sera mal accomplie est de refuser d'admettre notre propre implication dans cette imperfection morale radicale et de considérer qu'elle est un état de fait chez autrui, justifiant notre perpétuelle indignation morale. Un autre moyen tout aussi bon serait d'utiliser le constat d'une imperfection morale radicale comme un alibi moral servant à excuser la satisfaction complaisante éprouvée devant le *statu quo*. La première attitude est un vice typiquement progressiste, la seconde un vice tout aussi typiquement conservateur. Dans les débats contemporains, qui sont tristement limités, la présence de l'une de ces attitudes tend à susciter et à renforcer l'apparition de l'autre. Comment devrons-nous alors éviter ces pièges idéologiques et nous confronter aux tâches que nous impose l'imperfection morale ?

Il y a au moins trois conditions à satisfaire si nous voulons être capables de donner une réponse un tant soit peu adéquate à cette question. La première concerne l'horizon temporel au sein duquel nous définissons nos responsabilités individuelles et collectives. Toute action que nous accomplissons aujourd'hui, toute mesure que nous adoptons maintenant modifient les options qui seront à la disposition de notre moi futur comme à nos héritiers et à ceux qui nous succèderont. C'est en effet précisément parce que ce fait a été si souvent ignoré par les entreprises publiques et privées que nos problèmes sont si graves aujourd'hui. Cependant, la seule reconnaissance de cette vérité n'a aucune conséquence pratique. En effet, presque tout le monde s'y ralliera aussitôt sans que cela ne change grand-chose au comportement de chacun. Comment l'expliquer ?

Deux raisons ressortent nettement. L'une est que notre confiance en la fiabilité de nos prévisions diminue à juste titre lorsque ces prévisions vont au delà de l'avenir immédiat. Puisque la tentation est toujours grande de limiter nos prévisions à des domaines pour lesquels nous pouvons être raisonnablement assurés de disposer d'informations adéquates, la tentation est tout aussi grande de ne faire que des prévisions à court terme. Lorsque nous donnons à nos partenaires et à nos clients des raisons de faire telle chose plutôt que telle autre, la force de nos raisons semble toujours diminuer dès lors que nous envisageons autre chose que le court terme. Aussi serons-nous toujours contraints par les autres, comme par nous-mêmes, de limiter nos horizons de responsabilité.

Il existe une autre raison importante pour laquelle nous avons tous tendance à nous concentrer sur le présent. Tom Burns a bien décrit comment, alors qu'il venait de commencer une enquête sociologique sur le comportement des managers dans l'industrie, il avait trouvé que, dans une remarquable proportion, les managers qu'il rencontrait envisageaient le présent comme une conjonction de circonstances exceptionnelles avec lesquelles ils devaient se débrouiller : « (…) ils expliquaient alors, avec la même lucidité, comment eux-mêmes et leur service opéreraient une fois que la crise actuelle serait passée, que l'énorme travail qui les accaparait serait achevé, ou que la réorganisation dont j'avais certainement entendu parler aurait été menée à bien et qu'ils pourraient enfin se mettre tous à travailler sur leurs projets » [1]. Autrement dit, dans le contexte de l'entreprise, nous avons tous tendance à penser le présent comme un temps particulier dans lequel nous improvisons, comme si nous étions toujours dans l'urgence – une situation qui nous semble très éloignée des circonstances normales que nous venons de quitter mais que nous finirons bien par retrouver à un moment ou à un

1. T. Burns, « Sociological explanation », in D. Emmet, A. MacIntyre (ed.), Sociological theory and philosophical analysis, New York, Macmillan, 1970.

autre, que ce soit la semaine prochaine, dans un mois ou dans un an. Or, cette manière de penser nous immerge dans les tâches immédiates du présent ; elle suggère que penser à demain – ne parlons même pas des dix ou trente années à venir – doit être remis à plus tard, à ce lendemain normal et mythique qui trop souvent ne vient jamais.

Certaines organisations, qui ont fini par reconnaître cette difficulté systématique à se projeter dans l'avenir, tentent de la résoudre en créant de nouvelles formes d'« organisation dans l'organisation » pour prendre en charge l'innovation. Il est intéressant de remarquer que la création de telles formes d'organisation devient elle-même le signe d'une incapacité persistante à innover.

Ainsi, nous pouvons maintenant comprendre en quoi il est inutile de se contenter d'inviter les dirigeants et les cadres à s'accorder sur l'importance d'étendre l'horizon temporel de la responsabilité de l'entreprise. L'incapacité à assumer une responsabilité pour l'avenir ne provient pas uniquement de la négligence des individus : elle est plutôt ancrée dans les formes et dans les orientations que prennent la vie des organisations et la vie collective. L'incapacité à accomplir certaines tâches morales dans un monde de l'entreprise radicalement imparfait peut en partie venir du fait que nous ne comprenons pas comment différentes formes d'organisation nous invitent ou même nous contraignent à voir ces faits de manière tout à fait différente.

Une deuxième condition préalable pour mener à bien certaines tâches dans un monde social radicalement imparfait est la capacité de résister à un autre effet induit par la vie des organisations, dont la vie des entreprises, à savoir le morcellement du moi en divers rôles, chacun ayant ses propres normes et sa propre manière de voir les tâches qui lui incombent. Une partie du moi désigne un cadre d'entreprise qui interprétera chaque projet selon une conception nécessairement étroite de l'analyse coûts-bénéfices et qui ignorera d'importants effets secondaires de sa propre activité. Une autre partie du moi désigne un parent, un chef de famille et un consommateur, et une troisième partie, un citoyen. Fait très étrange, les mêmes personnes peuvent souvent, dans leur rôle de consommateurs, se retrouver frustrées ou indignées par leur propre activité en tant que cadre d'entreprise, et s'interpeller elles-mêmes en tant que citoyens pour tenter de remédier à une situation intolérable, sans reconnaître que c'est à elles-mêmes qu'elles sont confrontées et qu'elles doivent attribuer leurs frustrations.

Là encore, ce dénouement un peu comique n'a rien d'accidentel. Dans les organisations, l'efficacité est souvent à la fois le produit et la source de la très grande attention apportée à un éventail restreint de tâches spécialisées, ce qui a pour contrepartie un certain aveuglement envers d'autres aspects de sa propre activité. Aussi la demande initiale de résister à cette tendance peut sembler être – et elle peut effectivement l'être dans une certaine mesure – une demande de réduction de l'efficacité à très court terme. Il faut à nouveau signaler que ce morcellement du moi en une diversité de rôles est un phénomène que l'on trouve dans de nombreuses sphères de notre société, et pas seulement dans le monde des affaires. Cependant cela n'en constitue pas moins un problème pour tous ceux qui se préoccupent d'éthique des affaires. Il convient aussi de remarquer qu'une fois encore le remède ne réside pas dans les perceptions ou les résolutions des individus, mais dans les changements à introduire dans la vie de l'entreprise. Dans quelle mesure les individus sont-ils des victimes, et des victimes d'eux-mêmes, dans ce genre de morcellement de la personne ? Tout dépend des formes culturelles, institutionnelles et organisationnelles de leur propre vie.

Une troisième condition préalable est fortement liée aux deux premières. Celles-ci sont nécessaires si nous devons éviter de perdre de vue le tout en examinant attentivement les parties. Lorsque nous ne faisons rien pour l'éviter, une bonne part de ce que les individus font et apportent à leur entreprise devient invisible à leurs propres yeux et aux yeux des autres membres de leur organisation. De là il convient de souligner l'importance de faire en sorte que le fonctionnement de l'entreprise soit visible pour chacun de ses membres, où qu'il se trouve. Toutefois, on ne peut le faire qu'en rendant le fonctionnement de l'entreprise également visible à l'extérieur, en lui conférant un caractère public. Or cela va à l'encontre des habitudes de l'entreprise, et même de notre culture tout entière. Nous nous attendons tous à ce que les organisations que nous rencontrons soient en grande partie opaques et, bien que nous ayons tous de temps en temps des raisons de nous irriter contre cette opacité – les hommes d'affaires trouvent énervant d'y être confrontés à l'hôpital ou dans les ministères, autant que les médecins ou les hommes politiques qui la découvrent dans les entreprises privées, – nous en sommes tous à penser qu'elle va de soi.

C'est justement parce que ces trois conditions préalables requièrent des changements dans les formes organisationnelles, voire culturelles, qu'il est clair que ce ne sont pas des domaines dans lesquels la législation puisse être pertinente, qu'elle émane du Congrès, des assemblées législatives de chaque État ou d'associations commerciales ou professionnelles. Même l'adoption de codes d'éthique – laquelle peut par ailleurs être admirable et utile pour d'autres raisons – est largement hors de propos. En revanche, il serait à propos de réaliser un plus grand nombre de recherches sociologiques sur les liens existant entre les formes d'organisation et les perspectives morales, dans les affaires comme ailleurs [1].

Enfin, nous pouvons tirer une leçon assez claire pour toutes les écoles de commerce et de management qui décident d'inclure

---

1. Voir K. Sayre (ed.), *Values in the electrical power industry*, University of Notre Dame Press, 1977, pour un exemple du type d'enquête que j'ai à l'esprit.

l'enseignement de l'éthique des affaires dans leur cursus. L'argument que j'ai tenté de développer a dû puiser d'une part dans la philosophie morale et l'histoire de la philosophie morale, et d'autre part dans les études sociologiques sur les rôles et sur les organisations. Si l'éthique des affaires en tant que discipline académique doit avoir quelque substance, elle devra manifestement continuer de puiser non seulement à ces deux sources, mais à un certain nombre d'autres, y compris par exemple la psychologie du développement moral. En effet, non seulement toutes ces disciplines peuvent grandement contribuer à l'étude de l'éthique des affaires, mais elles peuvent également s'attendre en retour à être elles-mêmes enrichies par les questions dont elle traite. Aussi serait-il fatal que l'enseignement de l'éthique des affaires soit confiné au territoire conventionnel d'une seule discipline universitaire ; il faut dès le début y voir l'occasion d'une activité interdisciplinaire, même si elle est sujette à tous les écueils caractéristiques qui menacent une activité de ce genre. Pourtant, il n'y a pas d'autre moyen pour elle d'espérer acquérir un véritable contenu intellectuel car, sinon, l'intérêt pour l'éthique des affaires dégénérera en ce qu'elle est si souvent devenue : une forme d'exhortation morale ouverte ou déguisée. Nous qui vivons dans une culture dont l'héritage est ici, en Nouvelle-Angleterre, en partie puritain et en partie transcendantaliste, nous devrions reconnaître que le goût pour l'exhortation morale est souvent l'un des plus dangereux ennemis de la moralité.

Amartya Sen

L'ÉTHIQUE DES AFFAIRES A-T-ELLE UN SENS D'UN POINT DE VUE ÉCONOMIQUE ? *

Introduction

Je ne commencerai pas par le fait que nous ayons besoin d'une éthique des affaires, mais au contraire par l'idée, que bien des gens partagent, selon laquelle nous n'aurions nullement besoin d'une telle éthique. Cette conviction est assez répandue parmi les praticiens de l'économie, bien qu'elle soit souvent admise implicitement plutôt qu'affirmée de façon explicite. Nous devons mieux comprendre sur quoi repose cette conviction, afin de mieux saisir ses insuffisances. Ici comme dans bien d'autres domaines de la connaissance, l'importance que peut prendre une affirmation dépend en grande partie de ce qu'elle nie.

Comment cette idée que l'éthique puisse être superflue a-t-elle pris son essor en économie ? Depuis Aristote et Kautilya (respectivement dans la Grèce antique et l'Inde ancienne – il se

* « Does business ethics make economic sense ? », *Business Ethics Quarterly*, 3(1), 1993, p. 45-54. Cet article a été présenté à la Conférence internationale sur l'éthique des affaires dans une économie mondialisée (*International Conference on the Ethics of Business in a Global Economy*), qui s'est tenue à Columbus, Ohio, en mars 1992. Traduit par G. Kervoas.

trouve que les deux étaient contemporains) jusqu'aux penseurs médiévaux (Thomas d'Aquin, Guillaume d'Ockham, Maïmonide entre autres) et aux économistes du début de l'époque moderne (notamment William Petty, Gregory King, François Quesnay), les premiers auteurs en économie se souciaient tous, à des degrés divers, d'analyse éthique. D'une manière ou d'une autre, ils considéraient l'économie comme une branche de la « raison pratique » dans laquelle les concepts du bien, du juste et de l'obligation étaient tout à fait centraux.

Que s'est-il passé ensuite ? A suivre l'histoire « officielle », tout cela a changé avec Adam Smith, que l'on peut certainement – et avec raison – considérer comme le père de l'économie moderne. Il a, dit-on, rendu l'économie scientifique et réaliste, et la nouvelle économie qui a émergé au cours des XIXe et XXe siècles était prête à faire tourner le monde des affaires, sans qu'une éthique la relie à « la moralité et aux leçons de morale ». Cette manière de voir les choses – Smith menant la charge décisive contre l'éthique des affaires et l'éthique économique – ne se reflète pas seulement dans les nombreux volumes écrits par les économistes, mais elle a acquis un certain statut dans la littérature anglaise, à travers un limerick composé par l'écrivain et économiste Stephen Leacock :

> *Adam, Adam, Adam Smith*
> *Listen what I charge you with!*
> *Didn't you say*
> *In a class one day*
> *That selfishness was bound to pay?*
> *Of all doctrines that was the Pith.*
> *Wasn't it, wasn't it, wasn't it, Smith?*[1].

1. S. Leacock, *Hellements of Hickonomics*, New York, Dodd, Mead and Co., 1936. [Adam, Adam, Adam Smith / Écoute mon accusation ! / N'as-tu pas dit / Un

L'intérêt de survoler ce petit bout d'histoire – ou de pseudo-histoire – ne consiste pas, du moins pour cette conférence, à satisfaire notre curiosité académique. Je pense qu'il est important de comprendre comment est née l'idée d'une économie et d'un monde des affaires sans éthique afin de saisir ce qu'elle conduit à occulter. Il se trouve que ce petit bout d'histoire relatif à « celui qui assassina l'éthique des affaires » est totalement faux, et il est particulièrement instructif de comprendre comment cette erreur d'identification a pu se produire.

L'ÉCHANGE, LA PRODUCTION ET LA RÉPARTITION

Je reviens donc à Adam Smith. Certes, il a essayé de rendre l'économie scientifique, et dans une grande mesure il a accompli cette tâche avec succès, dans les limites de ce qu'il était alors possible de faire. Même si cette partie de notre pseudo-histoire est correcte (Smith a sans aucun doute beaucoup œuvré pour hisser l'économie au rang de science), l'idée selon laquelle Smith aurait démontré – ou aurait cru avoir démontré – le caractère superflu de l'éthique dans l'économie et dans le commerce est tout à fait erronée. En vérité, c'est exactement le contraire. Ce Professeur de Philosophie Morale de l'Université de Glasgow – car c'est bien ce qu'était Smith – s'intéressait, comme beaucoup d'autres, à l'importance de l'éthique dans les comportements humains. Il est instructif de voir comment est née cette étrange manière de lire Smith – qui fait de lui un sceptique plein de bon sens en éthique économique et en éthique des affaires.

La remarque d'Adam Smith la plus fréquemment citée est sans doute celle qui met en scène le boucher, le marchand de

jour dans un cours / Que l'égoïsme était payant ? / Voilà la moelle de toute doctrine / Pas vrai, pas vrai, pas vrai, Smith ?]

bière et le boulanger dans la *Richesse des nations* : « Ce n'est pas de la bienveillance du boucher, du marchand de bière et du boulanger que nous attendons notre dîner, mais bien du soin qu'ils apportent à leurs intérêts. Nous ne nous adressons pas à leur humanité, mais à leur égoïsme »[1]. Le boucher, le marchand de bière et le boulanger veulent notre argent, nous voulons leurs produits, et l'échange bénéficie à tous. Il semblerait qu'il n'y ait nul besoin d'éthique – d'éthique des affaires ou autre – pour produire une telle amélioration de la situation de chacune des parties concernées. Tout ce dont nous avons besoin, c'est du souci de nos intérêts respectifs, et le marché est censé faire le reste en produisant des échanges mutuellement profitables.

Dans l'économie moderne, on cite encore et toujours cet hommage smithien à l'intérêt personnel – et avec une telle exclusivité que l'on a tendance à se demander s'il s'agit du seul passage de Smith qui soit lu de nos jours. Qu'est-ce que Smith a vraiment voulu dire ? Ce qu'il défend dans ce passage, c'est l'idée selon laquelle la poursuite des intérêts personnels pourrait suffire à motiver l'échange de marchandises. Or, c'est une thèse très limitée, même si elle explique à merveille pourquoi nous recherchons l'échange et comment l'échange peut être une chose bénéfique pour tous. Mais pour comprendre les limites de cette thèse, nous devons d'abord nous demander si Smith pensait que les activités économiques et commerciales ne consistent qu'en des échanges de ce genre. Ensuite, même dans le contexte de l'échange, nous devons nous demander si Smith pensait que le résultat serait tout aussi bon si ce commerce, gouverné par l'intérêt personnel, avait pour but d'escroquer les

---

1. A. Smith, *Recherches sur la nature et les causes de la richesse des nations*, Livre I, chapitre II, trad. fr. G. Garnier revue par A. Blanqui, Paris, GF-Flammarion, 1991.

consommateurs, ou si les consommateurs en question essayaient de rouler les vendeurs.

Les réponses à ces deux questions sont clairement négatives. La simplicité de l'exemple mettant en scène le boucher, le marchand de bière et le boulanger ne peut pas être transférée aux problèmes de production et de répartition (et Smith n'a jamais dit qu'elle le pouvait), ni à la question de savoir comment un système d'échanges peut se développer et prospérer d'un point de vue institutionnel. C'est ici que, précisément, nous voyons en quoi Smith aurait pu avoir raison à propos de sa thèse sur *la motivation en vue de l'échange* ; car pour autant il n'affirmait pas ni ne cherchait à affirmer que *le domaine des affaires et celui de l'éthique sont exclusifs l'un de l'autre*, que ce soit en général ou seulement dans le cadre de l'échange. C'est un point essentiel du thème de cette conférence.

L'importance de la poursuite de l'intérêt personnel est utile parce qu'elle permet de comprendre beaucoup de problèmes pratiques, par exemple les problèmes d'approvisionnement en Union Soviétique et en Europe de l'Est. Mais elle est plutôt inutile dès lors qu'il s'agit d'expliquer, disons, le succès de l'économie japonaise comparé à la performance des économies de l'Europe occidentale ou de l'Amérique du Nord (puisque les modes de comportement au Japon sont souvent fortement influencés par d'autres conventions et d'autres contraintes). Plus loin dans la *Richesse des nations*, Adam Smith examine d'autres problèmes faisant appel à une structure motivationnelle plus complexe. Et dans sa *Théorie des sentiments moraux*, il insiste largement sur le besoin de dépasser la maximisation des profits, en affirmant que « l'humanité, la justice, la générosité et l'esprit public sont les qualités les plus utiles à autrui »[1]. Adam Smith

---

1. A. Smith, *Théorie des sentiments moraux*, trad. fr. M. Biziou, C. Gautier, J.-F. Pradeau, Paris, P.U.F., 1999.

était donc bien loin de chercher à nier l'importance de l'éthique dans nos comportements, que ce soit en général ou dans la vie des affaires[1].

En négligeant volontairement tout ce que Smith a pu dire dans ses écrits (par ailleurs de grande envergure), et en se concentrant uniquement sur le passage mettant en scène le boucher, le marchand de bière et le boulanger, on fait souvent passer le père de l'économie moderne pour un idéologue. Il est alors transformé en partisan d'une conception de la vie d'où l'éthique est absente, ce qui aurait horrifié le véritable Smith. Pour adapter un aphorisme shakespearien, alors que certains hommes sont petits de naissance et que d'autres le deviennent d'eux-mêmes, c'est bien malgré lui que le pauvre Adam Smith a été taxé de petitesse.

Il est important de comprendre à quel point l'hommage que Smith rend à l'intérêt personnel en tant que motivation pour l'échange (le passage mettant en scène le boucher, le marchand de bière et le boulanger en est la meilleure illustration) peut coexister pacifiquement avec l'importance qu'il accorde par ailleurs au fait d'agir moralement. Chez Smith, le souci de l'éthique était, bien sûr, extrêmement large et en aucun cas confiné aux questions d'économie et de commerce. Cependant, puisqu'il ne s'agit pas de passer en revue les convictions éthiques de Smith, mais seulement de dégager quelques enseignements de ses compétences d'expert en économie et en éthique afin de mieux comprendre le rôle exact de l'éthique des affaires, nous devons mener nos investigations dans cette direction particulière.

---

1. Sur ces questions, et d'autres qui leurs sont liées, voir mon ouvrage *Éthique et économie*, *op. cit.* ; P.H. Werhane, *Adam Smith and his legacy for modern capitalism*, Oxford University Press, 1991 ; E. Rothschild, « Adam Smith and conservative economics », *Economic History Review*, 45, 1992, p. 74-96.

Le passage relatif au boucher, au marchand de bière et au boulanger porte sur la motivation pour l'échange, mais Smith se souciait aussi beaucoup – comme se doit tout bon économiste – de questions de *production* et de *répartition*. Et afin de comprendre comment l'échange peut lui-même fonctionner en pratique, il ne convient pas de se concentrer uniquement sur la motivation qui incite les gens à *rechercher* l'échange. Il est nécessaire de considérer les modèles de comportement qui permettraient de faire prospérer un système d'échanges mutuellement profitables. Le rôle positif que joue la recherche intelligente de l'intérêt personnel en vue de l'échange doit être complété par les exigences qu'imposent la production et la répartition sur le plan motivationnel, ainsi que par les exigences systémiques imposées à l'organisation de l'économie.

Ces enjeux seront maintenant abordés, en rattachant notre discussion générale à quelques problèmes pratiques auxquels le monde contemporain est confronté. Dans les trois prochaines sections, j'examinerai tour à tour le problème de l'organisation (en particulier celle de l'échange), le mode d'organisation et les performances de la production, et le défi que constitue la répartition.

L'ORGANISATION ET L'ÉCHANGE : RÈGLES ET CONFIANCE

Je reviens à notre exemple relatif au boucher, au marchand de bière et au boulanger. Le soin qu'apportent les différentes parties à leurs propres intérêts peut sans aucun doute réussir à les *motiver* toutes à prendre part à un échange dont chacune profitera. Mais le bon déroulement de cet échange dépendra aussi de certaines conditions en matière d'organisation. Il nécessite un degré de développement institutionnel qui peut mettre du temps à fonctionner – une leçon que l'on est en train d'apprendre de nos jours, non sans douleur, en Europe de l'Est et dans l'ancienne Union Soviétique. Ce fait est désormais reconnu, même s'il avait été totalement ignoré lors des premières salves d'enthousiasme que suscita la magie des processus de marché soi-disant automatiques.

Mais ce que l'on doit aussi prendre en considération désormais, c'est dans quelle mesure les institutions économiques opèrent sur la base de modèles communs de comportement, de confiance partagée et d'assurance mutuelle sur l'éthique des différentes parties. Lorsque Adam Smith souligne l'importance motivationnelle du « soin apporté à son propre intérêt », il ne veut pas suggérer par là que cette motivation est suffisante pour faire prospérer un système d'échanges. S'il ne peut avoir confiance dans le chef de famille, le boulanger peut éprouver quelques réticences à faire son pain pour répondre aux commandes ou à livrer son pain sans paiement préalable. Et le chef de famille n'est pas certain de pouvoir se fier à la livraison du pain qu'il a commandé si le boulanger n'est pas toujours complètement fiable. Ces problèmes de confiance mutuelle – présentés ici sous une forme très simple – peuvent être incomparablement plus complexes et plus critiques dès lors qu'il s'agit d'arrangements commerciaux de longue durée et de nature très diverse.

La confiance mutuelle en certaines règles de conduite est en général plus implicite qu'explicite – et, à vrai dire, si implicite qu'on peut facilement oublier son importance dans des situations où elle ne pose pas de problème. Cependant, dans le contexte du développement économique du Tiers Monde mais aussi dans celui des réformes institutionnelles qui ont actuellement cours dans ce qu'on appelait jusqu'alors le Bloc de l'Est, ces enjeux relatifs aux normes de conduite et à l'éthique peuvent s'avérer tout à fait essentiels.

Dans le Tiers Monde, il existe aussi souvent un scepticisme tenace envers la fiabilité et la qualité morale des comportements en affaires. Ce scepticisme peut être dirigé à la fois contre les hommes d'affaires locaux et les représentants d'entreprises étrangères. Ces derniers peuvent parfois être particulièrement exaspérants pour les firmes implantées localement, y compris les multinationales bien connues. Cependant, certaines multinationales, en raison de leur conduite passée et de leur pouvoir incomparable face à celui des pays les plus vulnérables, ont elles-mêmes donné lieu à bien des suspicions, même si de telles suspicions peuvent être assez déplacées dans certains cas. Établir un haut niveau d'exigence en éthique des affaires est certainement l'un des moyens de s'attaquer à ce problème.

Dans beaucoup de pays du Tiers Monde, il existe aussi traditionnellement un manque de confiance dans le comportement moral de certains groupes de négociants, par exemple les marchands de céréales vivrières. C'est un sujet sur lequel Adam Smith – dans le contexte de l'Europe d'alors – a lui-même fait quelques commentaires substantiels dans la *Richesse des nations*, bien qu'à son avis de telles suspicions aient été largement infondées. En fait, les données empiriques sur ce sujet sont assez variables, et certaines expériences du commerce des céréales dans des conditions de pénurie et de famine ont laissé bien des questions en suspens.

C'est un enjeu extrêmement sérieux puisqu'il devient de plus en plus clair que, typiquement, le meilleur moyen d'organiser la prévention des famines et les secours apportés aux victimes consiste à créer des sources additionnelles de revenus pour les pauvres (par exemple à travers des programmes de création d'emplois) et ensuite de se fier aux formes normales de l'échange commercial pour satisfaire les demandes de nourriture qui en résultent (à travers l'organisation habituelle des conditions de transport et de commercialisation)[1]. L'option alternative, la

---

1. À ce sujet, voir J. Drèze, A. Sen, *Hunger and public action*, Oxford, Clarendon Press, 1989.

distribution bureaucratique de nourriture dans des camps d'aide humanitaire organisés dans l'urgence, est souvent bien plus lente ; elle engendre plus de gaspillages, elle perturbe sérieusement la vie de famille et le fonctionnement normal de l'activité économique, et elle est plus propice à la propagation des épidémies. Toutefois, donner un rôle crucial aux négociants en céréales alors que la famine menace (en complément de programmes de création d'emplois organisés par l'État et destinés à générer des revenus) soulève des questions difficiles de confiance et de fidélité : il faut s'assurer en particulier que les négociants ne chercheront pas à tirer profit de cette situation précaire en vue d'un bénéfice exceptionnel. La question de l'éthique des affaires fait ainsi partie, de manière absolument vitale, de l'organisation de la prévention des famines et de l'assistance humanitaire aux victimes.

Ce problème peut être traité, dans une certaine mesure, grâce à l'usage habile, par le gouvernement, de la menace d'une intervention sur le marché. Mais la crédibilité de cette menace dépend largement de la quantité de réserves de céréales dont dispose le gouvernement lui-même. Cela peut fonctionner dans certains cas (ce fut en général le cas en Inde), mais pas toujours. En fin de compte, beaucoup dépend de l'aptitude des hommes d'affaires concernés à établir des normes de conduite exigeantes, plutôt que de partir à la recherche de profits exceptionnels et rapides tirés de situations qu'ils peuvent aisément manipuler.

Je viens d'examiner quelques problèmes d'organisation qui se posent dans le cadre de l'échange, et il semblerait opportun de conclure cette discussion en remarquant que le besoin d'éthique des affaires est tout à fait important même dans le domaine de l'échange (et malgré la présence quasi-universelle de la motivation reposant sur « le soin apporté à son propre intérêt », qui est celle du boucher, du marchand de bière et du boulanger). Si nous quittons maintenant l'échange pour nous intéresser à la production et à la répartition, le besoin d'éthique des affaires devient encore plus pressant et plus évident. La question de la confiance est centrale dans toutes les activités économiques, mais nous devons maintenant considérer d'autres problèmes de relations interpersonnelles dans les processus de production et de répartition.

L'ORGANISATION DE LA PRODUCTION : LES ENTREPRISES ET LES BIENS PUBLICS

Le capitalisme a connu un relatif succès en augmentant la production et la productivité. Mais les expériences de différents pays sont assez variées. Celles, récentes, des économies de l'Extrême-Orient – notamment du Japon – soulèvent de sérieuses questions sur la manière dont la théorie économique traditionnelle a modelé le capitalisme. On considère souvent le Japon – et à juste titre en un certain sens – comme un grand exemple de succès du capitalisme, mais il est clair que les formes de motivation qui dominent les affaires japonaises ont bien plus de contenu que celui que pourrait fournir la pure et simple maximisation du profit.

Différents commentateurs ont souligné des aspects bien spécifiques de la structure motivationnelle de l'action dans le contexte japonais. Michio Morishima a retracé les caractéristiques spécifiques de « l'*éthos* japonais » dans l'histoire particulière de certains modèles de conduite basés sur des règles[1]. Ronald Dore y a vu l'influence de « l'éthique confucéenne »[2].

---

1. M. Morishima, *Why has Japan "succeeded" ? Western technology and Japanese ethos*, Cambridge University Press, 1982.

2. R. Dore, « Goodwill and the spirit of market capitalism », *British Journal of Sociology*, 34, 1983, p. 459-482, et *Taking Japan seriously : A Confucian perspective on leading economic issues*, Stanford University Press, 1987.

Récemment, Eiko Ikegami a souligné l'importance du sens traditionnel de «l'honneur» – une sorte de généralisation du code samouraï –, qui est un paramètre essentiel de la motivation économique et commerciale [1].

Bizarrement, même la remarque humoristique et surprenante faite par le *Wall Street Journal* contient une part de vérité : le Japon est «la seule nation communiste qui fonctionne bien» [2]. Cette remarque, on s'en doute, vise principalement les motivations désintéressées qui sous-tendent de nombreuses activités économiques et commerciales au Japon. Nous devons comprendre et interpréter le fait singulier que la nation capitaliste qui connaît le plus de succès au monde a pu prospérer économiquement avec une structure motivationnelle qui se démarque fermement – et souvent explicitement – de la poursuite de l'intérêt personnel qui est censée se trouver au fondement du capitalisme.

En fait, le Japon ne fournit en aucun cas le seul exemple du rôle très significatif joué par l'éthique des affaires pour promouvoir les succès du capitalisme. Dans de nombreux pays, on vante les mérites productifs du travail désintéressé et de la dévotion envers l'entreprise, en raison des performances économiques qu'ils permettent de réaliser. D'ailleurs, la nécessité que le capitalisme soit fondé sur une structure motivationnelle plus complexe que la simple maximisation du profit a été reconnue, de plusieurs façons et depuis longtemps, par divers penseurs en sciences sociales (mais pas, en général, par des économistes «conventionnels»): j'ai à l'esprit Marx, Weber, Tawney et d'autres encore [3]. Ce point fondamental – le succès avéré des

1. E. Ikegami, «The logic of cultural change : Honor, state-making, and the Samurai», Department of Sociology, Yale University, 1991.

2. 30 janv. 1989.

3. K. Marx et F. Engels, *L'idéologie allemande*, Paris, Nathan, 1998; R.H. Tawney, *La religion et l'essor du capitalisme*, Paris, Marcel Rivière, 1951; M. Weber, *L'éthique protestante et l'esprit du capitalisme*, Paris, Plon, 1964.

motifs désintéressés – n'est ni exceptionnel ni nouveau, bien que la richesse de cet ensemble d'intuitions historiques et conceptuelles soit bien souvent complètement ignorée par les spécialistes de l'économie contemporaine.

Il est utile de relier cette discussion à ce qui intéressait Adam Smith, mais aussi aux approches analytiques générales qui se sont développées avec succès dans la théorie micro-économique moderne. Afin de comprendre de quelle manière les motifs non égoïstes peuvent jouer un rôle important, nous devons saisir ce qui limite la portée de l'argument mettant en scène le boucher, le marchand de bière et le boulanger, en particulier lorsque l'on considère ce que les économistes modernes appellent « bien public ». Cela devient particulièrement pertinent parce que le succès global d'une entreprise moderne est, dans un sens très concret, un bien public.

Mais *qu'est-ce* qu'un bien public ? La meilleure façon de le comprendre est de l'opposer à un « bien privé » comme une brosse à dents, une chemise ou une pomme, dont vous ou moi pouvons faire usage, mais pas en même temps car nos usages respectifs entreraient en compétition et s'excluraient l'un l'autre. Ce n'est pas le cas avec les biens publics, par exemple un environnement vivable ou l'absence d'épidémies. Nous pouvons tous bénéficier d'un air frais et respirable, d'un environnement sain et sans épidémie, et ainsi de suite. Lorsque l'usage de biens ne fait pas l'objet de compétition, comme dans le cas des biens publics, les justifications du mécanisme du marché, qui est fondé sur l'intérêt personnel, sont soumises à rude épreuve. Le marché permet de déterminer le prix d'un produit, et la répartition de ce produit entre les consommateurs est déterminée par le degré auquel ils sont disposés à l'acheter au prix du marché. Lorsque des « prix d'équilibre » émergent, ils équilibrent l'offre et la demande de chaque produit. Au contraire, pour les biens publics, les consommations se situent, dans la majorité ou dans la totalité des cas, en dehors de toute compétition, et le système qui consiste à allouer un bien au plus offrant n'a pas beaucoup de mérite, puisque la consommation de ce bien par une personne n'exclut pas que d'autres puissent également le consommer. Une allocation optimale des ressources nécessiterait plutôt que l'on compare *l'ensemble* des bénéfices aux coûts de production, et là le mécanisme du marché, fondé sur la maximisation des profits, fonctionne mal[1].

Un problème apparenté concerne l'allocation de biens privés impliquant de fortes « externalités », avec des interdépendances interpersonnelles situées en dehors des marchés. Si la fumée provenant d'une usine salit et dérange le voisinage, sans que les voisins aient la possibilité d'obtenir réparation auprès du propriétaire de l'usine au titre des dommages qu'ils subissent, alors il s'agit d'une relation « externe ». Le marché n'est pas adapté dans un tel cas, puisqu'il ne peut allouer les effets – bons ou mauvais – qui se produisent en dehors de lui[2]. Les biens publics et les externalités sont des phénomènes apparentés et qui sont tous deux relativement communs dans des domaines tels que la santé publique, l'éducation élémentaire, la protection de l'environnement, etc.

Dans ce contexte, deux enjeux importants doivent être évoqués lorsqu'on analyse l'organisation et les performances de la production. Premièrement, une défaillance dans l'allocation des ressources devrait apparaître lorsque les marchandises pro-

1. L'étude classique des biens publics a été fournie par P.A. Samuelson, « The pure theory of public expenditure », *Review of Economics and Statistics*, 36(4), 1954, p. 387-389.

2. Pour une étude classique sur les effets externes, voir A.C. Pigou, *The economics of welfare*, Londres, Macmillan, 1920. On peut définir les « externalités » de nombreuses façons, et avec des conséquences relativement disparates sur les questions de réglementation ; voir à ce sujet l'immense travail critique d'A. Papandreou, *Externality and institutions*, Oxford University Press, 1994.

duites sont des biens publics ou impliquent de fortes externalités. On peut considérer cela comme un argument en faveur de l'existence *d'entreprises publiques* qui seraient gouvernées par d'autres principes que la maximisation des profits, ou bien comme un plaidoyer en faveur de *réglementations publiques* gouvernant les entreprises privées, ou encore comme une manière d'établir la nécessité d'intégrer des valeurs non liées à la réalisation d'un profit – et particulièrement des *considérations sociales* – à des décisions privées (peut-être en raison de la bonne volonté que cela pourrait engendrer). Puisque les entreprises publiques ne se sont pas vraiment couvertes de gloire ces dernières années et que les réglementations publiques – tout en étant utiles – sont parfois assez difficiles à mettre en œuvre, la troisième option est devenue de plus en plus importante dans le débat public. Il est difficile, dans ce contexte, de faire l'impasse sur l'argument qui encourage l'éthique des affaires à aller bien au-delà des valeurs traditionnelles d'honnêteté et de fidélité et à assumer également une part de responsabilité sociale (notamment en ce qui concerne les questions de dégradation et de pollution de l'environnement).

Le second enjeu est plus complexe et moins reconnu dans la littérature, mais il est aussi plus intéressant. Même dans la production de marchandises privées, le processus de production en tant que tel peut posséder un trait important des « biens publics ». Et cela, parce que la production elle-même est typiquement une activité coopérative, que les systèmes de supervision interne sont coûteux et souvent impossibles à mettre en œuvre, et que chacun des participants contribue au succès global de l'entreprise d'une manière qui ne peut être totalement reflétée dans les récompenses privées qu'on lui attribue.

Ainsi, le succès global d'une entreprise est véritablement un bien public dont tous bénéficient, auquel tous contribuent, et que l'on ne peut répartir dans des petites cases de récompenses personnelles strictement liées à la *contribution respective* de chaque personne. Or, c'est précisément là que les motifs autres qu'étroitement égoïstes deviennent importants du point de vue de la production. Bien que je n'aie pas ici l'occasion de développer ce point, je suis profondément convaincu qu'il serait utile de rattacher les succès de «l'*éthos* japonais», de «l'éthique confucéenne», des «codes de l'honneur samouraï», etc., à cet aspect de l'organisation de la production.

LE DÉFI DE LA RÉPARTITION : VALEURS ET INCITATIONS

Je me tourne maintenant vers la répartition. Il n'est pas difficile de comprendre que des motivations non-égoïstes peuvent être extrêmement importantes pour les problèmes de *répartition* en général. Quand on partage un gâteau, le gain d'une personne est une perte pour une autre. A un niveau très évident, les contributions que l'éthique peut apporter – et pas seulement l'éthique des affaires – incluent la réduction de la misère grâce à des décisions visant explicitement à parvenir à un tel résultat. Il existe une importante littérature sur les dons, le secteur caritatif et la philanthropie en général, de même que sur la volonté de participer à des activités associatives visant à promouvoir le progrès social. La connexion avec l'éthique est assez évidente dans ces cas-là.

Peut-être est-il plus intéressant de souligner le fait que les problèmes de répartition et de production sont très souvent mêlés, de telle sorte que la manière dont on partage le gâteau influence la taille même du gâteau. Ce qu'on a appelé le «problème des incitations» fait partie de cette relation. C'est un problème également très discuté [1] mais, dans le présent contexte,

---

1. On peut trouver une bonne vue d'ensemble de cette littérature dans A.B. Atkinson et J.E. Stiglitz, *Lectures on public economics*, New York, McGraw-

il est important de préciser que l'ampleur du conflit entre la taille et la répartition dépend de manière cruciale de présuppositions concernant les motivations et les comportements. Le problème des incitations n'est pas une caractéristique immuable des techniques de production. Par exemple, plus une entreprise s'oriente étroitement vers la réalisation de profits, plus elle est en général réticente à se soucier des intérêts d'autrui – ceux des employés, des partenaires, des consommateurs. C'est un domaine auquel l'éthique peut contribuer de façon très significative.

Dans quelle mesure tout ceci peut-il répondre à la question qu'il nous a été demandé de traiter (« L'éthique des affaires a-t-elle un sens d'un point de vue économique ? »)? Cela dépend bien évidemment de la définition que l'on donne au « fait d'avoir un sens d'un point de vue économique ». Si ce sens économique vise l'avènement d'une société bonne dans laquelle il serait possible de vivre, alors les améliorations en termes de répartition peuvent être comptées comme autant de contributions à des résultats significatifs, même pour la vie des affaires. Certains industriels et hommes d'affaires visionnaires ont eu tendance à encourager ce genre de raisonnement.

D'un autre côté, si l'on interprète le « sens économique » comme ne voulant rien dire d'autre que la réalisation de profits et la récompense commerciale, alors il faut juger le souci d'autrui et la recherche de modalités équitables de répartition de manière entièrement instrumentale – en se demandant dans quelle mesure ils permettent indirectement de réaliser du profit. Il ne faut pas se moquer de ce genre de connexion, puisque les entreprises qui

---

Hill, 1980. Sur l'importance conceptuelle et pratique du problème des incitations et d'autres sources possibles de conflit entre l'efficacité et l'équité, voir mon ouvrage, *Inequality reexamined*, Harvard University Press, 1992, trad. fr. P. Chemla, *Repenser l'inégalité*, Paris, Seuil, 2000, chap. 9.

traitent bien leurs employés en sont souvent richement récompensées. En effet, les employés sont alors plus réticents à perdre leur emploi (plus lucratif) puisque le sacrifice consenti serait plus important s'ils en étaient privés, comparé à d'autres opportunités. En outre, la bonne volonté et la contribution à l'esprit d'équipe, et donc à la productivité, peuvent également être tout à fait significatives.

Il y a donc là un contraste important entre deux façons de comprendre quel sens peut avoir un bon comportement en affaires d'un point de vue économique. La première consiste à considérer que l'amélioration de la société dans laquelle on vit est une récompense en soi – l'argument convainc alors directement. L'autre façon consiste finalement à utiliser un critère propre à la vie des affaires en vue d'une telle amélioration. Mais ce critère mesurera d'abord comment un bon comportement en affaires peut en retour mener à de bonnes performances pour l'entreprise. Cet intérêt bien compris suppose alors un raisonnement indirect.

Il est souvent difficile de démêler ces deux caractéristiques, mais nous devons tenir compte de chacune d'elles lorsque nous essayons de comprendre comment l'éthique des affaires peut avoir un sens d'un point de vue économique. Si, par exemple, une entreprise n'accorde pas toute l'attention qui conviendrait à la sécurité de ses employés, et si par malheur cela résulte en un désastre tragique, comme celui qui se produisit à Bhopal en Inde il y a quelques années (bien que je ne sois pas ici en train de commenter l'ampleur des négligences commises par Union Carbide), un tel événement fera du tort aux profits de l'entreprise comme aux objectifs généraux de bien-être social auxquels cette entreprise est censée s'intéresser. Ces deux effets sont distincts et séparables, et ils devraient agir cumulativement dans une analyse globale des conséquences. L'éthique des affaires doit s'intéresser aux deux.

UNE REMARQUE POUR CONCLURE

Je finirai par un bref récapitulatif de quelques points discutés, même si je ne tenterai pas de faire un véritable résumé. Premièrement, l'importance de l'éthique des affaires n'est en aucune manière contredite par le fait, souligné par Adam Smith, que le « soin que nous apportons à nos propres intérêts » fournit la *motivation* adéquate de l'*échange* (section 2). L'argument de Smith mettant en scène le boucher, le marchand de bière et le boulanger porte directement sur les seuls *échanges* (il ne concerne ni la production ni la répartition), et seulement sur *l'aspect motivationnel* des échanges (et non sur leurs aspects organisationnels ou comportementaux).

Deuxièmement, l'éthique des affaires peut avoir une importance cruciale dans l'organisation économique en général et dans les activités d'échange en particulier. Ce lien est très significatif et plutôt répandu, mais il est particulièrement important, de nos jours, pour les efforts de développement du Tiers Monde et les tentatives de réorganisation dans ce que l'on appelait le Bloc de l'Est (section 3).

Troisièmement, on peut illustrer l'importance de l'éthique des affaires en ce qui concerne l'organisation et les performances de la production par les expériences contrastées de différentes économies, comme par exemple le succès exceptionnel du Japon. On peut ainsi comprendre de plusieurs façons les avantages obtenus lorsqu'on va au-delà de la simple poursuite du profit. Dans une certaine mesure, cette question est liée aux défaillances du marché quand il s'agit de répartir des « biens publics ». Deux facteurs différents sont ici pertinents : la présence de biens publics (et du phénomène connexe des externalités) parmi les biens matériels produits (à travers, par exemple, leurs connexions avec des questions environnementales), et le fait que le succès de l'entreprise peut être lui-même envisagé avantageusement comme un bien public (section 4).

Enfin, les problèmes de répartition – définis au sens large – sont particulièrement liés à l'éthique comportementale. Ces liens peuvent être à la fois directs et fondés sur une valeur intrinsèque, mais aussi indirects et instrumentaux. Les corrélations entre la taille du gâteau et sa répartition augmentent la portée et la pertinence du comportement éthique, comme le montre par exemple le problème des incitations (section 5).

Gary R. Weaver et Linda Klebe Treviño

ÉTHIQUE DES AFFAIRES NORMATIVE ET ÉTHIQUE DES AFFAIRES EMPIRIQUE : SÉPARATION, MARIAGE DE CONVENANCE OU MARIAGE DE RAISON ? [*]

On invoque souvent la nécessité d'un rapprochement entre les recherches normatives et les recherches empiriques dans le champ de l'éthique des affaires [1], mais il est rare que l'on explique en détail la nature de la relation souhaitée. Cet article esquisse trois conceptions de la relation entre l'éthique des affaires normative et l'éthique des affaires empirique, que nous qualifierons de *paralléliste*, *symbiotique* et *intégrative*. Ces trois positions diffèrent de manière significative quant à la possibilité, à l'opportunité et à l'intensité des efforts à fournir pour unifier la théorie et la recherche en éthique des affaires. On peut les

[*] « Normative and empirical business ethics : Separation, marriage of convenience, or marriage of necessity ? », *Business Ethics Quarterly*, 4(2), 1994, p. 129-143. Traduit par G. Kervoas.

[1] J. Fleming, « A Survey and critique of business ethics research », *in* W. Frederick (ed.), *Research in corporate social performance and policy*, Greenwich, CT, JAI Press, 1987, p. 1-24 ; W.A. Kahn, « Toward an agenda for business ethics research », *Academy of Management Review*, 15, 1990, p. 311-328 ; T.M. Mulligan, « The two cultures in business education », *Academy of Management Review*, 12, 1987, p. 593-599.

représenter sur un axe allant du « parallélisme » (pas d'inter-relation du tout), en passant par une « relation symbiotique » ancrée dans une collaboration pragmatique mutuellement bénéfique, jusqu'à une « hybridation théorique » qui intégrerait pleinement des domaines supposés distincts.

Contrairement aux appels récents à une approche plus unifiée de l'éthique des affaires, le *parallélisme* préconise la séparation entre les recherches empiriques et normatives, et rejette toute intégration que ce soit, pour des raisons à la fois conceptuelles et pratiques. Les deux autres conceptions articulent dans une certaine mesure les enquêtes normatives et empiriques, mais elles diffèrent sur le type de relation souhaitable (collaboration pragmatique ou hybridation théorique). Le *point de vue symbiotique* soutient une relation pratique super-ficielle, dans laquelle les éthiques des affaires normative et/ou empirique collaborent pour définir leur programme ou pour appliquer les résultats de leurs formes d'enquête respectives, qui demeurent distinctes d'un point de vue conceptuel et méthodo-logique. Par exemple, la symbiose aurait lieu si les empiristes centraient leurs cadres théoriques et pointaient leurs lunettes investigatrices sur les causes organisationnelles du délit d'initié ou sur les opérations de LBO[1], cela *en réponse* aux condam-nations proférées par les moralistes pour de tels comportements. Toutefois, dans une relation symbiotique, la théorie substan-tielle, les présuppositions métathéoriques et la méthodologie de chaque approche demeurent inchangées. Au contraire, l'*intégra-tion théorique* encourage une fusion en profondeur de ces formes d'enquête à première vue distinctes, ce qui serait susceptible

---

1. *Leveraged buyout*, ou rachat d'une entreprise en recourant de façon importante à de la dette, celle-ci devant être remboursée grâce à la rentabilité future de l'entreprise. Cet impératif suppose la recherche de la plus grande efficacité, par exemple dans le contrôle des coûts. (N.D.É.)

d'entraîner des modifications dans les théories substantielles, les hypothèses métathéoriques et les méthodologies de chacune des approches – ou leur unification. Un tel niveau de fusion signifie que *le contenu théorique et les méthodes* issues de champs multiples seraient modifiés afin de produire un unique champ d'étude avec des hypothèses, des théories, des problèmes et des méthodes qui lui seraient propres.

Cet article a pour but d'expliciter ces trois positions. Il résume un certain nombre d'arguments en faveur et à l'encontre de chacune d'elles, et considère leurs implications pour l'avenir de la recherche en éthique des affaires. Sa finalité n'est pas de répondre de manière définitive aux questions d'intégration, mais de servir de guide à travers les enjeux qui se rattachent à des conceptions concurrentes relatives à la possibilité de réaliser cette intégration. En poursuivant cette tâche, cependant, nous serons confrontés à un paradoxe exégétique, car il arrive que l'exposé d'une position présuppose ce qui est nié par une autre. Prétendre expliquer la position paralléliste – sans parler d'épouser ses idées – présuppose la cohérence de la distinction entre le normatif et l'empirique. Or, cette distinction est fondamentalement incohérente du point de vue d'une complète intégration théorique. Les raisons que nous avons de commencer par la distinction entre le normatif et l'empirique, plutôt que par l'hypothèse de leur unité, reflètent notre conviction que c'est là que se situent actuellement la plupart des recherches en éthique des affaires, du moins au sein des écoles de commerce et dans les sciences sociales dominantes en Amérique du Nord.

LES APPROCHES PARALLÉLISTES EN ÉTHIQUE DES AFFAIRES

Exposé

La position paralléliste affirme la nécessité conceptuelle et les avantages pratiques d'une séparation délibérée entre enquête normative et enquête empirique. Il s'agit là en quelque sorte d'un élément de base dans la littérature sur les méthodes des sciences sociales traditionnelles[1]. Pour le paralléliste, l'éthique des affaires normative et l'éthique des affaires empirique n'ont en commun que leur intérêt partagé pour certains types de comportements économiques (par exemple le vol commis par des employés et le délit d'initié). Comme des lignes parallèles qui vont dans la même direction mais ne se croisent jamais, les éthiques des affaires normative et empirique se dirigent vers un ensemble de phénomènes commun mais ne se mélangent pas. Du point de vue du chercheur, on s'engage soit dans les sciences sociales, soit dans l'enquête morale, mais il n'y a aucune connexion substantielle ou pratique entre les deux. Un chercheur en éthique des affaires empirique travaillera ainsi sans se soucier de répondre aux développements qui peuvent avoir lieu, à l'autre bout du campus, dans les départements de philosophie ou de sciences religieuses, et *vice versa*. Toute modification au sein d'un de ces domaines résulte normalement de facteurs internes au domaine en question, et la vie intellectuelle reste relativement bien ordonnée.

Justification

La position paralléliste repose sur des arguments pratiques et conceptuels. L'argument pratique prend en compte les différences, profondément ancrées, de méthodologie, d'attitude et de style entre les recherches normative et empirique – des différences qui suffisent à rendre toute intégration au mieux difficile. Pour différentes raisons d'ordre contextuel, procédural et motivationnel, les efforts des chercheurs normatifs et empiriques pour comprendre les travaux des uns et des autres – sans parler

1. Par exemple F.N. Kerlinger, *Foundations of behavioral research*, New York, Holt, Rinehart & Winston, 1986.

de l'évaluation des mêmes travaux – tendent à engendrer des incompréhensions fondamentales ou de mauvaises applications[1]. Ainsi, pour le bien des deux domaines, le paralléliste recommande de ne pas franchir les frontières entre disciplines.

A un niveau plus conceptuel, la profonde inscription d'une dichotomie du fait et de la valeur au sein de la plupart des sciences sociales[2] et la distinction entre ce qui est et ce qui doit être dans une grande partie de la philosophie morale traditionnelle[3] suggèrent que les concepts de base d'un des domaines peuvent sembler à jamais étrangers à l'autre. En témoigne par exemple le conseil de Kerlinger, selon lequel les sciences sociales empiriques devraient éviter les concepts de valeur comme celui de démocratie[4], de même que tout jugement de valeur soi-disant non testable. De plus, les recherches empiriques et normatives font souvent différentes hypothèses *métathéoriques*, en particulier concernant la nature de l'action humaine[5]. Bien des recherches empiriques endossent, au moins implicitement, une conception quasi mécaniste de la qualité d'agent (*agency*), tandis que les théories normatives présupposent généralement un certain degré d'autonomie et de responsabilité chez les agents humains.

1. Voir L.K. Treviño, G.R. Weaver, « Business ETHICS/BUSINESS ethics : One field or two? », *Business Ethics Quarterly*, 4(2), 1994, p. 113-128. [Il précédait le présent article dans le numéro de la revue. (N.D.É.)]

2. Par exemple M. Weber, *Essais sur la théorie de la science*, trad. fr. J. Freund, Paris, Plon, 1965 ; F.N. Kerlinger, *Foundations of behavioral research*, *op. cit.*

3. Par exemple D. Hume, *Enquête sur l'entendement humain*, trad. fr. M. Malherbe, Paris, Vrin, 2008 ; G. E. Moore, *Principia Ethica*, trad. fr. R. Ogien *et al*, Paris, P.U.F., 1997.

4. F.N. Kerlinger, *Foundations of behavioral research*, *op. cit.*

5. T.M. Mulligan, « The two cultures in business education », *op. cit.* ; L.K. Treviño et G.R. Weaver, « Business ETHICS/BUSINESS ethics : One field or two? », *op. cit.*

Suivant une lecture possible des travaux de Thomas Kuhn[1], certains chercheurs en organisation ont eu tendance à *endosser* une conception forte de la nature et du rôle des cadres (ou « paradigmes ») métathéoriques, selon laquelle les types de différences métathéoriques évoqués précédemment engendrent une incommensurabilité des paradigmes[2]. Si les différences entre éthiques des affaires empirique et normative sont rapportées à une telle conception, alors le parallélisme devient une *nécessité conceptuelle*. Les différents cadres disciplinaires dans lesquels se situent l'éthique des affaires empirique et l'éthique des affaires normative sont alors censés engendrer nécessairement d'impénétrables barrières à la communication et à la compréhension mutuelle.

Un exemple de parallélisme

La recherche en management sur les sanctions prises à l'encontre d'individus au sein d'une organisation est dominée par certaines perspectives en théorie de l'apprentissage comportemental qui se concentrent presque exclusivement sur la question de savoir si les sanctions sont efficaces (dans le sens d'un contrôle ou d'une modification des comportements), plutôt que sur celle de savoir si elles sont moralement appropriées ou non[3]. Ainsi, cette littérature partage une même identité

---

1. T.S. Kuhn, *La structure des révolutions scientifiques*, trad. fr. L. Meyer, Flammarion, 1983. Cependant, voir T.S. Kuhn, « Dubbing and redubbing : The vulnerability of rigid designation », *in* C.W. Savage (ed.), *Minnesota Studies in the Philosophy of Science, XIV : Scientific Theories*, Minneapolis, University of Minnesota Press, 1990 ; et G.R. Weaver, D.G. Gioia, « Paradigms lost : Incommensurability *vs.* structurationist inquiry », *Organization Studies*, 15(4), 1994, p. 565-590.

2. Par exemple G. Burrell, G. Morgan, *Sociological paradigms and organizational analysis*, Londres, Heinemann, 1979.

3. R.D. Arvey, G.A. Davis, S.M. Nelson, « Use of discipline in an organization : A field study », *Journal of Applied Psychology*, 69(3), 1984,

paralléliste. Cependant, le rejet des questions normatives hors des recherches sur les sanctions est superficiel car, en raison de l'attention qu'elle porte à l'efficacité, la recherche en management se fonde en dernier lieu sur des présuppositions normatives. Si, par exemple, la justification normative de la sanction consiste – comme le suppose la littérature sur le management – à contrôler, à changer ou à dissuader certaines actions, il convient à l'enquête empirique de s'attacher à l'efficacité des sanctions en tant que moyens ou mécanismes de contrôle, de changement ou de dissuasion. Or, si la justification normative pour la sanction reposait sur une conception rétributive et non fondée sur le contrôle, l'enquête empirique sur l'efficacité pourrait alors être complètement à côté de la question. Le fait même de se préoccuper d'efficacité implique un certain engagement envers une conception normative de la sanction.

Problèmes posés par le parallélisme

Il apparaît donc que la recherche empirique paralléliste tend bien plus à dissimuler les enjeux normatifs qu'à les éviter. En voulant ignorer ces enjeux normatifs, elle perd de vue les raisons et les personnes pour lesquelles elle se pose certaines questions plutôt que d'autres. Elle risque alors de se transformer en instru-

p. 448-460; G.A. Ball, *Outcomes of punishment incidents: The role of subordinate perceptions, individual differences and leader behavior*, Unpublished Doctoral Dissertation, Pennsylvania State University, 1991; R.A. Baron, « Countering the effects of destructive criticism: The relative efficacy of four interventions », *Journal of Applied Psychology*, 75(3), 1990, p. 235-245; J.F. Baum, S.A. Youngblood, « Impact of an organizational control policy on absenteeism, performance and satisfaction », *Journal of Applied Psychology*, 60, 1975, p. 688-694; N. Nicholson, « Management sanctions and absence control », *Human Relations*, 29(2), 1976, p. 139-151; P. Podsakoff, W. Todor, R. Skov, « Effects of leader contingent and noncontingent reward and punishment behaviors on subordinate performance and satisfaction », *Academy of Management Journal*, 25, 1982, p. 810-821.

ment naïf visant à promouvoir une conception administrative irréfléchie de l'ordre social et de la fonction sociale[1]. Elle risque aussi de manquer de pertinence dans la mesure où elle ignore certains sujets importants simplement à cause de leurs connotations normatives (il suffit d'observer à quel point la psychologie dominée par le béhaviorisme a longtemps ignoré les questions de psychologie morale).

De même, l'application, à la manière paralléliste, de thèses normatives peut cacher différentes présuppositions empiriques sur la façon dont fonctionne le monde. Une enquête normative repliée sur elle-même peut devenir trop abstraite ou trop idéaliste pour être d'une quelconque valeur pratique, ou bien son application peut s'avérer contreproductive. D'une manière générale, *l'enquête empirique paralléliste risque de perdre la légitimité et l'indépendance mêmes que la soi-disant pureté empirique est censée lui conférer, et l'enquête normative paralléliste risque de manquer de pertinence et d'aller à l'encontre de ce qu'elle vise*.

Tout argument conceptuel en faveur du parallélisme, fondé sur la prétendue incommensurabilité de perspectives métathéoriques, est intenable si l'on signifie par là qu'il est impossible de communiquer à travers la ligne de partage entre le normatif et l'empirique. Bien que la thèse de l'incommensurabilité soit un lieu commun chez de nombreux chercheurs en organisation[2],

1. S.R. Barley, G.W. Meyer, D.C. Gash, « Cultures of culture: Academics, practitioners and the pragmatics of normative control », *Administrative Science Quarterly*, 33, 1988, p. 24-60; W.M. Sullivan, « Beyond policy science: The social sciences as moral sciences », *in* N. Haan, R.N. Bellah, P. Rabinow, W. Sullivan (ed.), *Social science as moral inquiry*, New York, Columbia University Press, 1983, p. 297-319.

2. Par exemple G. Burrell, G. Morgan, *Sociological paradigms and organizational analysis, op. cit.*; D.A. Gioia, E. Pitre, « Multiparadigm perspectives on theory building », *Academy of Management Review*, 15(4), 1990, p. 584-602; N. Jackson, P. Carter, « In defense of paradigm incommensurability », *Organization Studies*, 12(1), 1991, p. 109-127.

il n'est pas certain que de sérieuses différences théoriques et métathéoriques doivent entraîner un échec *systématique* dans la communication[1]. Cependant, sans le soutien d'une thèse d'incommensurabilité, les arguments en faveur du parallélisme qui font appel aux différences institutionnelles, linguistiques ou stylistiques se réduisent à embrasser une forme de léthargie intellectuelle et une version académique du syndrome du NIH (*Not Invented Here*)[2]. De telles différences dépendent plus des aléas historiques qui nous ont conduits aux normes institutionnelles actuelles et aux structures organisationnelles et physiques du monde universitaire. Or, nos universités départementalisées ne sont pas plus un trait immuable du paysage sociétal et intellectuel que ne l'étaient les institutions plus holistes qu'elles ont commencé à remplacer il y a près d'un siècle.

La léthargie intellectuelle n'est pas très avenante, les frontières disciplinaires actuelles sont contingentes au moins à certains égards, et il n'y a pas de difficulté systématique pour la communication entre cadres théoriques et métathéoriques. Pour toutes ces raisons, l'adhésion paralléliste à l'isolement mutuel est intenable. De plus, elle engendre des problèmes de légitimité : pour l'enquête normative, en raison de son manque de pertinence, et pour l'enquête empirique, en raison de son articulation avec une perspective normative non réfléchie. Par conséquent, il semble qu'il y ait de bonnes raisons de prendre en

1. T.S. Kuhn, *La structure des révolutions scientifiques*, *op. cit.* ; G.R. Weaver, D.G. Gioia, « Paradigms lost : Incommensurability *vs.* structurationist inquiry », *op. cit.*

2. [Cette expression peut être résumée par l'idée selon laquelle « rien ne vaut ce qui est fait maison ». (N.D.É.)]. *Cf.* R. Katz, T.J. Allen, « Investigating the Not Invented Here (NIH) syndrome : A look at the performance, tenure, and communication patterns of 50 R&D project groups », *R&D Management*, 12(1), 1982, p. 7-19.

considération la position symbiotique, qui est plus ouvertement collaborative.

LES APPROCHES SYMBIOTIQUES DE L'ÉTHIQUE DES AFFAIRES

Exposé

La position symbiotique conçoit une relation pragmatique et collaborative entre les recherches normative et empirique, par laquelle chaque discipline dialogue avec l'autre sur des sujets tels que la définition d'un programme de recherche ou l'applicabilité d'une théorie. Bien que le noyau théorique de chaque approche reste distinct, on admet que ces domaines s'influencent réciproquement quant à leur mise en œuvre et leur application pratique. En reprenant les termes de la métaphore maritale proposée dans notre titre, les enquêtes empirique et normative représentent deux individus indépendants qui s'engagent néanmoins dans une relation durable pour leur bénéfice mutuel (un mariage de convenance). Comme dans le cas du parallélisme, ces deux formes d'enquête sont indépendantes car elles diffèrent sur le plan de leurs présupposés, de leurs formes de théorisation et de leurs méthodes, mais c'est en symbiose, en se fondant sur la communication, qu'elles mènent leurs travaux. La symbiose nécessite une certaine érudition pour être en mesure de parler deux langues, ce qui nécessite à son tour l'élimination des contraintes contextuelles propres aux différentes disciplines, que le paralléliste considère comme immuables. Néanmoins, malgré cette communication réciproque, les deux formes d'enquête demeurent essentiellement distinctes dans leurs principes théoriques, leurs méthodologies et leurs présupposés métathéoriques.

D'après la position symbiotique, toute information provenant de l'un des deux types d'enquête en éthique des affaires est susceptible de servir la poursuite et l'application de l'autre type d'enquête. Par exemple, l'enquête empirique peut guider l'application de théories morales spécifiques. L'enquête normative, en mettant en évidence les enjeux moraux de certains processus organisationnels, peut permettre d'orienter l'étude empirique. Contrairement au parallélisme, la symbiose implique une attention consciente à la question de savoir pourquoi et pour qui l'on poursuit telle ou telle enquête empirique. Selon qu'un phénomène organisationnel paraît moralement acceptable ou inacceptable, la recherche empirique pourra se concentrer soit sur la promotion, soit sur l'élimination de ce phénomène. En somme, la collaboration symbiotique permet à chaque approche en éthique des affaires de tirer profit de l'examen minutieux réalisé par l'autre tout en restant fondée sur ses propres présuppositions, théories et méthodes.

Justification

La position symbiotique présente alors deux facettes. La première concerne la valeur pratique d'une relation de collaboration qui permette d'éviter l'articulation non réfléchie entre deux perspectives, le manque de pertinence et le défaut de légitimité affligeant les approches parallélistes en éthique des affaires. L'attention portée à la théorie descriptive et empirique peut éviter aux chercheurs normatifs de proposer les moyens d'un progrès moral qui, quelle que soit la noblesse des principes normatifs qu'ils incarnent, sont en pratique irréalisables, voire risquent de saper la possibilité d'un comportement moral. Inversement, l'attention accordée à la théorie normative aide les empiristes à prendre conscience de la finalité, de la nature et des résultats de leurs travaux.

Le revers de la conception symbiotique est son insistance sur l'indépendance des noyaux théoriques de l'éthique des affaires normative et de l'éthique des affaires empirique. Les découvertes empiriques peuvent limiter l'applicabilité de théories normatives, mais elles ne nous obligent pas à les rejeter; après tout, les principes normatifs sont censés fonctionner comme des idéaux et non comme des descriptions de comportements réels[1]. Pour le théoricien normatif, limiter le contenu de la théorie normative à ce qui est correct d'un point de vue empirique reviendrait à conférer une légitimité morale aux déficiences morales engendrées par le *statu quo*. Pour l'empiriste, des théories empiriques formulées dans des catégories normatives s'avéreraient probablement fausses d'un point de vue empirique, en particulier si le seul but de la conception normative consiste à se tenir à l'écart des comportements réels pour en faire la critique. En ce sens, les considérations normatives pourraient amener l'enquête comportementale à s'intéresser à un type particulier de mauvaise conduite organisationnelle, mais elles ne devraient pas affecter les théories et les modèles de comportement de ces organisations – ou au sein des organisations – que fournit l'enquête empirique. En bref, la symbiose affirme l'existence d'une distinction entre le normatif et l'empirique, mais elle considère que la relation entre ces deux dimensions possède une valeur pratique et que l'échec relatif à leur communication est intellectuellement et moralement indéfendable.

La symbiose en pratique

Les travaux de Freeman et Gilbert, qui associent la stratégie d'entreprise et l'éthique des affaires, témoignent d'un effort pour développer une approche symbiotique de l'éthique des affaires. Bien que le programme explicite de Freeman et Gilbert soit « d'insuffler une certaine manière d'interpréter les valeurs et

---

1. L.K. Treviño, « Ethical decision making in organizations: A person-situation interactionist model », *Academy of Management Review*, 11, 1986, p. 601-617.

l'éthique au sein de la stratégie d'entreprise »[1], il est important de voir ce que cela inclut ou exclut. Ils font usage de théories morales philosophiques pour définir différentes approches de la stratégie d'entreprise et pour révéler puis critiquer les présupposés moraux sous-jacents à l'analyse stratégique conventionnelle. Ainsi, alors qu'ils rejettent un parallélisme naïf et proposent des liens conceptuels et pratiques entre l'éthique normative et la stratégie d'entreprise, ils se fondent toujours sur une approche normative et philosophique. Même la cible de leurs critiques représente en général une approche de la stratégie plus rationaliste et normative qu'empirique et descriptive[2]. Leur ancrage prédominant dans la littérature normative et philosophique s'illustre, par exemple, dans l'affirmation que « les valeurs expliquent l'action »[3]. Pour défendre cette affirmation, ils font plutôt appel à la philosophie analytique de l'action qu'à la psychologie sociale en ce qui concerne les relations entre croyances, attitudes, normes, intentions et comportements.

En bref, bien que Freeman et Gilbert appliquent les idées fondamentales et les méthodes de l'enquête philosophique à un sujet habituellement réservé à la recherche en management, leur approche – comme sa cible – demeure dans l'ensemble normative et/ou philosophique dans sa méthode et dans ses contenus. Au lieu d'offrir quelque nouvelle forme de théorie mixte empirique et normative, les travaux de Freeman et Gilbert fonctionnent plus comme une tentative de faire la critique normative des postures morales que l'on trouve dans les écrits conventionnels relatifs au management stratégique.

1. R.E. Freeman et D.R. Gilbert, *Corporate strategy and the search for ethics*, Englewood Cliffs, Prentice Hall, 1988.

2. Par exemple K.R. Andrews, *The concept of corporate strategy*, 2ᵉ éd., Homewood, Illinois, R.D. Irwin, 1980.

3. R.E. Freeman, D.R. Gilbert, *Corporate strategy and the search for ethics*, *op. cit.*

Limites de la symbiose

Il est possible d'utiliser les recherches empiriques en management pour délimiter les prétentions de l'enquête normative, mais un exemple de ce genre de tentative nous aidera à clarifier la différence entre la symbiose et des formes plus profondes d'intégration théorique. Dans leur effort pour se servir « des recherches descriptives en vue d'éclairer les recherches prescriptives », Greenberg et Bies présentent ce qu'ils appellent « l'éthique des affaires intégrée » sous la forme de « défis adressés à la philosophie morale » qui seraient *empiriquement fondés*[1]. Par exemple, ils critiquent les utilitaristes au motif qu'ils auraient mal évalué les effets comportementaux des sanctions et des récompenses, et ils rejettent les critères moraux rigoureux de Kant pour des raisons empiriques – les gens considèrent en général que certains types de mensonge sont moralement acceptables.

On pourrait concevoir que ces résultats empiriques constituent effectivement des « défis à la philosophie morale », mais, selon la position symbiotique, il n'y a pas de défi au sens d'une *réfutation* des théories morales normatives. Le moraliste qui persiste à tenir ce genre de position incorrecte du point de vue descriptif ne commet pas de faute logique. On soupçonne que Kant savait bien que la plupart des gens considèrent certains mensonges comme moralement acceptables, mais sa théorie morale, comme toute autre théorie morale, vise fondamentalement à corriger le *statu quo*, non à s'y plier. Il se peut que ses principes exigeants s'avèrent irréalistes, mais le manque de réalisme n'entraîne pas à lui seul la réfutation d'une théorie normative. De même, les prétendus problèmes de l'utilitarisme

1. J. Greenberg, R.J. Bies, « Establishing the role of empirical studies of organizational justice in philosophical enquiries into business ethics », *Journal of Business Ethics*, 11, 1992, p. 433-444.

concernant les effets comportementaux des sanctions n'invalident pas *nécessairement* l'utilitarisme; ils pourraient plutôt suggérer que d'autres dispositions seraient en mesure de promouvoir le bien-être social[1].

De telles limites aux critiques empiriques des prétentions normatives permettent de saisir l'essence de la position symbiotique : des critiques interdisciplinaires sur l'applicabilité ou le choix de ses objets d'étude sont permises, mais rien dans ces critiques ne modifie ou ne sape nécessairement le contenu substantiel des théories empiriques ou normatives. Les preuves empiriques seules ne forcent aucun moraliste à abandonner une théorie normative; au contraire, le moraliste peut choisir entre sacrifier un principe général normatif et limiter sa valeur pratique. Limiter la valeur pratique d'une théorie morale peut conduire à un rejet ou à une modification de cette théorie morale *pour des raisons pragmatiques*, mais elle n'implique pas en soi une *réfutation* de la théorie. Si l'impossibilité d'appliquer une théorie morale doit être prise en compte dans sa réfutation, elle requiert au minimum un argument supplémentaire montrant que les gens ne devraient pas être tenus à une norme qu'ils ne pourraient sans doute pas satisfaire dans des circonstances normales. Or cet argument est lui-même une forme de théorisation, non pas *empirique*, mais *morale*.

Problèmes posés par la symbiose

La possibilité que l'on change de théorie pour des raisons *pragmatiques* suggère une difficulté dans l'approche symbiotique. Bien que la symbiose semble garder intacts les différents noyaux théoriques des recherches normative et empirique, maintenir une telle séparation est difficile en pratique. En bref,

1. *Cf.* J. Bentham, *Introduction aux principes de la morale et de la législation*, Paris, Vrin, 2011.

la symbiose est toujours potentiellement instable et, dans des circonstances appropriées, elle peut dériver vers une forme d'intégration prenant en compte des modifications théoriques *pour des raisons pragmatiques*. De telles modifications ne font pas une intégration théorique à part entière ; les théories empirique et normative ne fusionnent pas au sein d'une nouvelle approche unifiée de l'éthique des affaires. Mais si l'on considère les manières dont on peut utiliser les catégories de l'un des champs pour concevoir ou structurer les recherches de l'autre, on ne voit pas clairement pourquoi ni comment on devrait s'interdire de penser dans les termes d'un unique domaine de recherche, plutôt que dans les termes de deux domaines reliés entre eux.

L'INTÉGRATION THÉORIQUE

Exposé

Une forme plus complète d'intégration devrait impliquer plus qu'une réponse pratique et réactive d'un domaine à l'autre. Elle devrait plutôt incarner ce que l'on pourrait appeler une *hybridation* théorique, revenant à créer de façon volontariste une nouvelle variété de théorie en fusionnant intentionnellement les noyaux des deux disciplines. Dans le monde plus vaste des théories psychologiques, sociologiques et politiques, plus d'un théoricien éminent semble combler le gouffre entre le normatif et l'empirique en recourant à une certaine forme d'hybridation – du moins leurs travaux partagent-ils une même résistance à toute classification facile entre le pur normatif et le pur empirique. Si, en remontant dans le passé, Tocqueville et Marx se distinguent, un inventaire plus contemporain inclurait, entre autres, la théorie sociale de Giddens[1], le rejet intentionnel par Kohlberg, au sein de sa psychologie morale, du sophisme naturaliste[2], la description et la critique simultanée de l'individualisme en Amérique par Bellah et ses collègues[3], ainsi que le récent plaidoyer d'Etzioni en faveur d'une « science sociale déontologique »[4]. Ce n'est pas que leur travail descriptif soit seulement motivé par des engagements moraux (car cela est aussi valable pour la symbiose), mais leurs descriptions elles-mêmes sont formulées dans des catégories irréductiblement morales. Dans l'ensemble, toutefois, on ne trouve pas facilement d'exemples d'hybridation intentionnelle dans l'histoire récente des sciences sociales américaines, spécialement celle de la recherche en management. Ceci provient peut-être du fait que beaucoup de travaux reposent sur une perspective morale particulière qui, dans la mesure où elle semble aller de soi, est devenue imperceptible[5]. Les auteurs cités précédemment s'écartent de la norme parce qu'ils reconnaissent et acceptent d'inclure des thèses et des catégories évaluatives au sein de leur travail empirique, ou, de façon encore plus significative, parce qu'ils rejettent l'idée même d'une distinction entre thèses empiriques et normatives.

1. Par exemple A. Giddens, *The constitution of society*, Cambridge, Polity Press, 1984, trad. fr. M. Audet, *La constitution de la société*, Paris, P.U.F., 1987.

2. L. Kohlberg, « Stage and sequence : The cognitive-developmental approach to socialization », *in* D.A. Goslin (ed.), *Handbook of Socialization Theory and Research*, Chicago, Rand McNally, 1969.

3. R.N. Bellah, R. Madsen, W.M. Sullivan, A. Swindler, S.M. Tipton, *Habits of the heart : Individualism and commitment in American life*, New York, Harper and Row, 1985 ; *The good society*, New York, A.A. Knopf, 1991.

4. A. Etzioni, « Toward deontological social sciences », *Philosophy of the Social Sciences*, 19, 1989, p. 145-156.

5. R.N. Bellah, « The ethical aims of social inquiry », *in* N. Haan *et alii*, *Social science as moral inquiry*, *op. cit.* ; W.M. Sullivan, « Beyond policy science : The social sciences as moral sciences », *op. cit.* ; B. Sievers, « Believing in social science : The ethics and epistemology of public opinion research », *in* N. Haan *et alii*, *Social science as moral inquiry*, *op. cit.*

Comme la liste précédente d'auteurs devrait l'indiquer, l'hybridation peut se produire à divers degrés et prendre des formes variées. La forme exacte que l'hybridation pourrait prendre ou non est un problème complexe, qui dépend de bon nombre de questions relevant de l'éthique normative et de la philosophie des sciences, ce qui va au delà du présent exposé. Pour notre propos, cependant, nous pensons qu'il est utile de distinguer trois types d'hybridation.

1. *L'importation conceptuelle*, où l'un des champs fait appel aux concepts de l'autre pour fixer son cadre théorique fondamental. Ce processus est déjà à l'œuvre dans la mesure où les théories empiriques et normatives présupposent des catégorisations particulières, respectivement normatives ou empiriques, des phénomènes relatifs à l'éthique des affaires. Comme l'indiquent nos commentaires précédents, même le parallélisme ne peut éviter en pratique ce degré minimal d'intégration. L'importation conceptuelle figure, par exemple, dans les études empiriques sur le climat éthique des organisations[1], qui décrivent le degré auquel les phénomènes organisationnels manifestent des caractéristiques définies de façon normative, mais qui ne présupposent ni ne réfutent le caractère approprié d'une position normative particulière.

2. *La réciprocité théorique*, où un cadre explicatif général incorpore à la fois des théories empiriques et normatives, et *où son aptitude à produire soit une description empirique, soit une évaluation normative d'un phénomène donné dépend respectivement de son adéquation normative ou de son adéquation empirique.* Il y a, dans ce cas, une interdépendance intentionnelle entre théories empiriques et normatives. Elle est illustrée par les travaux de Kohlberg sur le développement moral, où le supposé

1. B. Victor, J.B. Cullen, « The organizational bases of ethical work climates », *Administrative Science Quarterly*, 33, 1988, p. 101-125.

caractère préférable, d'un point de vue moral, d'un stade cognitif particulier étaye une théorie empirique sur le processus de développement qui conduit à ce stade.

3. *L'unité théorique*, selon laquelle la distinction entre le normatif et l'empirique est rejetée comme intenable du point de vue méthodologique et métathéorique. Cette position générale prend diverses formes, depuis la recherche sociale critique[1] – pour laquelle il n'existe pas de description normativement neutre de l'activité humaine – jusqu'à la méta-éthique naturaliste qui vise sans hésitation à résoudre des controverses morales en fondant la moralité sur des théories biologiques ou sur d'autres sciences naturelles[2]. Si une forme d'unité théorique est adoptée, toutes les autres positions – et même, en un sens, la présentation que nous en avons faite – sont fondamentalement mal conçues car elles présupposent une distinction entre le normatif et l'empirique qui, en fait, ne tient pas.

Justification

Il semblerait y avoir de solides arguments en faveur d'une hybridation au moins minimale, *via l'importation conceptuelle*. Après tout, l'éthique des affaires est l'étude de la *moralité dans un contexte économique*. Au minimum, cela signifie a) que le théoricien des organisations qui étudie *l'éthique* des affaires doit reconnaître et prendre en compte le caractère normatif des concepts moraux; et b) que le philosophe qui entreprend d'étudier l'éthique des *affaires* doit admettre l'importance du contexte économique pratique dans lequel est mise en œuvre la

1. *Cf.* G. Burrell et G. Morgan, *Sociological paradigms and organizational analysis*, *op. cit.*

2. Par exemple A. Rosenberg, « Moral realism and social science », *in* P.A. French, T.E. Uehling, H.K. Wettstein (ed.), *Midwest Studies in Philosophy*, *vol. XV : The philosophy of the human sciences*, University of Notre Dame Press, 1990.

qualité d'agent moral (*moral agency*). Pour l'empiriste, s'interdire d'invoquer un tel cadre normatif revient à produire une science sociale appauvrie du point de vue cognitif. « Sans un point de référence situé au sein de la tradition de la réflexion morale, les catégories mêmes de la pensée sociale seraient vides. La construction d'un tout nouveau vocabulaire abstrait [à la manière de Kerlinger] rendrait l'entreprise opaque... » [1]. Négliger les catégories du langage moral, c'est négliger le monde que nous habitons et perdre la signification des phénomènes sociaux.

La *réciprocité théorique* repose sur la thèse qu'un chercheur en psychologie ou en sociologie ne peut se contenter d'examiner des comportements normativement neutres, mais qu'il doit conceptualiser le sujet comme un agent qui agit intentionnellement à l'intérieur d'un certain cadre de référence moral. Décrire des actes intentionnels comme justes, droits ou selon d'autres catégories fréquemment employées, y compris par l'éthique des affaires *empirique*, c'est faire appel à un cadre moral évaluatif. De plus, si l'on poursuit l'argument, de même que l'explication des raisons pour lesquelles quelqu'un accepte un raisonnement logique valide réside en partie (sinon entièrement) dans le fait que ce raisonnement *est* valide [2], de même une partie de l'explication des raisons pour lesquelles un agent agit moralement se trouve dans le fait que l'action est moralement appropriée [3]. En bref, la théorie normative sert à *expliquer*, et pas seulement à évaluer, des processus psychologiques.

Comme cela a été suggéré ci-dessus, l'*unité théorique* peut avoir des sources multiples, dont certaines postulent que des

---

1. R.N. Bellah, « The ethical aims of social inquiry », *op. cit.*

2. L. Carroll, « Ce que la tortue dit à Achille », 1895.

3. L. Kohlberg, « Moral stages and moralization : The cognitive-development approach », *in* T. Lickona (ed.), *Moral development and behavior : Theory, research and social issues*, New York, Holt, Rinehart and Winston, 1976.

thèses soi-disant « empiriques » ont, au bout du compte, un caractère normatif, tandis que d'autres proposent un fondement empirique pour toute thèse normative défendable. Dans tous les cas, il n'y a plus de distinction entre fait et valeur ou, plus exactement, entre l'empirique et le normatif. Bien que les discussions typiques qui figurent dans la littérature en éthique des affaires mettent en question la prétendue neutralité de la recherche empirique, une théorisation normative qui serait prétendument pure et autonome reçoit sa part de critiques au sein de la littérature philosophique. Par exemple, dans la mesure où l'on accepte la thèse (discutable) selon laquelle les pratiques sociales, les communautés et les relations humaines sont constitutives des personnes et de leurs fins, on rattache le jugement moral à un certain niveau de description sociologique [1].

Les efforts d'unification, qui affirment au contraire que le présumé empirique est inévitablement normatif, ont typiquement leurs racines dans des approches plus interprétatives des sciences sociales. Ces positions métathéoriques postulent que les faits sociaux sont en dernier ressort inséparables des postures interprétatives qu'adoptent les acteurs qui constituent la société. De ce point de vue, les faits sociaux n'ont pas « d'existence indépendante du savoir qu'ont les agents de ce qu'ils font dans leurs activités de tous les jours » [2]. Mais dans la mesure où ils sont construits à partir de la compréhension interprétative des acteurs sociaux [3], les faits sociaux – par exemple l'existence de l'autorité – reflètent inévitablement des normes et des jugements moraux. Là où une personne « perçoit » une autorité légitime, une autre

1. A. MacIntyre, « Does applied ethics rest on a mistake ? », *The Monist*, 67, 1984, p. 498-513.

2. A. Giddens, *La constitution de la société*, *op. cit.*

3. P.L. Berger, T. Luckman, *The social construction of reality*, New York, Doubleday, 1967, trad. fr. P. Taminiaux, *La construction sociale de la réalité*, 2ᵉ éd., Paris, Armand Colin, 2006.

peut y « voir » une forme d'exploitation oppressive, et aucun recours à de *pures* données observables ne sera possible ; si les faits sociaux sont toujours interprétatifs, des « données brutes », en admettant qu'elles soient disponibles, seraient fondamentalement dépourvues de sens. En outre, puisque les chercheurs sont aussi des acteurs sociaux, leurs travaux reflètent une interprétation de leurs *propres* activités quotidiennes, qui est imprégnée de considérations morales. Dans la mesure où l'interprétation de l'enquêteur diverge de celle des sujets qu'il étudie, les recherches en sciences sociales adoptent une posture essentiellement critique.

Exemples d'intégration théorique

Au sein de l'éthique des affaires empirique à proprement parler, Victor et Cullen sont probablement ceux qui se rapprochent le plus, et de façon intentionnelle, de l'intégration théorique, parce qu'ils incorporent de manière explicite trois catégories empruntées à la théorie éthique normative (relatives à l'égoïsme, la bienveillance et l'obéissance à des principes) ainsi que trois niveaux d'analyse empirique (individuel, local et social) pour développer une typologie des climats éthiques au sein des organisations [1]. Leur étude représente l'intégration théorique dans sa forme la plus élémentaire : l'importation volontaire de concepts sans autre forme d'évaluation ou de prescription normatives. Victor et Cullen utilisent leur typologie d'origine normative pour recueillir des données et pour les analyser, conformément à la méthodologie dominante dans les sciences sociales (par exemple l'analyse factorielle). Leurs résultats démontrent à quel point les données empiriques se conforment à

---

1. B. Victor, J.B. Cullen, « The organizational bases of ethical work climates », *op. cit.*

la typologie initiale et indiquent que les climats éthiques diffèrent entre organisations et au sein d'une même organisation.

Au minimum, l'approche de Victor et Cullen permet de juger dans quelle mesure on peut effectivement appliquer tel ou tel principe normatif et quel est le degré d'accord quant à la mise en œuvre d'un principe particulier. En elle-même, il est peu probable qu'elle provoque des suspicions. Un utilitariste, par exemple, pourrait sans aucun doute s'en servir pour faire des calculs d'utilité et prévoir à peu près combien d'autres personnes seraient susceptibles de faire des calculs semblables. Et en utilisant un langage normatif identifiable comme un cadre de référence à l'intérieur duquel il est possible de développer des concepts empiriquement fondés, les recherches scientifiques de Victor et Cullen dans le domaine des sciences sociales conservent un certain degré de pertinence et d'indépendance normatives.

Problèmes théoriques liés à l'intégration

Il est probable que l'incorporation directe de catégories normatives dans le travail empirique – comme c'est le cas de la forme d'hybridation de base proposée par Victor et Cullen – engendre un certain scepticisme si l'on reconnaît que des principes normatifs ne décriront jamais avec précision le *statu quo* car cela n'a jamais été leur fonction[1]. Par conséquent, ce genre d'intégration conduit toujours à rejeter trop facilement les principes normatifs et constitue ainsi un danger pour le caractère évaluatif et l'indépendance de la théorie normative, danger sur lequel insistent des positions moins intégratives.

---

1. F.N. Brady, M.J. Hatch, « General causal models in business ethics : An essay on colliding research traditions », *Journal of Business Ethics*, 11, 1992, p. 307-315. *Cf.* L.K. Treviño, « Ethical decision making in organizations : A person-situation interactionist model », *op. cit.*

Cependant, une étude comme celle de Victor et Cullen, parce qu'elle utilise des catégories normatives, sera probablement plus parlante qu'une étude du climat éthique qui évite tout langage normatif, *quand bien même une étude de ce genre serait possible*. L'étude de Victor et Cullen ne présume pas non plus naïvement qu'une théorie morale serait préférable car plus fréquemment mise en pratique, ou inacceptable car jamais mise en pratique. Pourtant, le fait qu'ils aient trouvé de nouvelles catégories relatives au climat moral qui associent des catégories normatives considérées d'habitude comme opposées pourrait inciter les moralistes à réexaminer avec profit certaines conceptualisations traditionnelles de types de théorie normative, même si une telle découverte ne réfute en aucun sens l'une ou l'autre de ces théories morales.

L'intégration théorique constitue ainsi une forme de recherche empirique en sciences sociales plus compliquée que ce qui est habituellement admis dans le contexte des écoles de commerce. Pour un bon nombre de chercheurs en sciences sociales, l'inclusion d'engagements normatifs et d'interprétations dans les sciences sociales empiriques – ou, dans une version plus forte, l'effondrement de toute distinction entre enquête empirique et enquête normative – risque d'aboutir à un relativisme outrancier. Que cela se produise ou non dépend en partie de notre compréhension de notions telles que celles de vérité et d'objectivité, eu égard en particulier à ce qui fonde la manière dont nous départageons des interprétations concurrentes des phénomènes sociaux. Nul besoin de dire que, selon la métascience d'obédience positiviste qui sous-tend la plupart des sciences sociales nord-américaines, incorporer des perspectives normatives ou une compréhension interprétative à l'enquête empirique revient à incorporer une subjectivité arbitraire à la science. Il en est ainsi parce que, selon les critères typiques de l'empirisme et du positivisme, il ne peut exister de *fait* moral au sens où on l'entend habituellement. Mais comme notre critique du parallélisme l'indique, l'incorporation des jugements moraux à l'enquête empirique se produit déjà en un certain sens; le parallélisme tient simplement pour acquis un cadre normatif particulier, que des formes d'enquête plus volontiers intégratives sont prêtes à remettre en question. De plus, si nous rejetons la thèse positiviste selon laquelle «« les sciences » se confondent avec le savoir authentique »[1], il ne s'ensuit plus que l'effondrement des distinctions entre science et non-science ou entre empirique et normatif conduise à une situation de relativisme dans laquelle il n'y aurait plus *aucun* critère pour choisir entre des thèses rivales. A vrai dire, c'est peut-être une sorte de surestimation traditionnelle des sciences qui conduit à dénigrer d'autres formes d'enquête.

Problèmes pratiques liés à l'intégration

Si au moins l'une des conceptions possibles de l'intégration théorique est viable, nous sommes confrontés à la possibilité que l'éthique des affaires soit un champ unifié, animé par des recherches qui combinent enquête empirique et enquête normative. Mais alors les distinctions entre le normatif et l'empirique que nous avons envisagées en premier lieu deviennent de fait intenables pour des formes d'intégration plus fortes, elles ne sont plus que de simples outils de présentation dont il faut se débarrasser dès que l'occasion se présente. Cependant, agir de la sorte entre en conflit avec l'identité institutionnelle que possède chacune des deux disciplines et l'on risque d'être accusé de laisser de côté trop de choses importantes. Toute tentative d'intégration théorique sera probablement sujette à l'hostilité et aux critiques de tous bords car, par définition, elle enfreint plus

1. L. Laudan, « A problem-solving approach to scientific progress », *in* I. Hacking (ed.), *Scientific Revolutions*, Oxford University Press, 1981.

de règles et empiète sur beaucoup plus de domaines que l'étude empirique ou normative ordinaire, qui se cantonne à l'intérieur des frontières conventionnelles. Ceux pour qui les frontières institutionnelles existantes doivent être respectées seront les premiers à défendre leur territoire institutionnel.

CONCLUSION :
PERSPECTIVES POUR L'INTÉGRATION
EN ÉTHIQUE DES AFFAIRES

Nous venons d'esquisser trois conceptions de la relation entre l'éthique des affaires empirique et l'éthique des affaires normative : le parallélisme, la symbiose et l'intégration théorique complète ou « hybridation ». Nous espérons que cet exposé sur la nature, la justification et les problèmes réels ou possibles de ces options s'avérera utile à ceux qui souhaitent parler à l'avenir d'une éthique des affaires « intégrée ». En conclusion, nous proposons une brève analyse des perspectives que chaque option présente dans le développement à moyen terme de l'éthique des affaires.

Bien qu'en *apparence*, l'enquête paralléliste soit sans doute destinée à se maintenir en raison de son implantation dans les normes institutionnalisées propres au monde académique, nous présageons qu'elle occupera une position de plus en plus ténue dans la pratique. Si l'intérêt porté à l'éthique des affaires s'avère être bien plus qu'un engouement passager, nous pensons que, pour le monde des affaires comme pour le public, les théoriciens normatifs devront s'intéresser aux vicissitudes de l'application de leurs théories, et que les théoriciens empiriques prendront conscience des enjeux moraux de leur travaux. Dans la mesure où la recherche en éthique des affaires dépend du monde des affaires et du public quant à ses ressources et à sa légitimité, l'enquête paralléliste pure aura de plus en plus de difficultés à maintenir sa légitimité sociale.

L'enquête symbiotique, de son côté, semblerait promise à l'avenir le plus favorable car elle accroît la pertinence et la légitimité de l'enquête normative comme de l'enquête empirique sans qu'il soit nécessaire de modifier ou de rejeter les cadres théoriques et les méthodologies adoptés par chacune de ces approches. Elle exige en revanche des changements d'aptitude, d'attitude et de comportement de la part des chercheurs et des institutions de recherche et d'enseignement. S'agissant des aptitudes, la symbiose requiert le bilinguisme – la capacité des empiristes et des moralistes à parler le langage de l'autre de sorte qu'ils puissent communiquer et se comprendre. S'agissant des attitudes, elle requiert une ouverture d'esprit relative à la valeur pratique, tout à fait réelle, des contributions venant d'autres approches, de telle sorte que la communication ait effectivement lieu. S'agissant des comportements, elle requiert un dialogue continu entre les deux approches *via* le développement d'équipes de recherche issues des deux champs, le partage des travaux de recherche entre disciplines et une réelle prise en compte de ces contributions, sans qu'interviennent des questions de frontières. Mais cela requiert en même temps le maintien et le respect des intérêts propres à chaque discipline, comme l'exige la symbiose. Qu'un tel maintien puisse être durable faceà des échecs pratiques répétés dans l'un de ces domaines demeure une question ouverte.

Nous pensons que l'intégration théorique complète doit faire face à un avenir plus difficile que la symbiose, parce qu'elle exige des chercheurs qu'ils assument de plus grandes responsabilités : un engagement total dans deux domaines simultanément – philosophes et scientifiques devront évaluer les arguments et les méthodes de chacun, et ne pas seulement s'informer de leurs conclusions respectives ; le défi potentiel qui consiste à développer un nouvel ensemble de concepts, de méthodes et de méta-théories ; un effort inévitable de recherche à long terme ; et le fait d'accepter les critiques venant à la fois des théoriciens empiriques et normatifs plus traditionnels qui pourraient ne pas saisir ou apprécier à sa juste valeur les mérites d'une recherche fondée sur l'intégration. Nous pensons qu'à l'heure actuelle bien peu de chercheurs sont préparés ne serait-ce qu'à tenter ce genre d'effort majeur et à long terme, et ceux qui le sont considèrent sans doute qu'ils sont confrontés à des défis et à des critiques provenant de toute part. Mais ces problèmes sont des défis à relever, non des objections rédhibitoires. Aussi suggérons-nous que tout jugement sur la faisabilité d'une intégration à grande échelle soit laissé de côté jusqu'à ce que de sérieux efforts dans ce sens aient eu lieu. Autrement dit, la possibilité et même le désir d'une telle intégration à grande échelle devraient être jugés sur la base des résultats produits par de véritables efforts d'intégration. C'est seulement à la suite de tels efforts que l'on pourra évaluer la nature et la portée d'une éthique des affaires pleinement intégrative.

THÉORIES MORALES NORMATIVES

INTRODUCTION

Il va de soi que les théories morales normatives occupent une place de choix au sein de l'éthique des affaires. Ceci provient largement de l'ancrage de la discipline dans l'éthique appliquée qui, plus qu'un rattachement institutionnel, manifeste l'importance qu'elle accorde à l'expertise philosophique dans la résolution de problèmes pratiques.

Le paysage normatif de la *business ethics* est très diversifié[1]. La première raison a trait à la fonction sociale de l'entreprise. Beauchamp et Bowie l'expriment clairement : « pour connaître les caractéristiques d'une firme bonne (socialement responsable), il faut déterminer les fins qu'elle poursuit au sein de la société »[2]. Deux théories, dites « de l'actionnaire » (*stockholder theory*) et « des parties prenantes » (*stakeholder theory*), ont émergé de cette recherche. Elles n'ont pas les caractéristiques des théories morales normatives (sans pour autant être incompatibles avec elles) car leurs thèses concernent les intérêts que les entreprises doivent privilégier et satisfaire, mais elles sont

1. Voir D.G. Arnold, R. Audi, M. Zwolinski, « Recent work in ethical theory and its implications for business ethics », *Business Ethics Quarterly*, 20(4), 2010, p. 559-581.

2. T.L. Beauchamp, N.E. Bowie, *Ethical theory and business*, Englewood Cliffs, Prentice Hall, 7ᵉ éd., 2004.

parfois mises sur le même plan puisqu'elles prétendent, elles aussi, répondre à la question « Que dois-je faire ? ». C'est ainsi que John Hasnas estime qu'elles ont été élaborées de façon à « traduire », sous la forme de « principes de niveau intermédiaire », le langage de la philosophie morale en termes intelligibles pour les praticiens [1].

La deuxième source de diversité du paysage normatif de l'éthique des affaires provient des approches fondées sur un pluralisme moral. C'est le cas de la théorie des contrats sociaux intégrés (TCSI) de Donaldson et Dunfee, qui est l'objet du premier texte. Les tenants d'une éthique *organisationnelle* défendent également une perspective pluraliste. Robert Phillips, par exemple, soutient que la philosophie morale et la philosophie politique sont inadéquates pour traiter des problèmes éthiques spécifiques aux organisations, et il propose de construire une théorie intégrant ces spécificités. Mais s'il affirme l'indépendance conceptuelle de l'éthique organisationnelle, il souligne néanmoins sa « cohérence avec une pluralité de perspectives morales et politiques » [2].

Chacun des textes de cette partie expose une théorie générale de l'éthique des affaires. On notera toutefois que l'utilitarisme n'y est pas représenté. Ceci provient du fait que les approches utilitaristes de l'éthique des affaires ne répondaient pas exactement aux critères de sélection retenus, qui privilégiaient le caractère compréhensif des théories et l'importance de leur portée pratique. L'utilitarisme est bien sûr représenté dans l'éthique des affaires, mais, quand on l'invoque, c'est souvent

---

1. J. Hasnas, « The normative theories of business ethics : A guide for the perplexed », *Business Ethics Quarterly*, 8(1), 1998, p. 19-42.

2. R. A. Phillips, *Stakeholder theory and organizational ethics*, San Francisco, Berret-Koehler Publishers, 2003.

dans une perspective générale[1] ou pour le critiquer (voir dans cet ouvrage le texte de Donaldson et Dunfee, ainsi que celui de Solomon).

Dans leur article, Donaldson et Dunfee commencent par relier la « rationalité morale fortement limitée » des acteurs – qui recouvre, entre autres, leur limitation cognitive face à la complexité des situations de choix – à l'existence d'une multitude de communautés économiques. La rationalité morale fortement limitée explique en effet que « les concepts de l'éthique des affaires varient de façon significative d'une culture à une autre ». Cette diversité provient aussi du fait que les membres d'une communauté économique particulière désirent en général qu'un contrat social spécifique – un « microcontrat » – gouverne leurs interactions, ce pour des raisons d'efficacité et de préservation de leurs singularités culturelles.

Donaldson et Dunfee proposent un deuxième type de contrat, qu'ils nomment « macrocontrat ». Il comprend les principes fondamentaux qu'adopteraient, selon une procédure équitable, des contractants placés dans une situation hypothétique. Ces macrocontractants seraient notamment conscients des limitations de la rationalité morale et de la nécessité d'autoriser un « espace moral libre » dans lequel les communautés économiques peuvent déterminer les normes qui leur conviennent. Les quatre principes qui seraient ainsi générés visent à « gouverner la morale des affaires », c'est-à-dire la multitude des microcontrats sociaux. Leur contenu met l'accent sur le consentement des participants aux microcontrats, leurs droits d'expression et de retrait (*voice* et *exit*), la compatibilité des normes microsociales

1. *Cf.* par exemple M. Snoeyenbos, J. Humber, « Utilitarianism and business ethics », *in* R.E. Frederick (ed.), *A companion to business ethics*, Malden, Blackwell Publishing, 1999, p. 17-29.

avec des « hypernormes » et le traitement des conflits de normes [1].

En dépit du caractère relativiste de l'espace moral libre, Donaldson et Dunfee affirment que la TCSI est non relativiste, du moins qu'elle est d'un relativisme limité. En effet, leur hypothèse de rationalité morale signifie que les concepts éthiques impliqués dans les interactions économiques peuvent être soumis à une analyse rationnelle qui suppose notamment la justification par le macrocontrat. Toutefois, la recherche d'une théorie éthique de la vie des affaires autorisant un certain degré de relativisme moral peut être menée sans recourir à la procédure du contrat social, comme l'ont par exemple proposé Robin et Reidenbach [2].

La TCSI a fait l'objet de critiques, touchant la légitimité de la dérivation des termes du macrocontrat social à partir de la situation hypothétique [3] ; le mode d'identification et la légitimité des hypernormes ; la question du consentement – son caractère réaliste, spécialement dans le cadre d'interactions multiculturelles, et le fait de savoir s'il suffit, même combiné avec l'impératif de conformité à des hypernormes, à motiver le respect des

1. Les auteurs ont par la suite affiné la version initiale de la TCSI présentée dans ce volume, par exemple en introduisant un voile d'ignorance partiel dans la situation hypothétique (*Ties that bind : A social contracts approach to business ethics, op. cit.*). Voir aussi les articles du *Journal of Business Ethics*, 68(3), 2006, consacrés au contractualisme.

2. D.P. Robin, R.E. Reidenbach, « Searching for a place to stand : Toward a workable ethical philosophy for marketing », *Journal of Public Policy and Marketing*, 12(1), 1993, p. 97-105.

3. B. Wempe, « In defense of a self-disciplined, domain-specific social contract theory of business ethics », *Business Ethics Quarterly*, 15(1), 2005, p. 113-135. Wempe affirme que « les hypothèses comportementales et les autres paramètres de la situation contractuelle initiale [de la TCSI] *n'impliquent absolument pas que les contractants sont logiquement contraints à accepter les termes du macrocontrat social* ».

normes internes aux communautés; et le caractère vague des préconisations de la TCSI (bien que tout contrat implique par lui-même différents types d'engagements normatifs[1]). Mais l'article de Donaldson et Dunfee est emblématique de l'importance du contractualisme pour l'éthique des affaires.

Bowie est sans doute, au sein de la discipline, le défenseur le plus éminent du déontologisme kantien. Le texte présenté ici, qui a été spécialement écrit pour cet ouvrage, est un exemple typique d'application d'une théorie issue de l'éthique normative.

Il n'est pas possible d'envisager que l'entreprise fonctionne à l'image d'un « règne des fins » si elle est conçue de façon instrumentale, c'est-à-dire comme un moyen, pour ceux qui participent à ses activités, de satisfaire leurs intérêts égoïstes. Il en va autrement si ses membres « partagent des buts communs et considèrent que les institutions et les activités communes ont une valeur intrinsèque ». Bowie décrit ainsi comment une telle entreprise peut devenir morale d'un point de vue kantien. Sa démonstration repose sur la recherche des principes de fonctionnement d'une organisation qui réussiraient le test de l'impératif catégorique – y compris sous sa formulation, peu invoquée dans la littérature de l'éthique des affaires, relative à l'idéal du règne des fins.

Selon Bowie, le fonctionnement moral idéal d'une entreprise peut être décrit à l'aide d'un ensemble de sept principes qui passent avec succès le test de l'impératif catégorique. Cet ensemble, supposé complet, prend en compte les « faits naturels » propres aux organisations. Par exemple, le septième principe considère le caractère routinier de leur fonctionnement,

---

1. *Cf.* J. (Hans) van Oosterhout, P.P.M.A.R. Heugens et M. Kaptein, « The internal morality of contracting : Advancing the contractualist endeavor in business ethics », *Academy of Management Review*, 31(3), 2006, p. 521-539.

qui nécessite un engagement fort de la firme envers des règles de justice.

En outre, Bowie se sert des critères kantiens pour rejeter certaines pratiques de gestion et formes d'organisation, en l'occurrence les systèmes de management très hiérarchisés et ceux qui reposent sur une forte division du travail, dont le taylorisme est un exemple. Mais il propose également des exemples vertueux, par exemple l'organisation industrielle japonaise ou la gestion à livre ouvert. Ils reflètent un management participatif et une conception de la firme comme « entreprise de coopération » où « tout le monde partage des objectifs communs et comprend que le succès de chacun dépend de la coopération de tous ».

Un système kantien de management accorde aussi une valeur inconditionnelle à l'autonomie individuelle, au respect des employés et à la réalisation de soi. Ces concepts sont pris en compte dans les conditions permettant de conférer du sens au travail, que Bowie propose à la fin de son article.

Au-delà des critiques classiques faites au déontologisme, on pourra adresser des objections spécifiques au texte de Bowie – par exemple, la gestion à livre ouvert, qui conduit chaque employé à « penser comme un actionnaire », repose sur le présupposé qu'il est vertueux de penser ainsi. Mais déterminer ce qu'est une juste division du travail, comme le fait Bowie à la lumière de la morale kantienne, fait partie des objectifs essentiels de l'éthique des affaires.

L'article de Solomon, paru la même année que son ouvrage *Ethics and excellence*, signale l'entrée en scène de l'éthique de la vertu au sein de la *business ethics* [1].

---

[1]. R.C. Solomon, *Ethics and excellence: Cooperation and integrity in business*, Oxford University Press, 1992. L'article de Robbin Derry et Ronald Green, qui proposait une analyse critique de la place des théories éthiques normatives à partir de vingt-cinq textes de la discipline écrits de 1979 à 1988, ne

Dans la première partie, il s'interroge sur le genre de théorie normative qui convient à la vie des affaires. Si l'éthique de la vertu aristotélicienne est ce genre de théorie, c'est avant tout parce que les entreprises sont des communautés humaines. Cependant, l'unité d'analyse de l'éthique des affaires n'est pas l'entreprise considérée, de façon formelle, comme un agent moral, mais plutôt l'ensemble des individus qui la composent et qui, dans le cadre de leurs rôles professionnels, cherchent à exceller, c'est-à-dire à cultiver leurs vertus, à « découvrir ce qu'il y a de meilleur en eux-mêmes et dans les projets coopératifs auxquels ils prennent part ». En bref, l'objet d'étude de l'éthique des affaires aristotélicienne est « l'individu-dans-l'organisation »[1].

Dans un débat avec Hartman, Solomon précise le sens du concept de communauté, qui constitue la première des six dimensions de l'éthique de la vertu présentées dans l'article. Hartman défend, lui aussi, une éthique aristotélicienne appliquée à la vie des affaires, mais il affirme en outre que les entreprises sont des « biens communs »[2]. De ce fait, elles peuvent subir le même destin que les pâtures communes que les éleveurs de moutons, cherchant à maximiser leur intérêt personnel, finissent par détruire. Selon Hartman, la meilleure solution pour résoudre ce problème est de créer une culture d'entreprise forte, susceptible de conduire les employés à préserver le bien commun qu'est l'entreprise, en veillant à ne pas compromettre l'autonomie

mentionne pas l'éthique de la vertu (« Ethical theory in business ethics : A critical assessment », *Journal of Business Ethics*, 8, 1989, p. 521-533).

1. R.C. Solomon, *Ethics and excellence*, *op. cit.*

2. Au sens de la « tragédie des biens communs » de G. Hardin (« The tragedy of the commons », *Science*, 162, 1968, p. 1243-1248). E.M. Hartman, « The commons and the moral organization », *Business Ethics Quarterly*, 4(3), 1994, p. 253-269.

de ses membres. Telle serait la première tâche d'un manager éthique.

Mais, pour Solomon, Hartman ne va pas assez loin dans la caractérisation de la communauté qu'est l'entreprise. La métaphore du bien possédé en commun est insuffisante. Car « faire partie d'une communauté est plus que coopérer, plus que posséder quelque chose en commun (un bien commun). C'est, entre autres, s'identifier soi-même et identifier ses intérêts avec la communauté, dans le cadre de la communauté. C'est simplement devenir une personne différente » [1].

Solomon accorde une grande importance aux *rôles* qu'assument les personnes au sein de leurs entreprises. Le concept de rôle fait le lien entre l'individu et la communauté. Chaque rôle implique des devoirs et des responsabilités qui lui sont propres et qui doivent être pris en compte dans l'analyse des problèmes éthiques, au même titre que les autres éléments du contexte. Autrement dit, l'éthique des affaires doit être une éthique contextuelle.

Solomon attire aussi l'attention sur la nécessité, pour les membres de l'entreprise, d'harmoniser et si possible d'intégrer les différents rôles qu'ils jouent dans leur propre existence. Car l'éthique de la vertu invite à penser sa vie comme un tout, à cultiver une « conscience de soi élargie ». Ceci éclaire la formule selon laquelle « les bons employés sont de bonnes personnes ».

La dernière partie de l'article est consacrée aux vertus propres à la vie des affaires. En vérité, la liste est longue, puisque « la vie des affaires est avant tout une activité sociale ». Solomon considère trois ensembles de vertus : les vertus guerrières, les vertus de sociabilité et les vertus morales. Bien que ces ensembles renvoient à des cadres de référence distincts, ils permettent

---

1. R.C. Solomon, « The corporation as community : A reply to Ed Hartman », *op. cit.*

de mieux comprendre les formes que peut prendre l'éthique dans la vie des affaires. Cependant, une vertu particulière participe à cette compréhension. Il s'agit de l'« inflexibilité » (*toughness*)[1]. L'analyse détaillée qu'en fait Solomon est aussi une manière de décrire le genre de caractère que devraient cultiver les acteurs de la vie des affaires[2].

---

1. La liste des vertus proposée par Solomon, dont l'inflexibilité, a été utilisée dans des travaux empiriques, comme ceux de R. Chun dans « Ethical character and virtue of organizations : An empirical assessment and strategic implications », *Journal of Business Ethics*, 57, 2005, p. 269-284.

2. Pour des revues détaillées et des points de vue critiques sur les théories normatives de l'éthique des affaires, on peut se référer à G.G. Brenkert et T.L. Beauchamp (ed.), *The Oxford handbook of business ethics*, Oxford University Press, 2010; à l'anthologie de T.L. Beauchamp et N.E. Bowie (ed.), *Ethical theory and business*, *op. cit.*; et à R.E. Frederick (ed.), *A companion to business ethics*, *op. cit.*

Thomas Donaldson et Thomas W. Dunfee

VERS UNE CONCEPTION UNIFIÉE DE L'ÉTHIQUE DES AFFAIRES : LA THÉORIE DES CONTRATS SOCIAUX INTÉGRÉS [*]

> Voudriez-vous me dire, s'il vous plaît, quelle direction je dois prendre pour quitter cet endroit? [demanda Alice au Chat de Chester]. «Cela dépend surtout de l'endroit où vous voulez aller», dit le Chat. «Ça m'est égal», dit Alice. «Alors peu importe quelle direction vous prendrez, dit le Chat [1].

Au cours de l'essor fulgurant qu'il a connu ces vingt dernières années, le champ de l'éthique des affaires a souffert d'un manque de direction et il s'est retrouvé, comme Alice, enchevêtré dans sa propre logique. Son problème venait de la discordance des méthodes de recherche utilisées pour l'exploraion de l'éthique. D'une part, la recherche en éthique des affaires s'appuie sur des idées empiriques, c'est-à-dire sur des concepts qui décrivent et expliquent des états de choses tels que la motivation des managers, la structure des responsabilités au sein de l'organisation et les relations entre comportement éthique et

[*] «Toward a unified conception of business ethics: Integrative social contracts theory», *Academy of Management Review*, 19(2), 1994, p. 252-284. Traduit par C. Laugier.

1. L. Carroll, *Alice au pays des merveilles*, trad. fr. A. Bay, Hachette, 2003.

performance financière. En d'autres termes, elle peut donc s'appuyer sur des faits, sur « ce qui est » dans le domaine économique. D'autre part, la recherche en éthique des affaires s'appuie sur des concepts normatifs, c'est-à-dire sur des idées qui, bien que ne se fondant pas nécessairement sur des pratiques et des structures d'entreprise existantes, sont, comme le disent les théoriciens de l'éthique, *prescriptives* : elles nous guident vers ce que nous *devrions* faire[1]. En ce sens, la plupart des philosophes nous rappellent qu'aucun degré de confirmation empirique, pas même un nombre infini de faits, ne pourra jamais constituer un « devoir être »[2]. Le fait de supposer que l'on puisse déduire « ce qui doit être » de « ce qui est », ou, ce qui revient au même, que l'on puisse tirer une conclusion éthique normative à partir d'une recherche empirique, revient à commettre une erreur logique que certains qualifient de « sophisme naturaliste »[3].

1. Nous utilisons le terme *normatif* dans son sens philosophique ; il s'agit d'un terme prescriptif plutôt que descriptif. Il fournit *une ligne directrice* pour des actions ou des politiques au lieu d'en donner une description. Pourtant, contrairement à ce qui figure parfois dans la littérature sur le management, nous utilisons ce mot dans un sens qui exclut toute utilisation prescriptive ou même simplement instrumentale. Le sens instrumental de « normatif » est hypothétique ; il signifie en fait : « Si vous voulez obtenir X, alors faites Y » – par exemple : « Si vous voulez réduire les prix unitaires, augmentez votre part de marché ». En revanche, le sens philosophique n'est pas hypothétique mais « catégorique » ; il signifie en fait : « Faites cela parce que c'est la bonne chose à faire ». Selon l'usage que nous en faisons, le sens du terme *normatif* se différencie de la façon dont il est souvent utilisé dans les sciences sociales pour dénoter un comportement typique ou normal. Pour une discussion sur l'usage philosophique du terme *normatif* par contraste avec son utilisation dans les sciences sociales, voir A.S. Waterman, « On the uses of psychological theory and research in the process of ethical inquiry », *Psychological Bulletin*, 103(3), 1988, p. 283-298.

2. W.R. Sorley, *The ethics of naturalism*, Freeport, Books for Libraries Press, 2e éd., 1904/1969.

3. G.E. Moore, *Principia Ethica, op. cit.*

Ces deux approches de l'éthique des affaires, que nous appellerons l'approche *empirique* et l'approche *normative*, ont produit deux importants axes de recherche sur la vie des affaires. Au cours des quinze dernières années, des chercheurs formés en philosophie ont introduit des méthodes purement normatives, non empiriques, dans l'étude de l'éthique des affaires, tout comme ils l'avaient fait auparavant dans les champs de l'éthique juridique et de l'éthique médicale. Ainsi la tradition philo-sophique de la théorie de l'éthique a-t-elle apporté de la rigueur aux débats qui nourrissent aujourd'hui l'éthique des affaires [1].

Pendant ce temps, utilisant l'autre approche, les chercheurs des écoles de management formés aux méthodes empiriques ont appliqué leurs techniques (souvent adaptées des approches disponibles en marketing, en finance et dans d'autres disciplines de la gestion) pour étudier les questions fondamentales de l'éthique de l'entreprise et de l'éthique organisationnelle [2]. Ces

1. B. Barry, « The case for a new international economic order », *in* J.R. Pennock, J.W. Chapman (ed.), *Ethics, economics, and the law, Nomos*, vol. 24, New York University Press, 1982 ; N.E. Bowie, « The moral obligations of multinational corporations », *in* S. Luper-Foy (ed.), *Problems of international justice*, p. 97-113, Boulder, Westview Press, 1988 ; T. Donaldson, *Corporations and morality*, Englewood Cliffs, Prentice Hall, 1982 (Korean translation of *Corporations and morality*, 1985) ; R.E. Freeman, D.R. Gilbert, *Corporate strategy and the search for ethics, op. cit.* ; P.A. French, « The corporation as a moral person », *American Philosophical Quarterly*, 16(3), 1979, p. 207-215 ; D. Gauthier, *Morals by agreement*, Oxford University Press, 1986, trad. fr. S. Champeau, *Morale et contrat*, Sprimont, Mardaga, 2000 ; J. Ladd, « Morality and the ideal of rationality in formal organizations », *op. cit.* ; L. May, *The morality of groups : Collective responsibility, group-based harm, and corporate rights*, University of Notre Dame Press, 1987 ; J.W. Nickel, « Classifications by race in compensatory programs », *Ethics*, 84(2), 1974, p. 146-150 ; A. Sen, « The moral standing of the market », *Social Philosophy and Policy*, 2(2), 1985, p. 1-19 ; H. Shue, « Exporting hazards », *Ethics*, 91(4), 1981, p. 579-606.

2. I.P. Akaah, E.A. Riordan, « Judgments of marketing professionals about ethical issues in marketing research : A replication and extension », *Journal of Marketing Research*, 26, 1989, p. 112-120 ; P.L. Cochran, R.A. Wood, « Corporate

recherches se sont poursuivies grâce au développement de cadres d'analyse qui suggèrent des relations entre des variables clés de comportement et des interconnections entre ces deux axes de recherche bien distincts[1]. Ces cadres d'analyse ont pour but de prédire ou de comprendre le comportement éthique. Ils ont en général intégré les thèses générales de théories éthiques telles que l'utilitarisme, la théorie des droits et la théorie de la justice[2], ou se sont inspirés des concepts issus de la psychologie morale[3].

social responsibility and financial performance», *Academy of Management Journal*, 27(1), 1984, p. 42-56; D.J. Fritzsche, H. Becker, «Linking management behavior to ethical philosophy – An empirical investigation», *Academy of Management Journal*, 27(1), 1984, p. 166-175; S.D. Hunt, V.R. Wood, L.B. Chonko, «Corporate ethical values and organizational commitment in marketing», *Journal of Marketing*, 53(3), 1989, p. 79-90; L.K. Treviño, S.A. Youngblood, «Bad apples in bad barrels: A causal analysis of ethical decision-making behavior», *Journal of Applied Psychology*, 75(4), 1990, p. 378-385; voir en particulier D.M. Randall, A.M. Gibson, «Methodology in business ethics research: A review and critical assessment», *Journal of Business Ethics*, 9, 1990, p. 457-471, et les sources citées ci-après pour un plus large aperçu de cette littérature.

1. O.C. Ferrell, L.G. Gresham, «A contingency framework for understanding ethical decision making in marketing», *Journal of Marketing*, 49, 1985, p. 87-96; S.D. Hunt, S. Vitell, «A general theory of marketing ethics», *Journal of Macromarketing*, 6(1), 1986, p. 5-16; T.M. Jones, «Ethical decision making by individuals in organizations: An issue-contingent model», *Academy of Management Review*, 16(2), 1991, p. 366-395; L.K. Treviño, «Ethical decision making in organizations: A person-situation interactionist model», *op. cit.*

2. O.C. Ferrell, L.G. Gresham, «A contingency framework for understanding ethical decision making in marketing», *op. cit.*

3. T.M. Jones, «Ethical decision making by individuals in organizations: An issue-contingent model», *op. cit.*; L.K. Treviño, «Ethical decision making in organizations: A person-situation interactionist model», *op. cit.* Aucun de ces cadres de référence ne tente de développer un point de vue explicitement normatif ou contractualiste (Reidenbach et Robin font exception: leur échelle multidimensionnelle destinée à évaluer les perceptions du contenu éthique intègre deux facteurs contractualistes reconnaissant les promesses non dites et les accords oraux; *cf.* «Toward the development of a multidimensional scale for improving evaluations of business ethics», *Journal of Business Ethics*, 9, 1990, p. 639-653). Cependant, celui de Jones est, de façon significative, analogue à l'approche

Pourtant, malgré ces premières tentatives de rapprochement, les deux mondes de la recherche en éthique des affaires, l'empirique et le normatif, restent à une distance respectueuse l'un de l'autre. Treviño et Weaver énoncent clairement les contrastes qui existent entre ces deux approches en faisant remarquer que les différences les plus aiguës se situent dans les méthodes que les chercheurs empiriques et les philosophes spécialisés en éthique utilisent pour découvrir et analyser l'information [1].

Dans cet article, nous cherchons à faire progresser l'interconnexion entre la recherche normative et la recherche empirique dans le domaine de l'éthique des affaires en présentant une théorie normative appelée « théorie des contrats sociaux intégrés » (TCSI). Elle intègre des résultats empiriques au sein d'une démarche contractualiste visant à produire des jugements normatifs. Issue des premières théories contractualistes et des théories du contrat social, cette théorie intégrative admet des obligations morales fondées sur deux niveaux de consentement : d'abord, un consentement à un contrat théorique « macrosocial » qui intéresse tous les contractants rationnels ; ensuite, un consentement à des contrats « microsociaux » concrets conclus par les membres de multiples communautés clairement définies. A travers cette démarche, nous souhaitons réaliser une symbiose harmonieuse de l'« être » et du « devoir être » en faisant coopérer recherche empirique et recherche normative en vue de formuler

présentée dans cet article. En insistant sur le contexte de la prise de décision éthique et en soulignant que « les êtres humains apportent des réponses différentes aux questions morales en fonction des caractéristiques de la question même », Jones rejoint ce que nous affirmons, à savoir que les facteurs normatifs et empiriques peuvent s'influencer les uns les autres. De plus sa démarche d'intégration du facteur relatif au « degré de consensus social », qui met l'accent sur un accord social tacite, est implicitement contractualiste.

1. L.K. Treviño, G.R. Weaver, « Business ETHICS/BUSINESS ethics : One field or two ? », *op. cit.*

au bout du compte des jugements de valeur. Pour parvenir à formuler des jugements normatifs dans le cadre contractualiste qui est présenté ici, il est d'abord nécessaire de recueillir des données empiriques précises concernant les attitudes et les comportements éthiques des membres des communautés en question. L'importance accordée au rôle joué par les communautés dans la création de normes morales fait de cette approche une approche communautarienne. L'objectif principal de cet article est d'exposer l'ensemble de la théorie intégrative et d'en identifier les implications pour les recherches empiriques et normatives à venir.

THÉORIE DES CONTRATS SOCIAUX INTÉGRÉS

C'est parce qu'elle rassemble deux types de contrats distincts que nous avons donné le nom de *théorie des contrats sociaux intégrés* à la théorie que nous proposons ici. Le premier est un contrat normatif hypothétique entre les participants à la vie économique – un contrat social similaire à ceux des théories contractualistes classiques en philosophie et en économie politique. Ce contrat général définit les règles normatives de base permettant de créer le second type de contrat. Celui-ci est un contrat existant (au sens où il est en vigueur) et implicite qui peut apparaître entre les membres de communautés spécifiques telles que des firmes, des divisions au sein des firmes, des sous-groupes informels au sein des divisions, des organisations économiques nationales, des organisations économiques internationales, des associations professionnelles, des secteurs économiques et ainsi de suite. Une grande partie des thèmes abordés par l'éthique des affaires concerne ces contrats sociaux réels. Nous pensons que cette façon de concevoir l'éthique des affaires aide non seulement à comprendre la justification normative des décisions prises dans le contexte de l'entreprise, mais aussi à prendre ces décisions.

Les concepts et les théories normatives existantes telles que les approches des parties prenantes[1], ou encore le « déontologisme »[2] et l'« utilitarisme »[3], fournissent des lignes directrices générales mais ne parviennent pas à rendre compte de la complexité contextuelle des situations rencontrées par les entreprises. Prenons, par exemple, trois types de problèmes éthiques auxquels sont souvent confrontés les managers des multinationales. Dans le premier, le manager s'inquiète du fait de donner et de recevoir des cadeaux et des invitations ; dans le second, il s'interroge sur l'éthique de certaines pratiques de négociation ; dans le troisième, il s'interroge sur le caractère décent des avantages en nature accordés aux employés tels que le logement et la garantie d'un emploi pour leurs enfants. Certes, dans ces trois exemples, le conseil donné par chacune des théories traditionnelles est approprié, mais il reste terriblement vague. Les approches des parties prenantes se limitent à conseiller au manager de prendre en compte à la fois les intérêts des actionnaires et ceux des autres « parties prenantes » (par exemple les employés,

---

1. A.B. Carroll, *Business and society : Ethics and stakeholder management*, Cincinnati, South-Western Publishing Company, 1989 ; R.E. Freeman, *Strategic management : A stakeholder approach*, Boston, Pitman-Ballinger, 1984 ; J.C. Hosseini, S.N. Brenner, « The stakeholder theory of the firm : A methodology to generate value matrix weights », *Business Ethics Quarterly*, 2(2), 1992, p. 99-119 ; M. Meznar, J.J. Chrisman, A.B. Carroll, « Social responsibility and strategic management : Toward an enterprise strategy classification », *Academy of Management Best Papers Proceedings*, 1990, p. 332-336 ; L.E. Preston et H.J. Sapienza, « Stakeholder management and corporate performance », *The Journal of Behavioral Economics*, 19, 1990, p. 361-375.

2. E. Kant, *Fondements de la métaphysique des mœurs*, trad. fr. A. Philonenko, Paris, Vrin, 1992.

3. J.S. Mill, *Mill's ethical writings*, J.B. Schneewind, (ed.), New York, Collier, 1965.

les membres de la communauté, les clients, etc.). Le déontologisme kantien, lui, se limite à conseiller au manager de
rechercher le principe général qu'il pourrait suivre dans ce cas
particulier et qui, de plus, réussirait le test selon lequel il pourrait
vouloir que *tous les autres managers suivent* le même principe
s'ils se trouvaient dans la même situation. Enfin, l'utilitarisme
conseille seulement au manager de choisir, parmi diverses lignes
de conduite possibles, celle qui maximisera le bien-être futur du
plus grand nombre. Même si chaque recommandation offre un
guide général pour l'action, aucune ne répond aux attentes
éthiques spécifiques des participants ni à leurs conceptions
communes.

Aucune des théories éthiques générales ne reflète
directement les modèles culturels qui mêlent affaires et amitié
comme c'est le cas dans l'acte consistant à offrir un cadeau, pas
plus qu'elle ne reflète les attentes propres à la culture ou au
secteur d'activité qui entourent les pratiques de négociation, ni
les différences entre les cultures qui adoptent traditionnellement
le paternalisme d'entreprise et les cultures individualistes qui le
rejettent. Chacune est en mesure d'affronter correctement les
situations qui posent clairement problème : dans les cas où le fait
d'offrir un cadeau constitue une fraude caractérisée, où les
négociations s'accompagnent d'une coercition physique et où
les avantages en nature accordés aux employés servent à en faire
des prisonniers économiques, les théories des parties prenantes,
le déontologisme kantien et l'utilitarisme apportent des conseils
sans équivoque. Mais la plupart des situations rencontrées dans
les affaires et qui impliquent les valeurs de la communauté ne
sont jamais aussi simples ni aussi bien définies. En résumé,
chacune des trois recommandations est utile, mais seulement
jusqu'à un certain point. Pour illustrer différents aspects de la
TCSI, nous reviendrons de temps en temps sur ces trois questions

(le fait d'offrir et de recevoir des cadeaux, les pratiques de négociation discutables et les avantages en nature).

Pour comprendre la TCSI, et pour pouvoir ensuite aborder un aspect du problème de l'«être» et du «devoir être», il est nécessaire de comprendre deux concepts : *la rationalité morale limitée* et *les contrats sociaux*. Nous allons les analyser en détail.

La rationalité morale limitée

Imaginez que vous soyez un expert en théorie morale. Vous avez lu et assimilé toutes les théories morales allant de l'eudémonisme d'Aristote aux méthodes de l'éthique de Sidgwick en passant par le réalisme de Spinoza et l'impératif catégorique de Kant. Imaginez également que vous ayez déterminé laquelle de ces théories traditionnelles est la meilleure, ou que vous ayez construit à partir des théories existantes une théorie entièrement nouvelle qui soit la meilleure. A présent, imaginez que quelqu'un vous demande de définir ce qu'est *une rétribution non éthique accordée à un employé.* Serez-vous capable de fournir une réponse satisfaisante en vous basant sur vos connaissances étendues et sur votre nouvelle théorie morale ? Serez-vous capable de savoir quelle est la bonne ligne de conduite dans tous les contextes où se pose le problème de la rétribution d'un employé ? Par exemple, est-il approprié de verser aux employés des pays en voie de développement un salaire se situant dans la moyenne du pays, alors que ce salaire est bien plus bas que les salaires versés pour le même travail dans les pays développés ?

Tant que vous ne connaissez que «la meilleure théorie morale», il vous est difficile d'apporter une définition satisfaisante de la rétribution non éthique accordée à un employé ou de savoir quelle est la bonne ligne de conduite à adopter en toutes circonstances. La raison en est que, dans les contextes économiques, la rationalité morale est *fortement limitée.*

En utilisant le terme *rationalité morale*, nous supposons – comme le font tous les principaux théoriciens de la morale, classiques ou contemporains – que les concepts moraux peuvent être véritablement soumis à une analyse rationnelle et qu'ils possèdent au moins une objectivité minimale. Les formes extrêmes de relativisme moral ou culturel sont ainsi rejetées[1]. Nous affirmons également que la rationalité morale est *limitée*. Cela signifie que des agents moraux, par ailleurs rationnels, se heurtent à des limites infranchissables lorsqu'ils appliquent une théorie morale à des cas concrets. D'abord, ils se confrontent aux limites de leur propre capacité à comprendre et à assimiler tous les détails relatifs aux contextes éthiques. Prenons pour exemple une question éthique contemporaine qui fait l'objet de débats dans de nombreux pays développés, à savoir la moralité des OPA (offres publiques d'achat), des acquisitions et des fusions[2]. Ainsi, pour évaluer la moralité des acquisitions d'entreprises, que ce soit de façon générale ou dans un cas particulier, on doit faire référence à un véritable dédale de faits complexes. Cela se vérifie même lorsque la personne pense avoir une compréhension raisonnable des concepts normatifs ou éthiques en jeu. Cela est également vrai si l'on est un partisan de Rawls, convaincu que les inégalités systémiques sont injustes sauf si elles sont à l'avantage de tous, y compris des plus défavorisés, ou si l'on est un hayekien ou un friedmanien, convaincu que la liberté est le pilier de la moralité du marché. Il est nécessaire de comprendre quelles sont les conséquences des acquisitions, notamment sur les actionnaires de la firme achetée et de celle qui réalise

1. T. Donaldson, *The ethics of international business*, Oxford University Press, 1989; W. Stace, *The concept of morals*, New York, Macmillan, 1937; C. Wellman, «The ethical implications of cultural relativity», *Journal of Philosophy*, 60, 1963, p. 169-184.

2. W.M. Hoffman, R. Frederick, E.S. Petry (ed.), *The ethics of organizational transformation*, New York, Quorum Books, 1989.

l'acquisition, sur les détenteurs d'obligations et sur les créanciers, ainsi que sur les managers et les employés. Il faut être attentif aux conséquences sociales à long terme de la dette contractée pour financer l'acquisition, comme au risque que le nouveau management de l'entreprise rachetée améliore ou non sa performance. Cet aspect particulier de la *limitation* de la rationalité morale est identique au concept de « rationalité limitée » d'Herbert Simon. Les êtres humains possèdent des ressources intellectuelles limitées et vont donc forcément rechercher une solution suffisamment satisfaisante (*satisficing*) au cours de leur prise de décision, que celle-ci soit de nature économique ou morale.

Mais les agents moraux rationnels sont confrontés à un autre genre de limite, différent de celle que Simon a popularisée. Leur rationalité morale est limitée par la capacité limitée de la théorie morale à expliquer les convictions et les préférences morales ordinaires. Les débats actuels font apparaître des exemples de décalage entre ce que le sens commun juge moralement correct et ce que la théorie morale impose. Par exemple, le sens commun estime qu'il est normal de donner la préférence aux membres de sa famille plutôt qu'à un étranger. Si un homme voit qu'un étranger est en train de se noyer en même temps que son épouse, et s'il n'est possible de secourir qu'un seul des deux, le sens commun lui dicte de sauver son épouse. Mais cette partialité familiale est difficile à concilier avec la théorie morale traditionnelle[1]. Certes, personne n'affirme que la théorie morale devrait être entièrement vérifiée en se référant à des convictions morales établies. C'est parce qu'en réalité les gens veulent souvent faire l'inverse (à savoir vérifier les convictions ordinaires à l'aide de

1. T. Donaldson, « Morally privileged relationships », *Journal of Value Inquiry*, 24, 1990, p. 1-15. Voir également le *Symposium on Impartiality and Ethical Theory*, *Ethics* (special ed.), 101, 1991, p. 698-864.

la théorie) que l'on développe des théories. Pourtant la plupart des théoriciens de la morale ont peine à imaginer qu'une théorie correcte vienne contredire certaines des convictions morales les plus universellement et les plus fortement ancrées.

L'incertitude morale est une conséquence gênante de ce que nous appelons « rationalité morale limitée ». En effet, dans la mesure où la justesse de chaque décision morale doit se référer à un nombre infini de faits ou doit être soumise à des théories qui entrent en conflit avec des convictions morales fondamentales, les gens sont condamnés au risque moral. La vie nous déstabilise bien plus que nous le voudrions.

Comme nous l'expliquerons plus loin, il existe des méthodes permettant de faire face à cette confusion. Mais pour le moment, il est essentiel de remarquer que, dans les affaires économiques, la vie morale est bien plus que limitée : elle est *fortement* limitée. C'est à cause de cette dernière caractéristique que l'éthique des affaires est, selon le point de vue de la théorie morale en général, moins primordiale que l'éthique dans la vie familiale ou politique. Nous commencerons par faire remarquer que les systèmes économiques ne sont pas des produits de la nature, à l'inverse de certaines associations humaines. La famille correspond sans aucun doute à cette description. Les systèmes économiques, quant à eux, ont une origine artificielle, pas naturelle, et leurs structures peuvent énormément varier – c'est d'ailleurs le cas. Ces systèmes (qui comprennent les lois, les pratiques et les systèmes de valeur qui sont à la base des pratiques économiques) sont, en un mot, des *artefacts*. Les gens les créent. Ce sont eux qui en font ce qu'ils sont et ils auraient pu choisir de les fabriquer de façon différente.

Une analogie nous aidera à mieux le comprendre. Parce qu'ils sont des artefacts, les systèmes économiques ont d'importants points communs avec les jeux. Les gens peuvent changer les règles de la pratique économique ou inventer des pratiques entièrement nouvelles, de même qu'ils peuvent changer les règles des jeux ou en inventer de nouveaux. L'évolution de l'entreprise et des économies de marché de 1800 à nos jours illustre parfaitement la plasticité de la forme de l'entreprise et du capitalisme [1], tout comme elle illustre l'effondrement des économies dirigées dans l'ex-Union Soviétique et dans l'ancienne Europe de l'Est. Les définitions des pratiques économiques sont *stipulées* plutôt que données par la nature.

Cependant, cette incroyable plasticité crée des problèmes pour l'analyse morale des systèmes économiques. Car, tout comme il serait impossible de créer une théorie générale de l'éthique des jeux sans savoir à l'avance *quel* jeu a fait l'objet d'un examen, il est également impossible de créer une théorie générale de l'éthique économique sans connaître au moins la structure générale du système économique examiné. L'éthique du basket, du football ou du squash doit coller un minimum aux règles de ces sports. De la même façon, l'éthique appliquée aux frais de réception, aux négociations et aux avantages en nature doit coller aux règles des systèmes économiques dans lesquels elle s'applique.

De même, une parfaite connaissance de toutes les théories morales ne constitue pas un bagage suffisant pour qu'une personne puisse définir à l'avance les normes morales de l'éthique des affaires et encore moins les normes qui doivent s'appliquer dans des contextes particuliers tels que les cadeaux d'affaires, la négociation et les avantages en nature. Dans chacun de ces cas, les normes éthiques doivent coller aux règles des pratiques économiques existantes et à l'idée que les participants se font de l'équité. Il ne s'agit pas ici de nier que certaines prescriptions morales extrêmement générales restent valables

---

1. A.D. Chandler, *The visible hand : The managerial revolution in American business*, Cambridge, Belknap Press, 1977.

pour toutes les pratiques économiques et, de ce fait, pour tous les systèmes économiques. Par exemple, éviter tout comportement malhonnête, ne pas torturer ou ne pas tuer intentionnellement sont des injonctions morales qui valent pour toutes les activités humaines. Il ne s'agit pas non plus de nier que les systèmes économiques, contrairement aux parties de basket de rue, ont de lourdes conséquences sur les gens qui, eux, ne participent pas directement au processus de formation des règles. Il s'agit plutôt de réfuter l'idée que, sans en savoir plus sur le système et les personnes qui y participent, on peut savoir à l'avance quelles règles de l'éthique des affaires conviendront à un système particulier. Par exemple, il s'agit de réfuter l'idée qu'on puisse savoir à l'avance si l'éthique exige qu'un haut responsable d'une compagnie aérienne rende visite aux familles des victimes d'une catastrophe et leur propose de l'argent (comme le font les officiels des compagnies aériennes japonaises) plutôt que de leur offrir simplement de la compassion et une assistance minime. Pour savoir ce que l'éthique exige dans ce cas, il faut à la fois savoir quel genre de comportement est encouragé par les coutumes locales et posséder quelques informations sur les régimes d'indemnisation prévus par le système économique. Aux États-Unis, il existe une procédure accusatoire parfaitement élaborée qui est chargée d'indemniser les victimes. Bien que lourd et cher, c'est un système relativement fiable. Au Japon et ailleurs, le régime juridique d'indemnisation est moins développé et moins fiable. Ainsi serait-il juste d'exercer une pression morale plus forte sur les dirigeants d'entreprise japonais que sur les américains pour qu'ils indemnisent les familles des victimes et leur apportent de l'aide.

En somme, dans le domaine de l'éthique économique, la rationalité est limitée de trois façons : par la capacité humaine à évaluer les faits, qui est irrémédiablement finie ; par les limites dont font preuve les théories éthiques pour saisir les vérités morales ; et par le caractère plastique ou *artificiel* des systèmes et des pratiques économiques.

Pour compléter les arguments déjà proposés en faveur de la rationalité morale limitée, on pourrait également vérifier la réalité de cette limitation en identifiant les conséquences qui résulteraient des hypothèses que nous avons proposées, à supposer qu'elles soient vraies. Si la rationalité morale est vraiment limitée, les normes morales qui régissent les interactions économiques devraient être très différentes d'un système à un autre et elles devraient connaître des variations significatives au fil du temps. On devrait également s'attendre à ce qu'il soit très difficile d'utiliser des concepts abstraits et universels pour résoudre les dilemmes éthiques spécifiques au monde des affaires. Enfin, on devrait aussi s'attendre à ce que l'on ait souvent recours aux pratiques spécifiques à un système ou à une culture donnés pour justifier un comportement éthique.

Ces trois prédictions se vérifient pleinement et constituent des traits familiers du paysage économique. Les concepts de l'éthique des affaires varient de façon significative d'une culture à une autre et d'une période à une autre. Ce que recouvre par exemple la notion d'« usure » varie de façon frappante de la culture occidentale à la culture musulmane. Elle a changé radicalement au fil du temps, même au sein de la culture occidentale. Au Moyen Âge, en effet, le prêt à intérêt était interdit, et aujourd'hui tous les niveaux d'intérêt à l'exception des plus élevés sont autorisés sous réserve d'une communication appropriée[1]. En outre, il est vrai qu'il est particulièrement difficile d'utiliser les concepts abstraits et universels de l'éthique pour résoudre des dilemmes moraux spécifiques. Comme le font souvent remarquer les professeurs d'éthique des affaires, un

---

1. R. Cameron, *A concise economic history of the world*, Oxford University Press, 1989.

cours qui n'irait pas au-delà d'une discussion des éthiques utilitariste et kantienne (en recommandant de les « appliquer » aux problèmes rencontrés dans le monde des affaires) serait voué à l'échec. Enfin, dans le domaine de l'éthique des affaires, il est tout à fait courant, et ce bien plus que dans les autres domaines, d'affirmer qu'une pratique est moralement acceptable parce qu'elle correspond à ce que « tout le monde le fait »[1]. Et cela n'est pas nécessairement dû au fait que les personnes qui travaillent dans le monde des affaires ont un degré d'éthique inférieur à ceux qui opèrent dans les autres domaines de la vie. Cela vient plutôt du fait qu'elles vivent dans un contexte artificiel dans lequel les institutions sont parfois *créées* par la pratique courante. Les règles régissant les pratiques concernant la communication des informations et les comportements propres aux négociations (par exemple les informations communiquées au sujet des biens immobiliers lors d'une transaction commerciale) sont souvent le produit de l'histoire d'une pratique commune. Bien que n'étant jamais considérée comme une condition suffisante pour la justification éthique, l'affirmation que « tout le monde le fait » peut avoir une certaine force morale dans les contextes de la vie des affaires.

Un contrat macrosocial

La méthodologie du contrat social appartient à un courant de la philosophie normative fort respecté, qui trouve sa source en Grèce avec la *République* de Platon, passe par la philosophie politique de Hobbes, de Locke et de Rousseau, pour aboutir au XXᵉ siècle à la célèbre théorie de la justice de John Rawls[2]. Au

1. R.M. Green, « When is "everyone's doing it" a moral justification ? », *Business Ethics Quarterly*, 1(1), 1991, p. 75-93.
2. J. Rawls, *A theory of Justice*, Harvard University Press, 1971, trad. fr. C. Audard, *Théorie de la justice*, Paris, Seuil, 1997.

cours des dix dernières années, cette méthode a été directement appliquée à des questions économiques par des théoriciens tels que Donaldson, Dunfee, Gauthier et Keeley[1]. Bien que chaque spécialiste du contrat social ait tendance à adapter la méthode à ses propres objectifs, l'idée centrale revient à manipuler des variables morales dans le contexte d'une expérience de pensée conçue pour garantir une équité procédurale dans l'établissement des termes du contrat. Ainsi, afin d'assurer une sélection impartiale des principes de justice, John Rawls demande par exemple à son lecteur d'imaginer que, lorsque des personnes rationnelles choisissent ces principes, elles se trouvent derrière un « voile d'ignorance » qui les empêche d'avoir connaissance de leurs propres caractéristiques comme la richesse, l'âge, les aptitudes et le sexe. Ainsi leur est-il impossible de s'assurer qu'elles pourront obtenir des avantages particuliers. On présume que les principes choisis derrière ce voile d'ignorance seront équitables, c'est-à-dire moralement objectifs et impartiaux. Dans d'autres exemples de raisonnement contractualiste, l'équité est garantie simplement par l'inclusion, parmi les contractants, de *toutes* les personnes dont les intérêts sont affectés par le contrat, et par l'exigence d'un consensus dans l'établissement des termes du contrat – sans recourir au mécanisme du voile d'ignorance. C'est cette seconde stratégie que nous choisissons.

La question contractualiste fondamentale que nous formulons ici s'intègre parfaitement à la théorie traditionnelle du contrat social. Elle est cependant centrée sur des principes d'éthique économique :

1. T. Donaldson, *Corporations and morality*, *op. cit.* ;   T.W. Dunfee, « Business ethics and extant social contracts », *Business Ethics Quarterly*, 1(1), 1991, p. 23-51 ; D. Gauthier, *Morale et contrat*, *op. cit.* ; M. Keeley, *A social contract theory of organizations*, University of Notre Dame Press, 1988.

> Quels principes généraux – s'ils existent – les contractants, conscients de la nature fortement limitée de la rationalité morale, choisiraient-ils pour gouverner la morale des affaires ?

Nous appellerons *contrat macrosocial* l'ensemble des principes relatifs à l'éthique des affaires qui seraient adoptés à la suite de l'accord des contractants.

L'espace moral libre

Pour répondre à l'opacité du monde générée par la rationalité fortement limitée, il est possible que les contractants rationnels désirent être libres de déterminer plus précisément les normes des interactions économiques. L'efficacité économique est la première raison qui les pousserait à agir de la sorte. Comme nous l'avons déjà signalé, la caractéristique essentielle de cette *limitation* dans les contextes économiques est l'incertitude. En l'absence de normes permettant de réguler, par exemple, la politique des cadeaux d'affaires, l'usage de la propriété intellectuelle et la signification des engagements verbaux, l'incertitude qui en découle peut avoir de lourdes conséquences. Intéressons-nous à présent au cas des négociations d'affaires. Par définition, la négociation précède tout accord ou contrat. Elle est, en résumé, un processus au cours duquel on tente d'arriver à un accord ou qui permet d'explorer la possibilité d'y parvenir. Elle se déroule entre inconnus mais aussi entre amis et peut révéler le pur intérêt personnel des parties en présence[1]. Pourtant, pour être efficace, ce processus, riche de soupçons et d'incertitudes, doit, lui aussi, se dérouler sur un fond de normes morales[2]. Lorsqu'on en arrive

1. G.R. Shell, « Opportunism and trust in the negotiation of commercial contracts : Toward a new cause of action », *Vanderbilt Law Review*, 44, 1991, p. 221-282.

2. G.R. Shell, « When is it legal to lie in negotiations ? », *Sloan Management Review*, 32(3), 1991, p. 33-101.

au point où les informations utilisées lors de la négociation sont systématiquement douteuses, le processus devient alors pesant et chronophage. Bien entendu, l'efficacité n'exige pas que toutes les informations nécessaires soient dévoilées ni même qu'elles le soient avec exactitude. Les fins négociateurs refusent d'abattre toutes leurs cartes et peuvent même parfois recourir au bluff sur leurs intentions. Par conséquent, une désinformation se manifestant sous la forme d'une certaine rétention d'informations peut faire partie de négociations efficaces, mais lorsque c'est le cas, il est essentiel, pour des raisons d'efficacité, que certaines règles concernant une éventuelle désinformation soient comprises par toutes les parties en présence. Parfois, on sait que l'on doit s'attendre à un certain degré de bluff au sujet des intentions, de sorte que l'expression « je n'irai pas en dessous de... » ne doit pas être prise au pied de la lettre. Dans d'autres cas, on sait que l'on ne doit pas s'attendre à obtenir des informations complètes sur l'objet de l'échange. Rappelons que cela ne veut pas dire qu'il n'existe qu'un seul éventail de règles éthiques efficaces pour tous les contextes de négociation. Dans le marché international du riz, il est généralement admis que le vendeur de riz en gros n'informe pas les acheteurs des défauts du riz et il revient aux acheteurs de savoir s'il faut pousser les vendeurs à le faire ou s'ils doivent vérifier eux-mêmes la qualité du riz. À l'inverse, dans la mesure où les acheteurs internationaux de caoutchouc s'attendent à ce que les vendeurs récoltent des informations concernant les défauts et qu'ils les transmettent de leur plein gré, ils ne procéderont pas eux-mêmes à une vérification du caoutchouc[1]. Dans l'exemple du marché du caoutchouc, le fait de ne pas transmettre les informations serait non éthique, mais

1. P. Kollack, *The emergence of markets and networks : An experimental study of uncertainty, commitment, and trust*, Paper presented at the SASE Conference, Irvine, CA, 1992.

pas dans celui du marché du riz. L'existence d'un cadre de référence éthique, condition d'une négociation efficace, revêt une grande importance. Un ensemble de règles morales est absolument nécessaire. Dans de nombreuses situations, les règles choisies n'ont pas d'importance en elles-mêmes. Ce qui compte, c'est qu'il existe un ensemble raisonnable de règles. Sa seule existence diminue l'incertitude et augmente l'efficacité [1].

Un second type de raisons – culturelles, idéologiques et religieuses – pousse les participants au contrat social à vouloir rester libres de déterminer plus précisément les normes des inter-actions économiques. Les contractants souhaiteront rester libres, en tant que groupes ou communautés, de pouvoir interpréter de façon spécifique ce que la rationalité morale *limitée* exige dans le cadre des transactions économiques. Parfois, cette liberté d'interprétation a à voir avec leur désir de conserver leur spécifi-cité culturelle, ou bien avec celui de respecter leurs croyances idéologiques ou encore de conserver leurs valeurs religieuses. Les managers musulmans auront tendance à vouloir participer à des systèmes d'éthique économique compatibles avec les ensei-gnements de Mahomet[2], les managers européens et américains, eux, auront plutôt tendance à vouloir participer à des systèmes d'éthique économique qui respectent la liberté individuelle et les Japonais préfèreront les systèmes respectueux des valeurs du groupe[3]. Chaque entreprise privilégiera également certaines

1. Les normes de comportement se développant à partir du marché sont susceptibles de sélectionner les facteurs économiques qui sont privilégiés dans une société donnée. Ainsi, les sociétés préférant le critère du moindre coût seront plus enclines à faire assumer la responsabilité morale de la communication d'infor-mations à l'agent proposant le prix le plus bas. Les sociétés préférant le bien-être du producteur à celui du consommateur seront plus enclines à laisser au consommateur la charge de rechercher l'information.

2. J.L. Esposito, *Islam : The straight path*, Oxford University Press, 1988.

3. Z.F. San, « Traditional Western value from Asian perspective », *Dialectics and Humanism*, 14(3/4), 1987, p. 57-64.

valeurs. IBM se flatte généralement de sa culture d'entreprise très organisée et parfaitement maîtrisée, alors que Hewlett Packard a prospéré sur fond de chaos créatif [1].

La prise en compte de ce double désir de développer l'efficacité par la réduction de l'incertitude et de conserver une liberté d'interprétation culturelle, idéologique ou religieuse, implique que les contractants choisiront les termes du contrat social permettant de générer des normes morales spécifiques à leur communauté en vue de réguler l'activité économique. En fait, dans le cadre du «macrocontrat», les contractants adopteront un principe qui permette l'existence de «micro-contrats» spécifiques à leur communauté. Ces microcontrats serviront à réduire l'opacité morale induite par la nature limitée de la rationalité morale. Ainsi, le terme «microcontrats» recouvre les accords ou les conceptions communes au sujet des normes morales nécessaires à des interactions économiques spécifiques. Nous proposons d'appeler «espace moral libre» la liberté de pouvoir adopter des contrats microsociaux. Ainsi, en autorisant les communautés ou d'autres groupes à définir les normes morales qui leur conviennent, les macrocontractants affirment l'existence d'un espace moral libre. Il en découle le premier principe du macrocontrat :

> 1. Les communautés économiques locales peuvent spécifier, à travers des contrats microsociaux, les normes éthiques que devront appliquer leurs membres.

Par le mot *communauté*, on entend un groupe de personnes s'étant défini lui-même comme tel, qui est bien circonscrit, qui interagit dans le contexte de missions, de valeurs ou de

---

1. J.P. Kotter, I. L. Heskett, *Corporate culture and performance*, New York, Free Press, 1992.

buts communs et qui est capable d'établir des normes de comportement éthique destinées à ses membres.

Consentement et retrait

Le choix suppose la liberté et la liberté au sein d'une communauté suppose le droit de quitter cette communauté. Le choix suppose également la connaissance car, bien évidemment, on ne peut pas dire d'une personne qui ne choisit pas en toute connaissance de cause qu'elle effectue un véritable choix. « *Illusions are not liberties* » [1], comme dit le proverbe. Par conséquent, parce qu'ils sont rationnels, les participants au contrat macrosocial admettront que, dans la mesure où les gens ont le droit d'être des parties aux contrats microsociaux de communautés particulières, ils doivent avoir le droit de quitter ces communautés. Ils admettront également que leur consentement au contrat microsocial ne les engage que lorsqu'il est éclairé. Ceci constitue le second principe du contrat macrosocial :

> 2. Les contrats microsociaux, qui spécifient des normes, doivent reposer sur un consentement éclairé, étayé par un droit de retrait.

Par exemple, le droit d'un syndicat ou d'une association du barreau de définir des principes éthiques devrait, à la lumière de ce second principe, dépendre du droit accordé à chaque membre de quitter le syndicat ou de démissionner de l'association.

Le consentement n'a pas besoin d'être exprimé. Souvent le fait de s'engager dans une pratique suffit pour le signifier – de même qu'une personne prenant part à une enchère s'engage, de ce fait, à en respecter les règles. Intéressons-nous à nouveau à la question des avantages en nature proposés aux employés. Imaginons qu'un manager vivant dans un pays en voie de développement soit employé par une entreprise paternaliste qui

---

1. « Les illusions de liberté ne sont pas des libertés. » (N.D.T.)

lui fournit le logement et d'autres avantages personnels en lieu et place d'une partie de son salaire, tout en lui laissant peu de choix concernant le type de logement et d'avantages offerts. On exige alors du manager qu'il agisse conformément à cette pratique de paternalisme, qu'il l'approuve ou non d'un point de vue personnel. Selon la présente théorie, le manager a manifesté son consentement par son incapacité à quitter l'entreprise et à chercher un autre emploi. Le manager pourrait, bien sûr, manifester son désaccord par rapport à l'éthique de cette pratique, mais tant qu'il ne parvient pas à exercer son droit de retrait, il est contraint moralement à vivre selon les normes en vigueur [1].

La coercition invalide le consentement tacite. Un employé soumis à un servage temporaire ou à un esclavage économique est privé de liberté et on ne peut donc pas considérer qu'il a « consenti » aux normes existantes. Même si le contrôle coercitif du droit de retrait est courant dans certains contextes politiques (ce fut par exemple le cas dans l'Allemagne nazie ou dans l'Union Soviétique d'avant la Perestroïka), il est relativement rare dans le commerce. Des exemples tels que les usines allemandes de porcelaine du XIXe siècle, tristement célèbres [2], les villes construites pour les travailleurs des mines de charbon dans la Virginie de l'ouest ou les usines de brique actuelles du Pakistan sont de plus en plus rares. Les cas difficiles à classer incluent ceux dont la coercition physique est absente mais dans lesquels il apparaît que les agents moraux n'ont pourtant aucun choix. Peut-on dire des employés pauvres vivant dans des zones

---

1. Afin de souligner notre point de vue, nous utilisons un exemple contestable. Un exemple qui ne souffrirait aucune contestation serait celui d'un manager qui aurait des préjugés raciaux, qui désapprouverait personnellement la norme d'égalité des chances suivie par la firme, mais qui, cependant, serait moralement contraint de suivre la norme.

2. S. Bok, « Trade and corporate secrecy », in *Secrets*, New York, Vintage Books, 1983, p. 136-152.

où le chômage est très important et qui ne disposent d'aucun autre moyen de travailler ou de se nourrir qu'ils ont « consenti » aux termes de leur emploi du fait de leur incapacité à le quitter[1]? Peut-on dire, par exemple, d'un travailleur d'un pays en voie de développement parvenant à peine à survivre – dans un contexte où le taux de chômage atteint 40% – qu'il a « consenti » à un système de rétribution hautement paternaliste simplement parce qu'il a refusé d'en sortir? Nous ne faisons ici que remarquer la difficulté de ces questions sans chercher à les résoudre.

Normes authentiques

Lorsque le deuxième principe est entièrement satisfait – c'est-à-dire que le microcontrat d'une communauté particulière est fondé sur un consentement éclairé et étayé par un droit de retrait – alors nous pouvons dire que les normes de cette communauté sont *authentiques*. Rappelons que le terme *communauté* englobe les firmes, les divisions au sein des firmes, les organisations économiques nationales, les organisations économiques internationales, les associations professionnelles, les secteurs économiques, etc.

Il est difficile de déterminer le moment où une communauté d'affaires accepte vraiment une norme particulière. En nous appuyant sur les travaux relatifs aux conventions et aux normes[2], nous proposons les règles empiriques suivantes pour identifier les normes authentiques dans des communautés particulières :

1. J.W. Nickel, *Making sense of human rights : Philosophical reflections on the universal declaration of human rights*, Berkeley, University of California Press, 1987.

2. D.K. Lewis, *Convention*, Harvard University Press, 1969 ; P. Pettit, « *Virtus normativa* : Rational choice perspectives », *Ethics*, 100(4), 1990, p. 725-755.

Une norme (N) constitue une norme éthique authentique relative à une situation récurrente (S) pour les membres d'une communauté (C) si et seulement si :

1. La conformité à N dans S est approuvée par la majorité des membres de C.
2. La non-conformité à N dans S est désapprouvée par la majorité des membres de C.
3. Un pourcentage substantiel (supérieur à 50%) de membres de C, lorsqu'ils se trouvent face à S, agissent conformément à N.

L'existence de normes éthiques authentiques peut être déterminée par une vérification empirique des attitudes et des comportements éthiques que l'on rencontre dans certaines communautés. Il est également possible de la confirmer en récoltant une quantité significative de preuves empiriques indirectes. L'utilisation de la recherche empirique en vue d'identifier des normes authentiques sera débattue en détail dans la dernière partie.

Légitimité et hypernormes

Toutefois, l'authenticité, bien qu'extrêmement importante, souffre d'un manque d'autorité morale. Si les macrocontractants décidaient de se limiter à la formulation des deux premiers principes, ils auraient établi un contrat qui certes entérinerait un espace moral libre mais qui serait cependant dépourvu de limites. La théorie reviendrait ainsi à approuver sans réserve n'importe quelle norme énoncée par un groupe d'acteurs économiques. Si le secteur boursier décidait de définir les normes d'une communication acceptable qui ferait que tout boniment, tout mensonge grossier et toute promesse non tenue seraient parfaitement recevables, aucun grief d'ordre moral formulé par un tiers ne serait pertinent. Si l'association des architectes professionnels souhaitait déclarer non éthique toute tentative par un cabinet d'architecture rival de courtiser le client d'un concurrent (chose qui s'est produite il y a quelques années), alors aucun observateur extérieur ne pourrait crier à l'injustice. Une théorie qui se limiterait à ces deux principes constituerait une version de ce que les philosophes appellent le *relativisme culturel*, c'est-à-dire l'idée que toute éthique se réduit aux penchants culturels[1]. Dans les affaires, un tel relativisme approuverait un ensemble confus et corrompu de principes et de systèmes moraux incommensurables. Comme nous l'avons déjà fait remarquer, notre définition de la rationalité morale exclut un tel relativisme. La croyance en la *rationalité morale* suppose un minimum d'objectivité et, par conséquent, elle exclut toute incommensurabilité morale entre les communautés. Nous avons souligné qu'il ne s'agit pas là d'une définition controversée. Elle va dans le même sens que les conclusions de presque tous les théoriciens de la morale actuels ou passés. Le fait est que l'espace moral libre ne peut tout simplement pas être illimité : il est impossible aux macrocontractants d'autoriser un espace moral « libre pour tous » au niveau micro.

La question est alors de savoir quel principe, à supposer qu'il existe, les macrocontractants accepteraient pour limiter l'« espace libre » des délibérations des microcontractants. Nous pouvons présumer que, quelles que soient les limites que les microcontractants souhaiteraient imposer, elles ne devraient pas être *relatives à une microcommunauté*. En d'autres termes, il faudrait que ces limites ne dépendent pas d'une communauté particulière mais qu'elles puissent plutôt s'appliquer à *toutes* les communautés. En reprenant l'expression du philosophe Charles Taylor, elles devront être analogues à des *hyperbiens* – des biens suffisamment fondamentaux pour servir de source d'évaluation

---

1. R. Brandt, « Ethical relativism », *in* T. Donaldson, P.H. Werhane (ed.), *Ethical issues in business*, Englewood Cliffs, Prentice Hall, 2ᵉ éd., 1983.

et de critique des normes générées par une communauté[1]. En nous inspirant de ce concept essentiel de Taylor, nous proposons d'appeler « hypernormes » les principes qui sont censés limiter l'espace moral libre des microcontractants.

Les « hypernormes » supposent, par définition, des principes si fondamentaux pour toute existence humaine qu'ils peuvent servir à guider l'évaluation des normes morales du niveau inférieur. En tant que tels, on pourrait s'attendre à ce qu'ils transparaissent à travers une convergence des convictions religieuses, philosophiques et culturelles. Une telle convergence constitue une indication bien pratique pour tenter de définir les hypernormes. Pour qu'une hypernorme soit établie, il faut recueillir des preuves substantielles issues de perspectives et de sources très diverses. Nous souhaitons souligner le fait qu'une philosophie particulière, une pratique donnée ou des attitudes très répandues ne peuvent servir *ipso facto* à définir une hypernorme. La philosophie morale du marquis de Sade ou le fait que l'esclavage était largement accepté autrefois en sont l'exemple parfait.

Rechercher des hypernormes revient à tenter de valider des affirmations comme celles de Taylor – « Plusieurs acceptent comme bien suprême… une notion de justice et/ou de bienveillance universelles »[2] – et de Walzer – « Le résultat final de cet effort sera peut-être un ensemble de normes auxquelles toutes les sociétés peuvent être tenues – très probablement des interdictions, des règles contre le meurtre, la tromperie, la torture, l'oppression et la tyrannie »[3]. Les hypernormes ne résolvent pas la question de savoir si l'utilitarisme, le déontologisme kantien

1. C. Taylor, *Sources of the self*, Harvard University Press, 1989, trad. fr. C. Mélançon, *Les sources du moi*, Paris, Seuil, 1998.

2. C. Taylor, *Les sources du moi*, *op. cit.*

3. M. Walzer, « Moral minimalism », *in* W.R. Shea, G.A. Spadafora (ed.), *The twilight of probability : Ethics and politics*, Canton, Science History Publications, 1992.

ou l'eudémonisme aristotélicien est la meilleure théorie. Elles permettent plutôt d'offrir une place à toutes les théories morales acceptables et supposent leur soutien ou du moins le soutien d'une partie d'entre elles.

Pour cette raison, il serait par exemple impossible aux contractants d'autoriser des contrats microsociaux qui tolèreraient le meurtre en tant que méthode permettant d'appliquer les contrats, même s'ils faisaient l'objet d'un consensus unanime. Il leur serait également impossible de tolérer que les employés soient soumis à une coercition physique. Cela constitue le troisième principe qui serait accepté par les macrocontractants :

> 3. Pour être obligatoire, une norme du contrat microsocial doit être compatible avec les hypernormes.

Concrètement, comment peut-on isoler et identifier les hypernormes? Nous ne prendrons pas position sur la question de savoir si les hypernormes ont une base purement rationnelle, comme le prétend Kant, ou en partie empirique et historique, ainsi que l'affirmait Hegel[1]. De plus, nous ne pensons pas que la résolution d'une question épistémologique aussi vénérable et fondamentale soit nécessaire au processus d'identification des hypernormes. Nous proposons d'utiliser tout simplement le fait qu'il existe une convergence de convictions religieuses, culturelles et philosophiques vers certains principes essentiels comme un *indice* en vue de l'identification des hypernormes. Car même si les hypernormes pouvaient être certifiées à la seule lumière de la raison, on devrait pouvoir trouver des exemples de leur adoption chez tous les peuples du monde. C'est pour cela que les exemples de convergences religieuses, culturelles et

---

1. E. Kant, *Critique de la raison pratique*, trad. fr. L. Ferry, H. Wismann, Paris, Folio-Gallimard, 1985 ; G.W.F. Hegel, *Phénoménologie de l'esprit*, trad. fr. B. Bourgeois, Paris, Vrin, 2006.

philosophiques peuvent servir d'indices pour l'identification des hypernormes, bien qu'elles ne puissent les valider totalement.

Il est intéressant de constater qu'un consensus au sujet de l'existence de cette convergence semble grandir actuellement parmi les spécialistes. Des anthropologues, des politologues et des philosophes ne cessent de formuler des principes ayant une portée globale. Même si leur discours n'est pas univoque, leurs concepts sont le reflet d'une large communauté d'opinion. L'anthropologue Clyde Kluckhohn a identifié une uniformité des besoins et des mécanismes psychiques chez tous les humains[1]. Le politologue Terry Nardin a identifié une liste de notions morales essentielles qui étayent le droit international : l'égalité juridique entre les États, le droit à une défense nationale, les devoirs relatifs au respect des traités et des droits de l'homme, les concepts de souveraineté des États et de non-intervention, et le devoir de collaborer au règlement pacifique des conflits[2]. Le théoricien des relations internationales Ethan Nadelmann a identifié les activités qui sont frappées d'interdiction dans le monde, parmi lesquelles figurent « la piraterie, l'esclavage, le trafic d'esclaves, le faux monnayage, le détournement aérien, la traite des femmes et des enfants à des fins de prostitution et le trafic de substances psychoactives contrôlées »[3]. Le théoricien des affaires William Frederick a identifié une série de *directives normatives pour les entreprises* qui sont le fruit de l'analyse minutieuse de six conventions intergouvernementales (dont les « Principes directeurs de l'OCDE à l'intention des entreprises multinationales », « les Accords d'Helsinki » et la « Déclaration

1. C. Kluckhohn, « Ethical relativity : *Sic et non* », *Journal of Philosophy*, 52, 1955, p. 663-677.

2. T. Nardin, *Law, morality, and the relations of states*, Princeton University Press, 1983.

3. E.A. Nadelmann, « Global prohibition regimes : The evolution of norms in international society », *International Organization*, 44, 1990, p. 479-526.

tripartite des principes concernant les entreprises multinationales et la politique sociale» de l'Organisation Internationale du Travail). Dans cette synthèse des normes internationales relatives aux entreprises, Frederick développe un large
éventail de principes dont voici quelques exemples :

> Les multinationales devraient adopter en faveur des employés
> des normes de santé et de sécurité appropriées et leur garantir le
> droit de connaître les risques qu'ils encourent pour leur santé
> dans le cadre de l'exercice de leur métier.
> Les multinationales devraient respecter les droits de toutes les
> personnes à la vie, à la liberté, à la sécurité et à la vie privée.
> Les multinationales devraient réglementer les opérations
> particulières qui contribuent à la pollution de l'air, de l'eau et
> des sols[1].

Lee Preston et Duane Windsor ont identifié de nouveaux
ensembles de normes mondiales qu'ils ont rassemblés sous
l'étiquette «politique publique internationale»[2]. Au Japon,
l'Institut de Moralogie a cherché à définir une éthique transculturelle dans le cadre de cinq principes applicables universellement : renoncer à l'égoïsme, avoir une attitude bienveillante,
faire passer ses devoirs avant ses droits personnels, respecter les
«Ortholinons»[3] (bienfaiteurs ayant contribué au développement et au bonheur de l'humanité) et instruire et sauver l'esprit
des hommes[4]. D'autres groupes tels que la Commission des

1. W.C. Frederick, « The moral authority of transnational corporate codes »,
Journal of Business Ethics, 10(3), 1991, p. 165-177.

2. L.E. Preston, D. Windsor, *The rules of the game in the global economy :
Policy regimes for international business*, Norwell, Kluwer Academic Publishers,
1991.

3. « Ortholinons » est un terme inventé par Chikuro Hiroike, fondateur de
l'institut de Moralogie. (N.D.T.)

4. *An outline of moralogy : A new approach to moral science*, Kashiwa-Shi,
Japon, The Institute of Moralogy, 1987.

sociétés transnationales des Nations Unies et l'Organisation Internationale des Commissions de Valeurs se sont engagés dans des recherches visant à définir les principes clés du comportement éthique dans l'entreprise qui permettent d'éviter les biais résultant de perspectives ancrées dans des contextes particuliers[1].

Les candidats au statut de normes universelles les mieux acceptés et les plus largement appliqués sont ceux qui sont formulés dans le langage des droits. De nombreux théoriciens considèrent les droits comme des hypernormes. Dans *Basic Rights*, Henry Shue a énoncé une liste de quatre droits élémentaires : le droit à la subsistance, à la liberté de circulation, à la sécurité et à la participation politique. Selon Shue, un droit élémentaire est un droit dont l'importance est telle que le fait d'en être privé « constitue une menace typique contre les droits en général »[2]. Donaldson a affirmé que sur la base de trois critères reconnus comme générateurs de droits, il est possible de construire une liste de dix droits internationaux fondamentaux[3]. En Angleterre, le spécialiste de politique internationale R.J. Vincent a affirmé avec beaucoup de conviction que partout dans le monde est en train d'émerger une culture universelle

---

1. Il existe différents cadres de référence à partir desquelles des responsabilités universelles peuvent être imputées aux entreprises multinationales. Par exemple, Manuel Velasquez a affirmé qu'une multinationale est amenée à assumer des responsabilités morales spécifiques même si elle poursuit rationnellement son propre intérêt (« International business, morality, and the common good », *Business Ethics Quarterly*, 2(1), 1992, p. 27-40).

2. H. Shue, *Basic rights : Subsistence, affluence. and U.S. foreign policy*, Princeton University Press, 1980.

3. T. Donaldson, *The ethics of international business*, *op. cit.* Ces droits sont la liberté de circulation, le droit à la propriété, l'interdiction de la torture, le droit à un procès équitable, le principe de non-discrimination (interdiction des discriminations de race ou de sexe), le droit à la sécurité physique, la liberté d'expression et d'association, le droit à l'éducation, à la participation politique et à la subsistance.

unique « qui se propage dans toutes les cultures locales et qui apporte à chacune d'elles les droits de l'homme tels qu'ils sont envisagés au niveau global, au sens géographique de ce terme » [1]. La Déclaration Universelle des Droits de l'Homme (1948) est sans doute le document le plus connu en matière de droit international. Adopté par pratiquement toutes les nations du monde, ce document présente plus de vingt principes garantissant des droits à toutes les nations. Nous partageons le point de vue de Walzer selon lequel, bien qu'« il soit probablement impossible de trouver un équivalent à l'Esperanto dans le domaine de l'éthique », le vocabulaire des droits « n'est pas une mauvaise façon de parler des torts et des injustices que personne ne devrait endurer » [2]. La formulation variera sans doute si l'on exprime ces concepts dans le langage des théories philosophiques centrées sur les devoirs (comme c'est le cas d'une grande partie de la philosophie orientale) mais les idées essentielles restent les mêmes [3].

L'identification et l'interprétation d'une liste exhaustive d'hypernormes constituent une tâche immense dépassant la portée de cet article. Elle est aussi sans fin parce qu'il n'existe aucun critère permettant d'affirmer à quel moment une liste d'hypernormes sera complète. En fait, il semble tout à fait plausible que notre conception des hypernormes change avec le temps, de sorte que n'importe quelle liste serait soumise à des évolutions continuelles. Pour notre propos, nous supposerons seulement qu'il existe des hypernormes et qu'une première liste devrait inclure au minimum les deux idées suivantes :

1. R.J. Vincent, *Human rights and international relations*, Cambridge University Press, 1986.

2. M. Walzer, « Moral minimalism », *op. cit.*

3. J. Tomasi, « Individual rights and community virtues », *Ethics*, 101(3), 1991, p. 521-536.

> Les droits de l'homme fondamentaux, dont le droit à la liberté des personnes, à la sécurité physique et au bien-être, à la participation politique, au consentement éclairé, à la propriété et à la subsistance ;
>
> et l'obligation de respecter la dignité de chaque personne humaine [1].

Afin de comprendre comment il est possible qu'une norme authentique (c'est-à-dire conforme aux principes 1 et 2) ne parvienne pas à revêtir un caractère obligatoire parce qu'elle n'est pas conforme au principe 3 (le test de l'hypernorme), revenons à la pratique des cadeaux d'affaires. On sait que les coutumes éthiques varient fortement d'une culture à une autre en ce qui concerne le caractère approprié des cadeaux [2]. Dans certaines cultures, offrir un cadeau dans le cadre professionnel est obligatoire ; dans d'autres, cette pratique est systématiquement condamnée. La théorie des contrats sociaux intégrés renonce à exiger de chaque culture qu'elle établisse des normes éthiques identiques en ce qui concerne les cadeaux d'affaires : les macrocontractants s'accordent sur le fait qu'en l'espèce les cultures doivent définir les limites qui leur conviennent. Rappelons encore qu'elles ne peuvent le faire que jusqu'à un certain point, celui où la pratique se retrouvera en conflit avec des normes valables dans tous les contextes d'affaires (les

1. Des éléments substantiels viennent à l'appui de cette première liste d'hypernormes. Par exemple, la proposition de Code de Conduite des Entreprises Transnationales des Nations Unies prévoit au paragraphe 14 que « les entreprises transnationales devront respecter les droits de l'homme et les libertés fondamentales dans les pays où elles opèrent. Dans le cadre de leurs relations sociales et industrielles, les entreprises transnationales ne devront se rendre coupable d'aucune discrimination de race, de sexe, de religion … », United Nations, *Letter dated 31 May 1990 from Chairman of Commission on Transnational Corporations to the President of the Economic and Social Council*, 1990.

2. H.W. Lane, D.G. Simpson, « Bribery in international business : Whose problem is it ? », *Journal of Business Ethics*, 3(1), 1984, p. 35-42.

hypernormes). Pour prendre un cas extrême, imaginez une culture des affaires dans une société démocratique mature qui tolérerait la pratique systématique consistant à faire des cadeaux destinés à infléchir les décisions des élus du gouvernement. Imaginez, en d'autres termes, une culture des affaires tolérant systématiquement les pots-de-vin, comme celui qui a été versé par Lockheed au premier ministre japonais Tanaka en 1970 pour un montant de treize millions de dollars. On peut considérer qu'un tel pot-de-vin, symbole d'une distorsion du processus démocratique et du discrédit de la confiance accordée à une personne élue par le peuple, constitue une violation du droit fondamental à la participation politique [1] et qu'en conséquence il ne satisfait pas au test de l'hypernorme. Si elle adoptait une telle pratique, une communauté d'affaires, qu'elle corresponde à une industrie, à un pays ou à une entreprise, adopterait effectivement une norme authentique, mais celle-ci n'aurait aucun caractère obligatoire.

Règles de priorité

En fin de compte, des contractants rationnels adoptant un point de vue global et admettant à la fois la forte limitation de leur rationalité et la fréquence des conflits se produisant entre les normes de différentes communautés économiques souhaite-raient disposer de moyens d'arbitrage et de résolution de ces conflits. Parfois il sera facile de résoudre les conflits parce que la norme qui entre en contradiction avec celle de sa propre commu-nauté sera également en contradiction avec une hypernorme. Par exemple, si l'Irak demandait à une entreprise allemande de lui vendre des équipements pour la production d'armes biologiques, le conflit entre l'horreur que représentent les armes biologiques

---

1. T. Donaldson, *The ethics of international business*, *op. cit.*

pour cette entreprise et la tolérance dont l'Irak fait preuve à leur égard est facilement résolu si l'on croit que les armes biologiques violent l'hypernorme qui proscrit de tuer aveuglément des innocents. Dans d'autres cas, la résolution du conflit sera plus difficile, en particulier lorsque le conflit se produit entre deux normes légitimes émanant de deux communautés différentes. Par exemple, la Tata Steel Company, située à Jamshedpur en Inde, a, pendant des années, garanti à ses employés de fournir un travail au sein de l'entreprise à au moins l'un de leurs enfants. Cette pratique est extrêmement populaire parmi les ouvriers de Tata, comme au sein de la communauté d'affaires de Jamshedpur. Elle n'est visiblement en contradiction avec aucune hypernorme, mais elle pourrait être considérée comme du népotisme dans de nombreux pays occidentaux. Une entreprise occidentale ayant une filiale à Jamshedpur serait-elle moralement autorisée à reproduire les garanties de travail offertes par le groupe Tata ?

Visiblement, la conception de toute règle de priorité permettant l'arbitrage de tels conflits doit refléter les termes du contrat macrosocial – elle doit s'y conformer. Le macrocontrat met l'accent sur la liberté dont dispose chaque communauté de développer des normes éthiques. Pour cette raison, il sera nécessaire de privilégier les normes n'ayant pas un impact négatif sur la liberté des autres communautés économiques de créer et de défendre leurs propres normes. À l'inverse, lorsque les normes n'ont un impact qu'au sein de leur communauté d'origine (c'est-à-dire quand elles n'ont aucun impact sur les autres), on devrait, *ceteris paribus*, leur permettre d'exister et ce, même dans les cas où elles sont en contradiction avec les normes des autres communautés. Si les règles des enchères publiques en vigueur en Nouvelle-Zélande diffèrent de celles en vigueur en Lituanie, le manager lituanien devra suivre les normes des enchères néo-zélandaises tant que leurs conséquences restent circonscrites aux frontières de la Nouvelle-Zélande.

Parfois, les communautés économiques anticipent l'éventualité de conflits avec les normes des autres communautés et, pour y répondre, elles développent des critères de préférence officiels que leurs membres suivront lors de transactions transculturelles. La loi américaine anti-corruption, le «Foreign Corrupt Practices Act» (FCPA), en est un exemple. En partant du principe que le FCPA constitue une norme authentique pour les États-Unis (ce que certains contesteront), elle représente un exemple de norme locale relative à une communauté dont le but est de résoudre les conflits entre les normes américaines et les normes des autres pays pour les questions de corruption. Mais supposons qu'un autre pays préfère une norme locale particulière sur la manière de résoudre les conflits qui ne s'accorde pas avec les principes du FCPA. Dans ce cas, on aura besoin d'un ensemble de règles de priorité pour déterminer le critère de préférence local qui devrait prévaloir lors d'une transaction transculturelle.

D'où le quatrième et dernier principe du contrat macrosocial :

> 4. En cas de conflit entre les normes satisfaisant les principes 1 à 3, une priorité doit être établie par l'application de règles conformes à l'esprit et à la lettre du contrat macrosocial.

Bien que l'on puisse définir des règles de priorité par d'autres moyens [1], les six principes suivants semblent conformes à l'esprit et à la lettre du contrat macrosocial. Ils ne prétendent pas résulter d'une argumentation théorique rigoureuse, mais se présentent plutôt comme des méthodes empiriques.

> 1. Les transactions se déroulant exclusivement au sein d'une communauté qui n'ont pas d'effets négatifs sur d'autres

---

1. T.W. Dunfee, « Business ethics and extant social contracts », *op. cit.*

individus ou d'autres communautés devront suivre les normes de la communauté au sein de laquelle elles se déroulent.

2. Les normes d'une communauté indiquant une préférence sur la façon de résoudre des situations de conflit de normes devront être appliquées tant qu'elles ne produisent pas d'effets négatifs sur d'autres individus ou d'autres communautés.

3. Plus la communauté qui est à l'origine d'une norme est importante et présente un rayonnement mondial, plus grande sera la priorité qu'il faudra accorder à cette norme.

4. Les normes essentielles au maintien de l'environnement économique dans lequel se déroule une transaction devront avoir la priorité sur les normes susceptibles de détériorer cet environnement.

5. En cas de conflit entre de multiples normes, des schémas de cohérence résultant de la convergence de différentes communautés en faveur d'une norme permettront de définir les priorités.

6. Les normes les mieux définies auront normalement la priorité sur des normes plus générales et moins précises.

En guise d'illustration, revenons à l'hypothèse de la filiale d'une entreprise occidentale installée en Inde qui se demande si elle doit ou non adopter la pratique consistant à garantir un emploi aux enfants de ses ouvriers. Dans ce cas, certaines des règles de priorité sont inappropriées. Les règles 2, 4 et 6, qui traitent des normes de préférence qui existent dans la communauté locale, du maintien de l'environnement économique et du degré de précision dans la définition de la norme ne sont pas directement pertinentes pour ce cas. Par contre, les règles 1, 3 et 5 le sont, quoique de façon limitée. Les règles 3 et 5 sembleraient, en particulier, aller contre l'idée de suivre la pratique indienne, dans la mesure où les normes contre le népotisme semblent à la fois plus largement acceptées et plus en accord avec d'autres normes (telle que la norme favorisant la qualification comme critère d'embauche déterminant). Cependant, si on réussissait à établir deux points essentiels, ces règles perdraient toute pertinence et on invoquerait alors une autre règle (la règle 1). Supposons, par exemple, que l'on puisse montrer que la pratique consistant à promettre un emploi est conforme à d'autres convictions morales largement admises. Supposons d'abord que l'on parvienne à démontrer que le principe justifiant le concept de propriété privée – principe qui permet, entre autres, au fils d'un riche propriétaire de profiter de la richesse de ses parents en recevant un important héritage ou même un emploi – est identique au principe qui se trouve en jeu lorsqu'un employé reçoit, en tant que partie de sa rétribution, la garantie d'un travail pour son enfant. Supposons ensuite que l'on puisse montrer que cela n'aura aucune conséquence pour les personnes extérieures à la communauté économique de Jamshedpur (par exemple des candidats mieux qualifiés pour le poste en question) et qu'ainsi la règle 1 puisse s'appliquer. Si ces deux points étaient établis, les règles de priorité permettraient à la filiale de l'entreprise occidentale installée en Inde d'adopter cette pratique.

Comme le montre cet exemple, les six règles de priorité possèdent une clause *ceteris paribus* et il est nécessaire de les évaluer et de les appliquer en les combinant. La jurisprudence sur les conflits entre principes juridiques vient conforter les règles de priorité proposées. Comme c'est le cas pour le processus d'interprétation de la loi, l'application des règles de priorité devrait éviter toute tentative de hiérarchisation précise. Elle devra plutôt mettre l'accent sur l'adéquation de la décision éthique en question avec un ou deux des principes, ou le fait qu'elle implique une convergence des règles vers un résultat particulier.

Nous pouvons résumer les principes généraux que choisiraient des contractants conscients de la nature fortement limitée de la rationalité morale dans les affaires économiques – principes qui définissent le *contrat macrosocial* de moralité des affaires :

1. Les communautés économiques locales peuvent spécifier, à travers des contrats microsociaux, les normes éthiques que devront appliquer leurs membres.

2. Les contrats microsociaux, qui spécifient des normes, doivent reposer sur un consentement éclairé, étayé par un droit de retrait.

3. Pour être obligatoire, une norme du contrat microsocial doit être compatible avec les hypernormes.

4. En cas de conflit entre les normes satisfaisant les principes 1 à 3, une priorité doit être établie par l'application de règles conformes à l'esprit et à la lettre du contrat macrosocial [1].

Lorsqu'une norme a été créée par une communauté en accord avec les principes 1 et 2 (constituant ainsi une norme *authentique*) et qu'elle répond aux exigences du principe 3, nous la considérons comme une norme *légitime*. Soumises à l'application des règles de priorité, les normes légitimes sont moralement contraignantes pour les membres de la communauté qui les a générées.

IMPLICATIONS POUR LA RECHERCHE

La TCSI a de très nombreuses conséquences sur la recherche empirique et théorique. En premier lieu se pose la question de savoir si les hypothèses du macrocontrat s'accordent avec les croyances et les pratiques sociales ordinaires. Même si la TCSI n'est proposée qu'à titre de théorie normative et de ce fait ne nécessite aucune validation descriptive, une grande variété de questions de recherche intéressantes se pose au sujet de son acceptation dans le monde réel.

La TCSI dépend de résultats empiriques fondamentaux lui permettant de formuler des jugements normatifs spécifiques sur

---

1. Voir aussi T. Donaldson, T.W. Dunfee, « Integrative social contracts theory : A communitarian conception of economic ethics », *Economics and Philosophy*, 11(1), 1995, p. 85-112.

des cas particuliers. Par exemple, les dimensions attitudinales et comportementales du test d'authenticité doivent être établies empiriquement. Un travail empirique sera sans doute également nécessaire pour appliquer les règles de priorité dans les cas impliquant des normes authentiques discordantes. De plus, la TCSI soulève de multiples questions de fond relatives, par exemple, à la nature et à l'origine des hypernormes, à la manière de les identifier avec précision, au fait de savoir si elles peuvent évoluer ou si elles sont immuables, à la nécessité éventuelle d'établir une priorité entre les règles de priorité elles-mêmes.

Dans cette partie, nous mettrons rapidement en lumière les implications de la TCSI sur la recherche et nous verrons de quelle façon elle agit comme une loupe grossissante permettant d'évaluer les implications normatives de la recherche empirique. La TCSI représente, pour la recherche empirique, l'opportunité de donner à la prise de décision en éthique des affaires un cadre et une substance dont elle a bien besoin. Le fondement contractualiste de la TCSI offre un ciment théorique aux structures normatives de l'éthique des affaires, qui ont été construites sur les fondations mises en place par les artisans de la recherche empirique. Afin d'être en mesure de fournir des recommandations normatives dans ce contexte particulier, la recherche empirique doit être cohérente avec les affirmations et les définitions de la TCSI[1].

1. Il existe une imposante littérature sur la recherche empirique en éthique des affaires. Pour des résumés et des critiques complets sur ce domaine, voir D.M. Randall, A.M. Gibson, « Methodology in business ethics research : A review and critical assessment », *op. cit.* ; J. Tsalikis, D.J. Fritzsche, « Business ethics : A literature review with a focus on marketing ethics », *Journal of Business Ethics*, 8, 1989, p. 695-743 ; J. Weber, « Scenarios in business ethics research : Review, critical assessment, and recommendations », *Business Ethics Quarterly*, 2(2), 1992, p. 137-160. La qualité de la recherche a été soumise à une critique considérable due en particulier à l'échec récurrent à se référer à un fondement théorique ou à utiliser des hypothèses vérifiables empiriquement.

A) *Questions de recherche relatives à la validité descriptive de la TCSI*

La TCSI est présentée comme une théorie normative. Elle répond à des questions fondamentales sur « le critère » ou « l'autorité » d'après lesquels il convient de juger qu'une action est bonne ou mauvaise. Elle ne prétend pas représenter, en toutes circonstances, l'unique source d'obligation morale pour les entreprises en général ou pour les managers d'entreprise. La TCSI se présente plutôt comme un cadre théorique utile, pragmatique et d'inspiration communautarienne qui propose une méthode visant à formuler certains jugements normatifs en éthique des affaires.

En tant que théorie normative, la TCSI ne prétend pas nécessairement décrire la réalité. Cependant, des chercheurs souhaiteront savoir si les gens agissent conformément aux normes procédurales de la TCSI, et jusqu'à quel point[1]. Cela impliquera de déterminer dans quelle mesure les gens croient en l'existence d'un contrat macrosocial du type de celui postulé par la TCSI, et dans quelle mesure également ils reconnaissent et respectent, lorsqu'ils font des jugements normatifs dans le domaine des affaires, les obligations contractuelles ou précontractuelles de leur communauté.

L'une des manières de vérifier la capacité de la TCSI à être largement reconnue serait de mesurer le processus de décision éthique des individus en adaptant l'échelle multidimensionnelle

---

1. Des évaluations empiriques de théories éthiques générales ont déjà été initiées. Par exemple, Greenberg et Bies ont confronté les thèses fondamentales de l'utilitarisme à la littérature empirique relative à la justice organisationnelle (« Establishing the role of empirical studies of organizational justice in philosophical inquiries into business ethics », *op. cit.*).

en huit facteurs de Reidenbach et Robin[1]. Deux des points de l'échelle sont explicitement contractuels : violer/ne pas violer une promesse tacite, violer/ne pas violer un contrat oral. Dans la mesure où ces facteurs contribuent à expliquer les croyances des membres d'une communauté reconnue en ce qui concerne le caractère éthique des pratiques, ils vont dans le sens des thèses de la TCSI. Il est intéressant de noter que, lors de la phase de test de leur échelle de mesure, Reidenbach et Robin ont retenu les facteurs contractualistes tout en écartant toute référence à l'utilitarisme et à l'égoïsme. Ils expliquent ce choix en faisant remarquer que « lors de l'analyse des résultats, il parut évident que les participants avaient du mal à comprendre et à appliquer les concepts inhérents à la pensée utilitariste ». Si des individus comprennent intuitivement que le fait d'appartenir à une communauté les amène à se confronter à des engagements contractuels obligatoires bien qu'implicites, ils seront alors davantage enclins à accepter la TCSI. Ceci est particulièrement vrai s'ils estiment que ces concepts ont plus de sens et d'utilité que ceux de l'utilitarisme.

B) *Questions de recherche relatives aux dimensions empiriques de la TCSI*

Dans l'éthique des affaires, le point d'intersection fondamental entre la TCSI, considérée comme un cadre permettant d'énoncer des jugements normatifs, et la recherche empirique concerne l'identification et la spécification des normes éthiques au niveau d'une communauté – les *normes authentiques*. La thèse selon laquelle les normes éthiques d'une communauté peuvent être identifiées avec précision va dans le sens de thèses similaires, mais à un niveau plus général, au sujet des

---

1. R.E. Reidenbach, D.P. Robin, « Toward the development of a multidimensional scale for improving evaluations of business ethics », *op. cit.*

normes dans les affaires [1]. Dans certains contextes, on recourra également à la recherche empirique pour appliquer les règles de priorité. Les questions relatives aux règles de priorité, telles que celle des effets négatifs de certaines normes sur d'autres individus ou d'autres communautés, ou de leur effet néfaste sur l'environnement particulier d'une transaction économique, nécessiteront souvent une analyse empirique. Enfin, la recherche empirique est une voie possible pour identifier le contenu des hypernormes qui, dans le cadre de la TCSI, imposent des contraintes significatives sur l'espace moral libre.

B1) *Définition d'une communauté pertinente selon la TCSI*

L'un des problèmes essentiels auquel est confronté la TCSI est la délimitation des frontières de la communauté dans laquelle une norme particulière peut être considérée comme obligatoire. La TCSI définit une *communauté* comme *un groupe de personnes s'étant défini lui-même comme tel, qui est bien circonscrit, qui interagit dans le contexte de missions, de valeurs ou de buts communs et qui est capable d'établir des normes de comportement éthique destinées à ses membres.* Il est important de noter qu'une pratique particulière dans le domaine des affaires peut avoir un impact sur de multiples communautés, de sorte que le processus permettant d'évaluer son caractère bon ou mauvais exigera l'identification de plusieurs normes communautaires. Il est probable que l'on ait besoin de prendre en compte les normes de plusieurs communautés différentes lors de l'évaluation des pratiques de la vie des affaires à un niveau global.

Comment déterminer concrètement les frontières des communautés ? Pour identifier des communautés pertinentes, on

1. G.P. Thomas et G.F. Soldow, « A rules-based approach to competitive interaction », *Journal of Marketing*, 52, 1988, p. 63-74.

pourra tout d'abord se référer à des associations ou à des structures formelles telles que les entreprises, les divisions au sein d'entreprises, les associations professionnelles, les fonctions les plus reconnues au sein des entreprises et les corps professionnels. Ainsi les employés d'une entreprise pharmaceutique, les avocats d'entreprise, les avocats en général et les utilisateurs de dialyseurs pourront être des communautés pertinentes pour déterminer s'il convient de renvoyer l'avocat qui aura informé des fonctionnaires de la vente par cette entreprise de dialyseurs défectueux [1]. L'identification d'une communauté peut se faire à l'aide d'un test mesurant la conscience d'appartenir à un groupe, par lequel les membres de la communauté putative reconnaissent qu'ils appartiennent à ce groupe et considèrent cette appartenance comme source de normes éthiques obligatoires. Une fois déterminées les frontières approximatives de la ou des communauté(s), il est possible d'employer des techniques d'échantillonnage standard pour obtenir des informations pertinentes au sens de la TCSI qui soient représentatives de la population de la communauté dans son ensemble.

Les échantillons «de convenance», plus particulièrement ceux qui sont composés d'étudiants, risquent de ne pas fournir le contexte adéquat pour générer des attitudes et des comportements représentatifs de communautés au sens de la TCSI. Les étudiants risquent de ne pas s'identifier aux communautés auxquelles on rattache leurs attitudes et, plus grave encore, ils risquent de ne pas bien connaître les normes en vigueur dans ces communautés. Ainsi, les échantillons d'étudiants se révèleront-ils avoir peu de valeur dans le cadre de la TCSI et n'être pertinents que pour les problèmes se posant au sein de la

1. Voir *Bala contre Gambro*, 584 N.E. 2d, 104 « Cour Suprême de l'Illinois », 1991.

communauté étudiante, par exemple la tricherie[1], ou pour les situations, sans doute très limitées, dans lesquelles on pourra transposer objectivement leurs visions comme étant représentatives de l'entreprise ou du pays dans son ensemble, dans un contexte où des communautés définies de façon aussi générale pourront être considérées comme pertinentes. De la même façon, lorsque les normes varient selon les secteurs, un échantillon de managers spécialisés en marketing risque, en général, de ne pas donner une bonne représentation de la substance des normes professionnelles. C'est le cas par exemple des normes qui permettent de trancher la question concernant l'obligation ou non, pour un agent, de révéler que son taux de commission varie selon le type de produit qu'il recommande. S'agissant de la divulgation des commissions perçues, les marketeurs travaillant pour des agences de voyage risquent de se conformer à des normes communautaires très différentes de celles qui s'appliquent aux managers travaillant pour des firmes de conseil financier. Il est probable qu'en raison de la diversité des contextes dans lesquels ils se trouvent, et quelle que soit la qualité des scénarios qui leur sont soumis, de grands échantillons de vendeurs issus de différentes communautés d'affaires ne produisent que des résultats peu lisibles s'agissant de leurs comportements projetés ou de leurs jugements normatifs[2].

La sélection de la communauté la plus appropriée (ou de plusieurs communautés) pour un jugement normatif particulier revêt une très grande importance et elle aura une influence sur les types de normes authentiques qui seront reconnues. On peut par

---

1. D.L. McCabe, J.M. Dukerich, J.E. Dutton, « Context, values and moral dilemmas : Comparing the choices of business and law school students », *Journal of Business Ethics*, 10, 1991, p. 951-960.

2. D.C. Robertson, E. Anderson, « Control system and task environment effects on ethical judgment : An exploratory study of industrial salespeople », *Organization Science*, 4(4), 1993, p. 617-644.

exemple affirmer que « dans le pays X, la corruption est endémique ». Cependant, il peut s'avérer que le fait d'accepter des pots-de-vin ne se vérifie que pour un petit groupe de fonctionnaires corrompus au sein du pays X, alors que la majorité de la société civile et de la communauté d'affaires de X rejette cette pratique. Cela expliquerait pourquoi la corruption se produit généralement dans le secret et cela rendrait impropre l'affirmation selon laquelle « dans le pays X, la corruption est endémique » [1]. La recherche de communautés pertinentes, qui est nécessaire pour appliquer la TCSI, permettra souvent de mieux comprendre la portée de la pratique réelle et conduira, par conséquent, à des jugements éthiques plus justes.

B2) *Identifier les attitudes éthiques selon la perspective de la TCSI*

Ce sont les attitudes libres et sincères des membres de la communauté quant au caractère bon ou mauvais d'un type particulier de comportement qui justifient les normes authentiques. Dans la TCSI, la recherche attitudinale est centrée sur les perceptions des individus au sujet de l'existence de normes ou de règles éthiquement appropriées et obligatoires au sein de leurs communautés.

---

1. Dans ce cas de conflit de normes, en supposant qu'aucune des normes ne viole les hypernormes, le jugement normatif final dépendra de l'application des normes de priorité. Prenons le cas d'une entreprise néerlandaise à qui l'on demande de verser un pot-de-vin à des fonctionnaires en Indonésie. Supposons que la phrase « Il est bon d'accepter un pot-de-vin » soit une norme authentique pour les fonctionnaires indonésiens, et que la phrase « Il est mal d'accepter un pot-de-vin » soit une norme authentique pour la communauté d'affaires indonésienne et pour l'entreprise néerlandaise. Dans ces circonstances, selon les règles de priorité, la norme « Il est mal d'accepter un pot-de-vin » sera la plus forte et l'on considèrera que le paiement de pot-de-vin n'est pas une pratique éthique selon la TCSI.

Selon la TCSI, le test d'authenticité concerne les attitudes portant sur les normes qui définissent ce que devrait être un comportement approprié au sein de la communauté. Cette exigence n'a rien à voir avec les comportements supposés de ses membres, ni avec la façon dont ces derniers perçoivent les modèles de comportement existant dans la communauté. Les hypothèses concernant les comportements en vigueur ne sont pas suffisantes car les comportements existants risquent d'être perçus comme neutres, voire immoraux, par les membres de la communauté; par conséquent ils ne pourraient pas servir de fondement pour des normes éthiques authentiques.

Il faut être très attentif lorsqu'on mesure les attitudes pertinentes du point de vue de la TCSI. En insistant sur l'hypothèse de la rationalité morale limitée dans le monde des affaires, nous tenons à souligner qu'il est possible que les personnes soient tout juste capables de connaître leurs véritables préférences morales lorsqu'elles se retrouvent confrontées au cadre complexe de la prise de décision. Les approches génériques fondées sur les valeurs ou de vastes enquêtes détachées de tout contexte (consistant par exemple à demander à des sondés s'ils sont d'accord avec l'idée que « l'entreprise est avant tout responsable envers ses actionnaires »[1]) n'auraient que peu de valeur dans le cadre de la TCSI. Par contraste, les enquêtes s'appuyant sur des scénarios détaillés et dotés d'un contexte riche qui demandent aux sujets de répondre à des dilemmes clairement définis sont plus cohérentes avec les exigences de la TCSI[2]. En

1. M. Monippallil, Y. Eathawala, R. Hattwick, L. Wall, B.P. Shin, « Business ethics in America: A view from the classroom », *Journal of Behavioral Economics*, 19, 1990, p. 125-140.

2. Voir I.P. Akaah, E.A. Riordan, « Judgments of marketing professionals about ethical issues in marketing research: A replication and extension », *op. cit.*; D.G. Norris, J.B. Gifford, « Retail store managers'and students'perceptions of

définissant correctement les communautés et en se focalisant sur les questions de croyance, il est probable que les chercheurs seront en mesure d'éviter les résultats déconcertants qui étaient souvent produits par la recherche empirique[1].

B3) *Identifier les comportements éthiques pertinents selon la TCSI*

Dès lors qu'il a été attesté que la majorité des membres d'une communauté donnée est d'accord quant au caractère bon ou mauvais d'une norme particulière, il faut alors déterminer si, au sein de la communauté, il existe un consensus suffisant pour que, de norme putative, elle devienne norme authentique. Bien que les études des comportements réels permettraient d'en établir une preuve directe, on sait bien que ces dernières sont difficiles à mener, en particulier dans le domaine des comportements déviants. Il n'est alors pas surprenant que le paradigme dominant de la recherche à ce jour « procède principalement en allant d'une composante cognitive à un comportement *inféré* »[2].

La question centrale selon la TCSI est de déterminer les comportements réels des membres de la communauté. Dans de nombreuses études, les chercheurs demandent aux personnes interrogées d'imaginer la façon dont elles agiraient dans un contexte donné. Les approches demandant aux sondés d'évaluer la façon dont d'autres se comportent ne sont valables pour la

ethical retail practices : A comparative and longitudinal analysis (1976-1986) », *Journal of Business Ethics*, 7, 1988, p. 515-524.

1. Hunt, Wood et Chonko ont remarqué qu'une des réactions quelque peu défaitistes devant le caractère déroutant de ces résultats était de dire que « les chercheurs ont souvent été encouragés à mesurer les principes généraux sous-jacents aux valeurs éthiques plutôt que les problèmes éthiques spécifiques à un domaine particulier » (« Corporate ethical values and organizational commitment in marketing », *op. cit.*).

2. W.C. Frederick, « The empirical quest for normative meaning : Introduction and overview », *Business Ethics Quarterly*, 2, 1992, p. 91-98.

TCSI que si elles constituent des représentations exactes des comportements de la communauté. Les comportements qui ne sont que supposés risquent de poser problème. Il s'agit là d'une dimension importante de l'hypothèse de base de la TCSI au sujet de la rationalité morale limitée. Dans le monde des affaires, le comportement éthique risque de susciter de fortes réponses émotionnelles[1], ce qui rendra difficile pour la personne de prédire sa réponse avec exactitude. Comme l'a révélé Crane dans *The Red Badge of Courage*, il est possible, dans le domaine de l'éthique comme dans celui de la guerre, que nous ne sachions pas quelle sera notre réaction avant de nous trouver vraiment confronté à la situation[2].

La relation entre comportements supposés et comportements réels est décisive pour que la TCSI puisse être employée. Tout moyen utilisé en vue d'inférer un comportement doit être un indicateur précis des comportements réels. Les conceptions testées empiriquement, telles que la théorie de l'action raisonnée de Fishbein et Ajzen[3], supposent qu'il existe une relation étroite entre intention et action, et que l'intention est influencée par les attitudes envers le comportement à adopter et par la reconnaissance de normes subjectives[4]. De telles théories pourraient conduire à l'établissement d'indicateurs valides du comportement, susceptibles de réussir le test d'authenticité de la TCSI.

1. T.M. Jones, L.V. Ryan, *A moral approbation model of ethical decision making in organizations*, Paper presented at the annual meeting of the Society for Socioeconomics, Irvine, CA, 1992.

2. S. Crane, *The Red Badge of Courage*, Puffin Classics, 1895/2009.

3. M. Fishbein, I. Ajzen, *Belief, attitude, intention and behavior : An introduction to theory and research*, Reading, Addison-Wesley, 1975. Voir D.M. Randall, « Taking stock : Can the theory of reasoned action explain unethical conduct ? », *Journal of Business Ethics*, 8, 1989, p. 873-882.

4. T.W. Dunfee, D.C. Robertson, « Work-related ethical attitudes : Impact on businessprofitability », *Business and Professional Ethics Journal*, 3(2), 1984, p. 25-40.

Lorsqu'on essaie de déterminer les comportements à l'intérieur de la communauté à travers des études fondées sur les propos des répondants, il faut tenir compte de l'épineux problème, encore irrésolu à ce jour, de ceux qui donnent des réponses socialement désirables ou qui veulent être de « bons » sujets d'interview[1]. Lorsqu'on traite de comportements déviants, les individus risquent de se méfier de la garantie de confidentialité et de non traçabilité qui leur a été donnée ; pour diverses raisons, ils risquent ainsi de ne pas parvenir à rendre compte exactement de leurs propres comportements. Des méthodes telles que la technique de la réponse aléatoire ont été préconisées comme moyen de minimiser ces biais[2]. Bien que certaines recherches se soient focalisées sur les raisons que les managers avançaient en faveur des comportements envisagés, les formes de raisonnement utilisées au sein des communautés pour adopter les normes n'ont pas, dans le cadre de la TCSI, une influence directe sur la détermination des normes authentiques.

1. M.F. Fernandes, D.M. Randall, « The nature of social desirability response effects in ethics research », *Business Ethics Quarterly*, 2(2), 1992, p. 183-205. On peut aussi mentionner un phénomène apparenté qui concerne l'attitude requise par les normes authentiques : la tendance à rejeter les normes sociales. Les sujets risquent de déformer leur attitude par rapport à la question de l'existence d'une norme particulière à la communauté parce qu'ils savent que leur propre comportement n'est pas à la hauteur de cette norme.

2. D.R. Dalton et M.B. Metzger donnent des exemples de l'utilisation de questions sans rapport avec l'objet de l'enquête, pour lesquelles les personnes interrogées sont priées de lancer une pièce de monnaie et de ne répondre sincèrement aux questions que si elle atterrit sur le côté face, ou encore de répondre sincèrement seulement si le dernier chiffre de leur numéro de téléphone est un chiffre pair. Tous les autres doivent répondre « non » à chaque question ou d'une autre façon qui leur est imposée. Les résultats sont ajustés statistiquement en fonction de la probabilité associée à la question sans rapport avec l'objet de l'enquête. (« Towards candor, cooperation, and privacy in applied business ethics research : The randomized response technique (RRT) », *Business Ethics Quarterly*, 2, 1992, p. 207-221.)

Les communautés ont le droit d'adopter leurs propres méthodes pour créer des normes ; elles ne sont pas contraintes à des formes de raisonnement particulières jugées « correctes ». Toutefois, le raisonnement utilisé peut revêtir une certaine importance, et ce pour une raison qui n'a rien à voir avec le mécanisme prôné par la TCSI en vue de formuler des jugements normatifs. Si quelqu'un cherche à amener des changements relatifs aux normes en vigueur au sein d'une communauté, il est crucial pour lui de savoir quelle forme de raisonnement y est privilégiée. La TCSI reconnaît que les normes changeront en permanence au niveau de la communauté et que ses membres exerceront leur droit d'expression et de retrait pour répondre à l'évolution des normes.

B4) *Règles de priorité, hypernormes et dimensions interna-tionales de la TCSI*

Dans les cas où les normes émanant de multiples communautés sont en conflit mais passent avec succès le test de l'hypernorme, la formulation d'un jugement normatif nécessi-tera l'application des règles de priorité. Ceci se produit fréquem-ment dans le cadre du mécanisme de production de jugements normatifs qui caractérise la TCSI. Les règles de priorité sont un élément essentiel de la TCSI. Plusieurs d'entre elles exigent des évaluations de l'impact des actions étudiées, ce qui pourra demander de recourir à une analyse empirique. C'est le cas du problème consistant à savoir si une transaction controversée aura ou non un impact à l'extérieur de la communauté au sein de laquelle se produit l'action (règles 1 et 2) et si une norme est essentielle au maintien de l'environnement de la transaction ou si, à l'inverse, elle est susceptible de porter atteinte à cet environ-nement. De plus, les règles de priorité proposées exigent que l'on détermine l'existence de normes communautaires indiquant quelles sont les préférences locales pour résoudre les problèmes de la priorité (règle 2). Même si ces préférences se retrouvent souvent dans les lois ou les règlements officiels, comme c'est le cas avec le « Foreign Corrupt Practices Act », on peut également en trouver la trace dans des normes plus informelles.

Comme nous l'avons expliqué précédemment, nous pensons qu'il est possible que le point de convergence des convictions générales soit le reflet de ce que sont les véritables hypernormes et qu'il est ainsi possible de les observer indirectement par le biais de la recherche empirique. Les sceptiques feront remarquer l'échec de la Commission des sociétés transnationales des Nations Unies dans l'obtention d'un consensus sur un code de conduite émis à l'initiative de l'ONU, ainsi que l'impact limité des « Principes directeurs de l'OCDE à l'intention des entreprises multinationales » adoptés par les pays adhérents en 1976. Néanmoins, comme nous l'avons montré auparavant, une recherche de grande envergure est en cours pour identifier les normes universelles. La recherche empirique peut contribuer à cette quête en se concentrant sur des échantillons représentatifs de communautés internationales et en cherchant à identifier les points de convergence des croyances relatives aux normes universelles – des normes si fondamentales pour l'humanité qu'elles ne peuvent être abrogées par les communautés locales. Par nature, les hypernormes peuvent être soit négatives, soit affirmatives. Beaucoup seront des interdictions négatives, identiques dans leur nature aux régimes mondiaux d'interdiction identifiés par Nadelmann qui interdisent ou restreignent certaines pratiques. D'autres imposeront des obligations positives dictant une certaine façon d'agir (par exemple en prenant des mesures efficaces pour protéger la santé des hommes ou sauvegarder l'environnement) ou bien imposeront des obligations à ceux qui entreprennent certaines activités (les fabricants de médicaments doivent restreindre les ventes aux personnes incapables d'utiliser le produit en toute sécurité).

Nous tenons à insister sur la pertinence de la TCSI pour une éthique des affaires globale. Une recherche comparant la pratique des affaires entre différents pays peut fournir une base permettant l'application de la TCSI par l'identification des normes authentiques pour différentes communautés internationales. Cette étape franchie, le cadre de la TCSI peut être utilisé, à travers l'application des règles de priorité et des hypernormes, pour évaluer l'importance relative des diverses normes lors d'une transaction internationale.

C) *Prolongements théoriques de la TCSI*

La première ébauche de la TCSI laisse beaucoup de questions d'ordre théorique sans réponse. C'est le cas du concept d'hypernorme, qui concentre beaucoup de problèmes encore irrésolus à ce jour. Nous pensons qu'un travail considérable sera nécessaire au développement d'une première liste d'hypernormes pouvant servir de base à un examen théorique plus étendu. Le problème de la sélection des meilleures méthodes d'identification des hypernormes est ici implicite. Pour commencer, suffit-il de chercher une convergence dans les rapports des chercheurs qui sont, eux aussi, en quête de convergence? Les études réalisées à l'échelle mondiale sur les valeurs, les attitudes et les croyances sont-elles le bon outil pour apporter des éléments probants concernant la nature des hypernormes? Dans l'affirmative, sont-elles réalisables d'un point de vue scientifique? Si la convergence constitue un élément de preuve quant à la nature des hypernormes, quel est alors le degré de convergence nécessaire?

Rappelons que nous préférons laisser ouverte la question de la nature épistémologique des hypernormes. Sont-elles, avant tout, rationnelles, empiriques ou hybrides? Peuvent-elles évoluer au fil du temps ou sont-elles figées à la manière d'une loi naturelle?

D'autres aspects de la TCSI soulèvent des questions de ce type. Les règles de priorité ne devraient-elles pas être elles-mêmes priorisées, ou la manière de les appliquer ne devrait-elles pas relever d'un mécanisme plus flexible? Nous affirmons qu'elles proviennent toutes directement des principes du contrat macrosocial. Mais ces arguments sont-ils suffisants? Faut-il ajouter d'autres règles de priorité à la liste?

Quel est le degré de relativisme de la TCSI? Selon nous, les commentateurs ont tendance à exagérer le rôle de l'espace moral libre quand ils s'intéressent à la TCSI. Comme nous l'avons affirmé par ailleurs, la nature apparemment relativiste de l'espace moral libre est limitée de trois façons différentes par le contrat macrosocial : d'abord, par l'exigence d'un consentement au niveau des contrats microsociaux; ensuite, par l'application d'*hypernormes* externes, jouissant d'une autorité indépendante; enfin, par la mise en œuvre d'un ensemble de règles de priorité conçues pour déterminer quelles normes, parmi celles créées par les communautés, deviennent obligatoires dans les cas de conflits directs entre normes.

Pour finir, de nombreuses questions se posent sur la façon de traduire ces concepts pour les managers. Peut-on par exemple réduire les principes fondamentaux et les implications de la TCSI à un ensemble significatif de principes empiriques susceptibles de fournir des conseils concrets pour les managers? Et enfin, quelles sont les façons les plus efficaces de traduire ces idées pour les managers?

Le cadre conceptuel de base de la théorie des contrats sociaux intégrés ouvre la voie à un programme de recherche considérable dans les domaines empirique et normatif.

Conclusion

La tension entre méthodes empiriques et normatives, qui entrave actuellement la recherche en éthique des affaires, va persister[1]. Dans cet article, nous espérons toutefois avoir réussi à montrer que la TCSI peut fournir un cadre permettant d'harmoniser les domaines normatif et empirique. La théorie que nous défendons ne prétend pas éradiquer les différences existant entre l'« être » et le « devoir être ». Elle ne prétend pas non plus tirer des lapins normatifs de chapeaux empiriques, ni obtenir des prescriptions à partir de descriptions. Elle propose cependant des moyens de démontrer la pertinence éthique des normes qui existent déjà dans les secteurs d'activité, dans les entreprises et dans d'autres communautés économiques, bien qu'elle en limite le nombre pour qu'il demeure acceptable. Elle tente de dépasser le niveau général où se situent le déontologisme kantien et l'utilitarisme afin de permettre une évaluation normative plus précise des problèmes éthiques particuliers à la vie économique – dans un monde d'échanges dont nous avons montré à quel point il était sensible à la rationalité morale limitée. Enfin, en révélant la pertinence normative des normes culturelles et économiques existantes, la théorie identifie des zones d'insuffisance dans l'actuelle recherche empirique en éthique des affaires. Ainsi, comme nous l'avons expliqué auparavant, la théorie insiste sur la nécessité de mettre en place un programme de recherche empirique. Il doit permettre la recherche de normes authentiques dans les secteurs d'activités, les entreprises, les alliances et les

---

1. Une conférence spéciale sur la possibilité de réconcilier les méthodologies normatives et empiriques, intitulée « An integrated business ethics : Multiple perspectives », a été organisée lors de la rencontre de l'Academy of Management en 1992 à Las Vegas, Nevada. Voir également *Business Ethics Quarterly*, 2(2), « The empirical quest for normative meaning : Empirical methodologies for the study of business ethics », Special Issue n° 1, 1992.

systèmes économiques régionaux. Il préconise un examen plus minutieux des croyances et des pratiques éthiques d'institutions aussi différentes que la Commission européenne, l'entreprise Sony, le marché international du caoutchouc et la finance islamique. Plus qu'aucune autre théorie contemporaine, il met l'accent sur l'importance éthique de la recherche empirique.

C'est pour cette raison que certains accuseront sans aucun doute la TCSI de «relativisme éthique». Mais, comme nous nous sommes efforcés de l'expliquer, la théorie ne se contente pas d'autoriser un espace moral libre pour les communautés économiques, elle instaure également des frontières explicites au sein de cet espace libre. L'affirmation selon laquelle un espace moral libre, bien que limité, existe bel et bien n'a rien de surprenant. La croyance que les problèmes éthiques dans le monde des affaires peuvent être entièrement résolus sans recourir aux convictions communes des hommes n'a jamais été populaire auprès de qui que ce soit, à part auprès des théoriciens modernes de l'éthique.

NORMAN E. BOWIE

L'ENTREPRISE COMME RÈGNE DES FINS *

Lorsqu'on étudie l'éthique kantienne, on se concentre généralement sur les deux premières formules de l'impératif catégorique, c'est-à-dire celles de la loi universelle et du respect des personnes. Cependant, les chercheurs en éthique organisationnelle, et plus particulièrement en éthique des affaires, ont tout intérêt à se tourner vers la troisième formulation, celle du règne des fins. Selon moi, elle fournit un point de départ intéressant pour le développement d'une culture d'entreprise favorisant l'intégrité de l'organisation. Dans cet article, je montrerai comment la formulation de l'impératif catégorique selon le règne des fins offre un fondement théorique à la création d'une culture morale au sein de l'entreprise.

* «The business corporation as a Kingdom of Ends», 2010. Cet article s'appuie sur trois sources : mon livre *Business ethics : A Kantian perspective*, *op. cit.*; mon article «Organizational integrity and moral climates», *in* G.G. Brenkert, T.L. Beauchamp (ed.), *The Oxford handbook of business ethics*, Oxford University Press, 2010; et «A Kantian theory of meaningful work», *Journal of Business Ethics*, 17(9/10), 1998, p. 1083-1092. Cependant, les éléments issus de ces sources ont été mis à jour et associés à des éléments originaux dans la perspective de cet article. Toutes les citations issues de ces sources sont clairement référencées. Traduit par C. Laugier.

LA FORMULATION DE L'IMPÉRATIF CATÉGORIQUE
SELON LE RÈGNE DES FINS

Quelle est la troisième formulation de l'impératif catégorique? Kant propose des définitions très claires de la première et de la seconde formulation – on note toutefois une certaine incohérence dans l'énoncé des diverses définitions de la première. Cependant, bien qu'ils soient d'accord sur l'existence d'une troisième formulation de l'impératif catégorique, les spécialistes de Kant sont loin d'être d'accord sur la façon de la formuler. Commençons par l'une des formulations les plus courantes – tout en remarquant que, sur ce point, Kant ne nous aide pas beaucoup. A un moment donné, il semble ramener la troisième formule au principe d'autonomie : « J'appellerai donc ce principe, principe de l'AUTONOMIE de la volonté »[1]. Cependant, il est clair qu'ici l'autonomie dont parle Kant est l'autonomie d'une volonté législatrice capable de vouloir une loi universelle – c'est-à-dire une volonté raisonnable. Ainsi la troisième formulation concerne la nécessaire autonomie des membres du royaume des fins pour faire des lois susceptibles d'être adoptées universellement.

Dans les *Fondements de la métaphysique des mœurs*, Kant parle de cette idée, contenue dans la troisième formulation, comme de « la volonté de tout être raisonnable conçue comme *volonté universellement législatrice* ». Un législateur doté d'une volonté autonome au sens kantien est une fin. Et dans la mesure où le législateur veut une loi universelle, nous pouvons parler d'un règne des fins. Kant l'exprime ainsi :

> Or par *règne* [des fins] j'entends la liaison systématique de divers êtres raisonnables par des lois communes. Et puisque des lois déterminent les fins pour ce qui est de leur aptitude à

1. E. Kant, *Fondements de la métaphysique des mœurs, op. cit.*

valoir universellement, si l'on fait abstraction de la différence personnelle des êtres raisonnables et aussi de tout le contenu de leurs fins particulières, on pourra concevoir un tout de toutes les fins (…), un tout consistant dans une union systématique…

Je me souviens encore que mon professeur de philosophie de premier cycle universitaire avait parfaitement compris l'idée de Kant en résumant ainsi la troisième formule de l'impératif catégorique : « Agis comme si tu étais membre d'un royaume des fins idéal dans lequel tu peux être en même temps sujet et souverain ». Je pense que cette reformulation saisit parfaitement ce que Kant, comme ses futurs commentateurs, avait en tête.

Selon Christine Korsgaard, l'idée du règne des fins correspond à l'idéal d'une république raisonnable. Elle dit que

le royaume des fins est un idéal. Il constitue l'union systématique de divers êtres raisonnables par des lois communes, une république composée de tous les êtres raisonnables. Il s'agit d'une communauté dans laquelle la liberté est parfaitement réalisée puisque ses citoyens sont libres à la fois dans le sens où ils ont fait leurs propres lois et dans le sens où les lois qu'ils ont établies sont les lois de la liberté… Chaque citoyen considère sa propre perfection et le bonheur des autres comme une fin et il traite autrui comme une fin en soi. Il s'agit d'une communauté engagée dans une quête harmonieuse et coopérative du bien [1].

Puisque le règne des fins constitue une république raisonnable idéale, quelles lois les législateurs de ce royaume adopteraient-ils ? Voici la réponse de Korsgaard : « Quelles lois adopterions-nous ? Chacun de nous serait désireux de préserver sa propre liberté. Aussi devrions-nous choisir des lois qui préservent la liberté de chacun selon une loi universelle. Dans la mesure où nous voudrions un monde où l'aide d'autrui

---

1. C.M. Korsgaard, *Creating the Kingdom of Ends*, Cambridge University Press, 1996.

et les ressources issues des talents humains seraient disponibles en tant que moyens pour l'action, nous voudrions que chacun contribue aux fins qui ont un caractère obligatoire »[1].

Korsgaard propose alors sa version de la troisième formulation : « Nous devons toujours agir comme si nous étions des législateurs au sein du règne des fins ».

L'ÉQUIVALENCE ENTRE L'UNION SOCIALE DE RAWLS ET LE RÈGNE DES FINS

Les passages tirés de Kant que nous venons de citer ont sûrement inspiré Rawls puisqu'on y trouve les germes de son principe d'ignorance et de sa notion d'union sociale. Une analyse de ce concept constituera une excellente transition avant d'envisager l'entreprise comme une union sociale ou un règne des fins.

Pour faire comprendre sa notion d'union sociale, Rawls débute son analyse en précisant les raisons qui poussent les êtres humains à former une organisation. Lorsque l'organisation est considérée comme une entité privée ou, selon mes propres termes, de manière instrumentale, les gens décident de la rejoindre parce qu'ils pensent qu'ils en tireront un bénéfice. Si, après l'avoir rejointe, il n'y a pas de bénéfice, ils n'éprouveront alors aucun sentiment de loyauté envers elle et la quitteront rapidement. Les buts communs de l'organisation n'ont aucune valeur intrinsèque pour les personnes qui considèrent les organisations comme de simples instruments.

Rawls s'oppose à cette vision des organisations en recourant à un point de vue social. Selon ce point de vue, les gens créent des

---

1. L'idée que le royaume des fins représente un idéal politique est partagée par O. O'Neill, *Constructions of reason : Explorations of Kant's practical philosophy*, Cambridge University Press, 1989.

organisations parce qu'ils partagent des buts communs et qu'ils considèrent que les institutions et les activités communes ont une valeur intrinsèque. Cette vision sociale s'inspire fondamentalement de l'affirmation d'Aristote selon laquelle l'homme est un animal politique. Les membres des organisations qui adoptent une telle vision considèrent que la coopération est une valeur essentielle car chacun d'eux sait qu'il ne peut, seul, satisfaire ses intérêts au sein de son organisation. La coopération des autres est nécessaire pour apporter de la stabilité à l'organisation et accroître ses chances de survie. Celles-ci augmentent lorsque l'individu considère l'organisation d'un point de vue social plutôt que du point de vue de ses intérêts personnels. Une organisation structurée autour des valeurs qui sont celles des partisans du point de vue social et dont les membres restent fidèles à cette vision constitue ce que Rawls appelle une union sociale. Pour lui, la société idéale est une union des unions sociales dont la structure fondamentale est conforme aux deux principes de justice[1].

Ainsi Rawls et Kant (avec sa troisième formule de l'impératif catégorique) sont-ils à la recherche d'un idéal politique ou plutôt d'une organisation idéale. Chacun est à la recherche d'une organisation authentiquement intègre. Dans cet essai, mon objectif est d'utiliser les intuitions de Kant et celles de Rawls pour construire une entreprise idéale, au sens où elle serait authentiquement intègre. Une organisation intègre est un règne des fins.

---

1. Il s'agit des deux principes de la justice comme équité de Rawls (*Théorie de la justice*, *op. cit.*). N.D.É.

L'Entreprise comme règne des fins ou union sociale

Situation actuelle des entreprises

Avant de se lancer dans la construction d'une entreprise qui soit un règne des fins, il faut d'abord s'arrêter un instant sur les raisons de l'attitude cynique qui est généralement adoptée à l'égard de la vie des affaires. Il faut se demander pourquoi « l'éthique des affaires » est perçue comme un oxymore et pourquoi certains pourraient penser que le projet que je défends est naïf et irréaliste. Mon objectif est de mettre en avant certaines hypothèses implicites dans les affaires. Je souhaite également montrer de quelle façon elles sont remises en question au fur et à mesure que le capitalisme gagne en maturité. En d'autres termes, je désire défendre l'idée que le fait de penser l'entreprise commun règne des fins correspond mieux aux évolutions futures du monde des affaires à l'échelle internationale.

En premier lieu, les occidentaux, en particulier les Américains, ont tendance à considérer les organisations de manière instrumentale. Lorsqu'ils rejoignent une entreprise, ils se demandent : « Qu'est-ce que je peux en tirer ? » Ce qui compte le plus, dans une entreprise, ce sont les salaires et les bénéfices. Plus vous êtes payé et plus vous faites de bénéfices tout en travaillant le moins possible et mieux c'est. D'où les expressions comme « Vivement le week-end ! » ou « La déprime du lundi ». Lorsqu'un tel regard est porté sur l'organisation, il n'est pas surprenant que les gens ne l'utilisent que comme un simple moyen d'atteindre leurs buts. Dans ce type d'entreprise, les cadres dirigeants essaieront par exemple d'augmenter sans retenue leur rémunération – les rémunérations excessives des dirigeants constituent un thème de choix pour l'éthique des affaires comme pour la presse. La question est particulièrement sensible aux États-Unis mais elle est en train de devenir une réalité en Grande-Bretagne ainsi que dans le reste de l'Europe.

Les organisations qui sont considérées de façon instrumentale sont souvent submergées par des problèmes d'agence – notion issue de la littérature spécialisée dans la finance. Un « problème d'agence » se produit lorsqu'une personne (l'agent) est au service d'une autre (le principal) et que l'agent a tendance à privilégier ses propres intérêts en cas de conflit avec ceux du principal. Cette situation constitue un véritable problème car, dans le cadre d'une relation agent/principal, l'agent n'est pas supposé placer ses intérêts au-dessus de ceux du principal. Cependant, on considère que, dès qu'il y a conflit d'intérêts, ce comportement est inévitable en raison de la nature même de l'homme. L'organisation doit donc disposer d'une stratégie pour régler les problèmes d'agence. Or, dans une entreprise classique, le PDG et les cadres de direction sont les agents des actionnaires et les employés sont les agents du PDG et des cadres de direction. Si chaque membre de l'entreprise la considère de façon instrumentale – donc cherche avant tout à savoir ce qu'il peut en tirer –, il est fort probable qu'elle rencontrera des problèmes d'agence. Au contraire, lorsqu'au sein de l'entreprise tout le monde partage des objectifs communs et comprend que le succès de chacun dépend de la coopération de tous, il est fort probable qu'il n'y aura aucun problème d'agence.

Étant donné la diffusion du capitalisme à travers le monde, il est intéressant d'envisager ce qui se passera lorsque des sociétés moins individualistes deviendront capitalistes. Le Japon a développé sa propre version du capitalisme après la seconde guerre mondiale. Selon cette version, les entreprises étaient perçues par ses membres comme des unions sociales plutôt que comme des instruments destinés à la réussite individuelle. La version japonaise du capitalisme a eu une histoire intéressante. Dans les années cinquante, les produits japonais souffraient d'une mauvaise image en termes de qualité à cause de leur bas coût. Cependant, au cours des années quatre-vingt, la qualité des produits japonais a été reconnue partout dans le monde. Ceci fut particulièrement vrai dans le secteur automobile. A cette époque, les voitures américaines posaient de nombreux problèmes de qualité et beaucoup d'Américains s'en détournèrent au profit des voitures japonaises. Au cours des années quatre-vingt-dix, toutefois, les Japonais sont entrés dans une longue période de récession qui se poursuit encore aujourd'hui. Les consultants en management poussèrent les Japonais à adopter un capitalisme plus proche du capitalisme financier américain (reste à savoir si ce fut là un bon conseil d'un point de vue macro-économique). Cependant, le changement destiné à améliorer la compétitivité du Japon en touchant à des institutions comme l'emploi à vie, le caractère inamovible des fournisseurs et les relations étroites avec les banques – sans parler de l'augmentation de la productivité – coïncide avec une nouvelle série de problèmes de qualité. Les problèmes très fréquents qu'ont connus les automobiles de la marque Toyota en sont une illustration parfaite. Il est difficile de dire si le Japon sera en mesure de conserver sa vision sociale et collective des entreprises.

Ceci nous amène à l'économie la plus dynamique au monde : l'économie chinoise. Il s'agit d'un mélange de capitalisme et d'économie planifiée. Sa culture est davantage de nature collectiviste qu'individualiste. Les Chinois devront développer la consommation intérieure au lieu de ne compter que sur les exportations. À cette fin, ils devront faire en sorte que les entreprises chinoises et les industries nationalisées augmentent les salaires. Je ne vois aucune raison pour que cela soit perçu comme un jeu à somme nulle dans lequel une augmentation du salaire des cadres se fait au détriment du salaire des ouvriers travaillant à la chaîne. En Chine, tout le monde devrait pouvoir profiter de la croissance. Étant donné son histoire culturelle liée au confucianisme et celle, plus récente, de nation communiste, je pense que peu de problèmes d'agence surgiront en Chine. Ainsi la notion d'entreprise en tant qu'union sociale a-t-elle une véritable chance de s'y concrétiser.

La notion d'entreprise comme règne des fins est-elle vraiment réaliste dans l'Union Européenne (UE)? Compte tenu de la situation précaire de l'UE lors de la crise de la dette publique de 2010, la première réponse qui vient à l'esprit est négative. En supposant que les établissements financiers de ses membres qui ne se conforment pas à ses préconisations puissent être remis dans le droit chemin, j'aurais tendance à affirmer que les entreprises deviendront de plus en plus semblables à des règnes des fins ou à des unions sociales. Sur quoi se base cet optimisme? Tout d'abord, l'UE est engagée dans une politique de capitalisme durable solidement ancrée aux trois piliers que sont la réussite financière, la responsabilité environnementale et la responsabilité sociale. Dès lors la réussite financière n'apparaît plus que comme l'une des composantes d'un capitalisme performant. Les deux autres piliers sont externes à l'entreprise et sont sociaux par nature. Pour gérer une entreprise durable, il faut mettre l'accent sur toutes les parties prenantes de l'entreprise, plutôt que sur les actionnaires uniquement. Dans un tel système, les syndicats jouent un rôle beaucoup plus grand qu'ils ne le font aux États-Unis. Parmi tous les pays du G20, ce dernier est sans doute le plus hostile aux syndicats. Et là où des syndicats subsistent aux États-Unis, les relations avec la direction sont presque toujours conflictuelles – remarquons qu'un grand nombre des syndiqués travaillent dans le secteur public, au sein du gouvernement ou dans l'éducation. La situation aux États-Unis doit être contrastée avec celle de l'Allemagne, où il existe une plus grande coopération entre dirigeants, syndicats et gouvernement.

De plus, Susan Neiman a affirmé, dans son livre *Moral Clarity*, que l'Europe possède déjà des institutions kantiennes, ce qui n'est pas le cas des États-Unis. Voici ce qu'elle dit précisément :

> Pour le dire grossièrement, les Européens vivent aujourd'hui au sein d'un ensemble de structures d'inspiration kantienne déjà établies. Le gouvernement européen le plus conservateur ne démolira pas les structures démocratiques et sociales qui permettent de maintenir dans des limites raisonnables les différences entre les riches et les pauvres. Il ne considèrera pas non plus que le logement ou l'accès au système de soins et à l'éducation sont des avantages, mais qu'ils sont des droits. Il ne s'agit pas seulement de protéger l'égalité entre les personnes, mais aussi la démocratie elle-même… En subventionnant la culture et le temps qui est nécessaire pour l'apprécier, ce ne sont pas les loisirs ou le plaisir que les gouvernements européens défendent – choses qui méritent d'être défendues – mais le fondement qui est nécessaire à l'exercice de la citoyenneté [1].

Si Susan Neiman a raison – et mes voyages en Europe me montrent qu'elle a effectivement raison –, alors les conditions nécessaires à l'existence de l'entreprise kantienne sont déjà en place. L'avènement de firmes kantiennes ne devrait pas être trop difficile pour les Européens.

Certes ma position peut sembler utopique et naïve par rapport au capitalisme qui a cours aujourd'hui aux États-Unis. Elle l'est en réalité beaucoup moins lorsqu'on observe le capitalisme au niveau international. Fort de cette conviction, je vais à présent m'intéresser à la construction de l'entreprise comme règne des fins ou comme union sociale.

---

1. S. Neiman, *Moral clarity : A guide for grown-up idealists*, Princeton University Press, 2009.

Construire l'entreprise comme règne des fins

Pour construire une entreprise qui soit entièrement conçue comme un règne des fins, il faut s'appuyer sur un ensemble de principes. Les trois formules de l'impératif catégorique kantien servent de fondations à l'édifice. Les règles nécessaires pour gouverner l'organisation doivent être fondées sur des maximes universalisables. Ces règles doivent respecter les membres de l'entreprise en tant que fins. Personne ne devrait être utilisé simplement comme un moyen. Enfin, chacune des règles proposées pour gouverner l'entreprise doit être acceptable par tout être raisonnable. Les règles de l'entreprise ne doivent pas comporter de préjugés défavorables à l'égard de certains groupes de parties prenantes[1]. Une organisation gouvernée par des règles susceptibles d'être acceptées par tous ses membres raisonnables est un règne des fins ou une union sociale. Conformément à la tradition kantienne, je défends la thèse selon laquelle les règles de constitution et de gouvernance d'une entreprise comme règne des fins doivent se conformer à l'impératif catégorique selon ses trois formulations.

Je propose un ensemble de règles qui, selon moi, réussiraient le test kantien de l'impératif catégorique[2]. Il s'agit des sept principes suivants :

---

1. Il y aura bien sûr des situations où les intérêts d'un groupe de parties prenantes seront en conflit avec ceux d'un autre groupe. Je ne dis pas que, dans le règne des fins, chacune de ces situations doit être de type « gagnant-gagnant ». Cependant, les règles permettant de résoudre ces conflits devraient être des règles acceptables pour tous les principaux groupes de parties prenantes.

2. Cet ensemble de règles est directement tiré de « Organizational integrity and moral climates », *in* G.G. Brenkert, T.L. Beauchamp (ed.), *The Oxford handbook of business ethics, op. cit.* La version originale de cet ensemble de règles est disponible au chapitre III de N.E. Bowie, *Business ethics : A Kantian perspective, op. cit.*

1. La firme devrait, à chaque décision, prendre en compte les intérêts de toutes les parties prenantes concernées.

2. La firme devrait permettre à ceux qui sont affectés par ses règles et ses politiques de participer à leur définition avant que ces dernières ne soient mises en application.

3. Les intérêts de l'une des parties prenantes ne devraient pas prendre le pas sur les intérêts de toutes les autres parties prenantes.

4. Lorsque se présente une situation dans laquelle les intérêts d'une des parties prenantes doivent être sacrifiés pour préserver les intérêts d'une autre, cette décision ne doit pas être prise uniquement en considérant que l'un des groupes de parties prenantes comprend plus de membres qu'un autre.

5. Nous ne pouvons accepter aucun principe qui ne soit pas conforme au principe selon lequel il est impossible de traiter une personne seulement comme un moyen pour arriver à nos fins.

6. Toute firme faisant du profit a un devoir imparfait de bienfaisance à l'égard de la société (le devoir de rendre service à la société).

7. Chaque firme doit élaborer des procédures lui permettant de s'assurer que les relations entre les parties prenantes sont gouvernées par des règles de justice.

Les principes proposés passent-ils avec succès le test de l'impératif catégorique? Le premier se préoccupe du point de vue moral. La moralité est attentive à l'impact de nos actions sur tous ceux qu'elles affectent. Ce principe est nécessaire lorsqu'on considère ceux qui sont affectés par ces actions comme des fins et non comme de simples moyens.

Le second principe est fidèle à l'esprit de la formulation de l'impératif catégorique relative au règne des fins. Chaque membre de l'organisation doit donner son assentiment aux règles qui la gouverneront. Ce principe ne va pas jusqu'à affirmer que les règles doivent être celles qui remportent une approbation universelle. Mais il est vraisemblable que si tous les membres de l'organisation étaient raisonnables au sens kantien du terme ou s'ils agissaient selon le principe d'ignorance de Rawls, qui élimine tout biais, ces règles seraient unanimement adoptées. La prise de décision qui ne s'effectue pas à l'unanimité est une concession à la réalité. Mais ce second principe rapproche l'entreprise de quelque chose qui ressemble à une république idéale. L'adoption d'une telle règle témoignerait d'une vision plutôt radicale, en particulier aux États-Unis, dans la mesure elle viendrait saper un système de management basé sur la hiérarchie.

Le troisième principe est le principe « anti-monopolistique ». Il va à l'encontre de la vision, qui prévaut aux États-Unis, selon laquelle, lorsque les intérêts des actionnaires sont en opposition avec ceux des autres parties prenantes, ce sont toujours les intérêts des actionnaires qui ont la priorité. La pratique consistant à placer les actionnaires en premier viole la seconde formulation de l'impératif catégorique car elle revient à utiliser les autres parties prenantes comme de simples moyens pour parvenir aux fins des actionnaires. La règle consistant à toujours faire passer en premier les actionnaires ne pourrait être proposée comme une règle universelle à l'ensemble des membres de l'organisation. Elle ne le serait pas non plus si l'entreprise agissait selon le principe d'ignorance de Rawls, puisque aucun de ses membres ne saurait s'il occupe ou non la position d'actionnaire.

Le quatrième principe est un principe anti-utilitariste qui concerne la prise de décision au sein de l'organisation. Il est évident que ni Kant ni Rawls n'accepteraient l'utilitarisme comme règle de management de l'entreprise dans la mesure où il autoriserait le sacrifice des intérêts de certaines parties prenantes au profit d'autres parties prenantes, dès lors que le profit total serait maximisé. Cette règle viendrait violer le principe du respect des personnes et ne saurait être acceptée selon le principe d'ignorance de Rawls. Dans la mesure où toute coopération à but lucratif s'intéresse surtout aux profits et dans la mesure où l'on pense que les profits se limitent aux gains financiers, on est forcément attentif au montant du profit. Le principe de différence de Rawls, qui exigerait de toute inégalité qu'elle soit au bénéfice du groupe de parties prenantes le moins bien loti, est trop exigeant dans le contexte d'une firme. Dans cet article, nous apporterons de plus amples développements sur la façon de concevoir les profits et sur la façon de les partager. Quoiqu'il en soit, le quatrième principe apporte des limites à la vision selon laquelle, seuls, les profits importent. Il faut également être attentif à la notion de justice (*cf.* le septième principe).

Le cinquième principe dit simplement que toutes les règles qui gouvernent l'entreprise doivent se conformer à la seconde formule de l'impératif catégorique. Ce principe est, à strictement parler, redondant car, comme je l'ai déjà affirmé, les règles doivent passer avec succès le test des trois formules de l'impératif catégorique. D'un point de vue logique, ce principe n'apporte rien à la stratégie générale mais nous l'incluons dans la liste afin de souligner son importance. Il est d'autant plus nécessaire que de nombreuses règles et procédures ne le respectent pas. Son importance apparaîtra comme une évidence lorsque nous passerons à la partie consacrée à la mise en application.

Le sixième principe peut sembler discutable. Le prix Nobel d'économie Milton Friedman ne l'aurait pas accepté. Cependant, il semble nécessaire d'un point de vue moral, et ce pour un grand nombre de raisons. Rawls affirme qu'une société bien ordonnée est une union d'unions sociales. L'entreprise n'opère pas dans le vide. Son succès dépend de règlementations raisonnables, d'infrastructures solides, d'une main-d'œuvre formée, etc. Ainsi, lorsqu'elles sont considérées comme des institutions sociales parmi d'autres, les entreprises s'insèrent dans le cadre d'une coopération plus large – je dirais même dans un réseau d'obligations mutuelles. Au sein d'un tel réseau, chaque organisation a des missions de bienfaisance qui visent à aider les autres organisations qui y opèrent. Une entreprise serait donc soumise à la même obligation.

Le septième principe est nécessaire en raison de la nature même des organisations. On ne peut pas spécifier à l'avance les règles de gestion d'une organisation, applicables en toutes circonstances. Étant donné les intérêts antagonistes des groupes participant à la vie de l'organisation, on ne peut s'attendre à un consensus sur chacune des décisions qui doivent être prises. En effet, dans certains cas, il semblerait opportun de limiter la participation à la décision aux personnes possédant une véritable expertise dans le domaine. En fait, les organisations sont gérées de façon routinière et selon des processus établis. Tous ces faits naturels pour la vie de l'organisation requièrent un engagement en termes de justice si l'on veut que l'organisation se comporte de façon morale.

Mais qu'implique la justice pour la firme kantienne ? Elle implique tout d'abord que les processus et les procédures soient exemptés de tout biais. La première formulation de l'impératif catégorique kantien exige une absence de parti pris ou, en termes positifs, elle exige des processus et des procédures qui peuvent être défendus publiquement. Elle implique ensuite que les bénéfices de l'activité de l'entreprise soient répartis équitablement. Une des principales critiques sur les pratiques des entreprises aux États-Unis est que les gains de productivité générés par la technologie ont bénéficié de façon disproportionnée aux dirigeants. Les salaires versés aux dirigeants américains sont souvent jugés excessifs. Ce point de vue est partagé par de nombreux membres de la gauche américaine qui plaident pour une réduction des inégalités. Il est également partagé par les partisans de Milton Friedman qui pensent que ces salaires excessifs sont alloués aux dépens des parties prenantes. Un principe fondamental en matière d'équité est que la rétribution devrait être proportionnelle à la contribution. Ainsi, si les employés contribuent deux fois plus à la rentabilité que le capital, les rétributions qui leur sont destinées devraient représenter le double de celles qui reviennent aux actionnaires, ceux qui fournissent le capital [1].

Cependant, la proportionnalité du principe de contribution ne suffit pas à réaliser l'équité. La raison en est que, dans cette entreprise de coopération que constitue une firme, il existe un excédent de production résultant de la coopération. Le profit total obtenu est ainsi supérieur au profit créé par chacun des groupes de parties prenantes impliqués. J'affirme, à la suite de Robert Frank, que cet excédent de production devrait être réparti sur une base égalitaire entre les groupes de parties prenantes qui y ont contribué [2]. Cette affirmation peut prêter à confusion. Certains avanceront que les profits constituent ce qui reste au bout du compte et que ce surplus appartient exclusivement aux actionnaires. Mais du point de vue kantien, ce raisonnement est erroné. Ceux qui fournissent le capital apportent une contribution dès le départ. Ainsi les actionnaires ont droit à une rémunération proportionnelle à leur contribution initiale. Ils ont également le droit de revendiquer une portion de l'excédent, mais pas sa totalité. Celui-ci résulte de l'activité de coopération qui a été entreprise par toutes les parties prenantes. Il devrait donc faire l'objet d'un partage équitable (nous mettons ici de côté le fait qu'une partie de cet excédent est censée être réinvestie dans la firme). Une des façons de le comprendre est de considérer que le surplus du consommateur devrait contribuer à l'augmentation des salaires des employés et à celle des dividendes destinés aux actionnaires. Mais pourquoi ne pas baisser les prix au bénéfice des consommateurs ? Rappelons que les consommateurs ne contribuent pas à la production de cet excédent et n'ont donc pas le droit d'en recueillir une partie. Les consommateurs bénéfi-

1. Un principe de proportionnalité a été très récemment défendu par Robert Phillips, *Stakeholder theory and organizational ethics*, *op. cit.*

2. Pour une défense de ce principe d'égalité, voir R.H. Frank, *Passions within reason : The strategic role of emotions*, New York, W.W. Norton, 1988.

cient d'une baisse des prix lorsque la concurrence entre les firmes conduit à une baisse des prix. Dans une firme, la classe des parties prenantes est plus grande que celle qui contribue à la création de l'excédent de production.

Nous concluons ici notre exposé des sept principes éthiques qui gouvernent la firme kantienne et de leur bien-fondé. Nous allons à présent aborder certaines des implications que l'éthique kantienne impose au management. Les prescriptions kantiennes destinées aux entreprises paraîtront plutôt radicales. J'utilise les sept principes et les trois formules de l'impératif catégorique pour critiquer certaines pratiques de gestion et pour en défendre d'autres. Ce faisant, je m'appuie sur l'idée que ces pratiques sont davantage en adéquation avec les principes normatifs qui sont nécessaires pour faire de la firme un règne des fins.

Un management participatif plutôt que hiérarchique

J'ai soutenu que le management kantien est fondamentalement anti-hiérarchique. Dans le management hiérarchique, les ordres viennent du haut pour aller vers le bas. Le rôle d'une personne se situant dans le bas de la hiérarchie est de faire ce que dit la personne plus élevée hiérarchiquement. Dans ce type de management, le premier devoir est d'obéir aux ordres et la première valeur est la loyauté.

Au contraire, dans un règne des fins, les membres ont le droit, en vertu du second principe, de participer en formulant les règles et les procédures qui gouverneront leur comportement. Le non-respect de ce droit reviendrait à ne pas respecter la force normative des trois formules de l'impératif catégorique. Vouloir une maxime qui puisse être une loi universelle signifie que cette maxime serait acceptée par tous ceux qui se trouveraient dans cette situation. Priver une personne de toute participation revient à la traiter comme un simple moyen, ce qui constitue une violation de l'impératif catégorique. En fait, on ne peut être souverain dans un règne des fins si on ne peut participer aux règles et aux processus qui le gouvernent. La philosophie morale kantienne exige une forme de management participatif.

Qu'est-ce que cela signifie? Il est tout à fait clair que l'«emploi sans contrat» (*employment at will*), qui est pratiqué à grande échelle dans la majorité des États-Unis, ne passera pas avec succès le test kantien. Ce type de contrat de travail dit qu'en l'absence d'un contrat affirmant le contraire, un employé peut être licencié pour n'importe quel motif, qu'il s'agisse d'un bon ou d'un mauvais motif, et même sans aucun motif. Aucun kantien ne peut soutenir un tel principe, dans la mesure où, pour être véritablement une action, toute action doit être sous-tendue par une raison[1]. Une action ne reposant sur aucune raison est une action dont la maxime ne peut être universalisée. Elle viole ainsi la première formule de l'impératif catégorique. Le fait de prendre des décisions sur la base de mauvaises raisons à cause d'un biais, d'une coercition ou simplement parce qu'on fait passer ses propres intérêts avant ceux des autres dans des circonstances où cela n'est pas permis, est également immoral et non conforme à la morale kantienne.

Bien que l'éthique kantienne exclue l'«emploi sans contrat», il existe cependant d'autres types de participation susceptibles de passer avec succès le test kantien. Ni les exigences de la pratique, ni l'éthique kantienne ne requièrent que chaque membre de l'organisation soit consulté sur chaque décision. Je pense que la participation n'exige en rien une consultation directe de l'ensemble des membres. Elle nécessite par contre que les groupes de parties prenantes les plus importants jouissent d'une certaine forme de représentation. J'ai précédemment cité Korsgaard qui voit le règne des fins de Kant comme une république. Le dictionnaire Webster définit la république

1. Pour une défense élaborée de cette vision, voir C.M. Korsgaard, *Self-constitution: Agency, identity, and integrity*, Oxford University Press, 2009.

comme « un État ou une nation dans lesquels le pouvoir suprême repose entre les mains de tous les citoyens qui ont le droit de voter et dans lesquels ce pouvoir est exercé par des représentants élus directement ou indirectement par eux et qui doivent répondre de leurs actes auprès d'eux ». Peut-on raisonnablement faire une analogie entre une république ainsi définie et une organisation gérée comme un règne des fins ? Je pense que l'on peut accorder du crédit à cette analogie. Convenons avec Edward Freeman que le but de l'entreprise est de créer de la valeur pour les parties prenantes les plus importantes. Partons du principe qu'aucune de ces parties prenantes n'a, à l'égard de l'entreprise, priorité sur une autre.

Accepter cette hypothèse ne signifie pas que les actionnaires ne sont pas jugés prioritaires en ce qui concerne les profits. Dans la mesure où on ne limite pas la notion de « valeur » aux profits, si un groupe de parties prenantes reçoit davantage d'une autre valeur, alors il n'est pas nécessaire de répartir les profits de façon égalitaire.

Prenons le cas des consommateurs : s'ils reçoivent, à un prix compétitif, un produit de qualité qu'ils désirent et dont ils ont vraiment besoin, ils obtiennent de la valeur de la part de l'entreprise. Conformément à l'organisation traditionnelle de la société capitaliste, les consommateurs ne reçoivent aucune part des profits et ne sont d'ailleurs pas censés en recevoir. Supposons que l'entreprise offre un emploi qui a du sens pour l'employé. Étant donné le nombre d'heures qu'il consacre à son travail, l'entreprise lui apporte une réelle valeur – dès lors que son emploi apporte du sens à sa vie. Cette valeur vient évidemment s'ajouter au salaire de l'employé. Les actionnaires apportent un capital mais ils ne participent pas à la gestion de l'entreprise. De justes profits constituent le retour légitime sur investissement reçu par les actionnaires pour le risque qu'ils encourent au titre de leur capital. On ne peut que plaindre ceux qui donnent du sens à leur vie par le seul fait de tirer du plaisir de leurs dividendes ou de leurs actions. Il apparaît ainsi évident que le fait de s'engager à respecter l'égalité entre les parties prenantes les plus importantes n'implique pas une égalité dans la répartition des profits. Mais cela oblige à s'engager sur une égalité des valeurs. Nous n'expliquerons pas ici comment une firme capitaliste peut fournir une valeur qui soit égale en ce sens.

Comment les diverses parties prenantes devraient-elles participer ? Plusieurs réponses sont possibles, chacune avec ses avantages et ses inconvénients. Peut-être la réponse adéquate consiste-t-elle en une combinaison des idées mentionnées ci-dessous.

On devrait repenser le conseil d'administration. Peut-être que les groupes de parties prenantes les plus importants devraient y être représentés. Ainsi aurait-on des représentants du personnel, des actionnaires, de la direction, des consommateurs et de la communauté locale. Dans de nombreux cas, on y intégrerait également un représentant des principaux fournisseurs. A ma connaissance, aucune entreprise publique n'est allée aussi loin. Mais en Allemagne les syndicats ont obtenu depuis longtemps le droit de siéger au conseil d'administration.

Une autre façon d'accroître la participation est d'instaurer un dialogue entre les parties prenantes. Les firmes impliquées dans le développement durable l'utilisent souvent comme technique de management. L'Union Européenne et les entreprises qui en font partie ont été des pionnières dans le développement du dialogue entre les parties prenantes. Le but de ces dialogues est d'amener des gens ayant des perspectives différentes, souvent conflictuelles, à s'engager dans un échange afin de trouver une solution qui soit acceptable par tous. Exxon Mobil et Royal Dutch Shell ont toutes deux utilisé les dialogues entre parties prenantes lorsqu'elles ont cherché à construire des oléoducs à l'étranger dans des zones sensibles au niveau environnemental et habitées par des populations indigènes.

Les syndicats constituent l'un des moyens les plus efficaces pour obtenir la participation des employés. Cette idée sera difficilement acceptée aux États-Unis car il y règne un fort sentiment antisyndical. Le nombre de syndiqués, en particulier dans le secteur privé, est très faible. Ce pays possède une longue tradition de relations antagonistes entre syndicats et direction. En Europe la situation est cependant bien meilleure. On y constate une tradition de coopération entre direction, syndicats et gouvernement.

La gestion à livre ouvert (*open book management*) est une technique de management qui contribue grandement aussi bien à la participation des employés qu'à leur satisfaction. Le but du management à livre ouvert est de transformer chaque employé en directeur financier. Dans ce type de management, les employés ont accès aux livres de compte. Ils voient les chiffres, les dépenses, l'impact de certains coûts, comme l'assurance maladie, sur les profits. Cette technique a été mise au point par Jack Stack, directeur financier de Springfield Remanufacturing Company. Il souhaitait que les employés se mettent à penser comme des actionnaires. Munis d'une information complète et dotés d'une motivation adéquate, les employés se comportent de façon responsable sans qu'une échelle hiérarchique de supervision soit nécessaire. John Case, un avocat de la gestion à livre ouvert, l'explique de la façon suivante :

> Comment fonctionne la gestion à livre ouvert? La réponse est simple. Les gens ont l'occasion d'agir, de prendre des responsabilités au lieu de se contenter de faire seulement leur travail… Aucun supérieur ni aucun responsable de département ne peut prendre en charge toutes les situations. Une entreprise qui embaucherait des managers pour le faire se ruinerait en frais généraux. Le management à livre ouvert conduit les gens à faire correctement leur travail. Et cela leur apprend à prendre des

décisions intelligentes… car ils ont la possibilité de voir
l'impact de leurs décisions sur les indicateurs pertinents [1].

Le management à livre ouvert promeut l'autonomie
individuelle, concept essentiel de l'éthique kantienne. A travers
cette promotion de l'autonomie, on encourage également le
respect envers les employés. Un documentaire sur le management à livre ouvert se termine sur une employée exprimant une
idée kantienne. Elle déclare : « Je ne suis pas qu'un nom sur une
carte de pointage, je suis une personne ».

Il existe de nombreuses façons d'obtenir la participation
des différentes parties prenantes. J'ai insisté sur les employés
car une grande partie de leur vie est intimement liée à la firme.
L'expression « management » est généralement un raccourci
pour parler de la « gestion des employés ». Dans une firme
kantienne, on devrait considérer que les employés et les managers forment une équipe et on devrait écouter ce que les
employés ont à dire. Dans ce type de firme, le management
hiérarchique n'est pas encouragé. Pourtant de nombreux économistes ont clamé son efficacité. Mais cette affirmation se base
sur un grand nombre d'hypothèses discutables. On part du principe que les employés posent des problèmes d'agence – au sens
où, si on ne les supervise pas, ils ne rempliront pas leurs missions.
Pour résoudre ces problèmes d'agence, on invente divers
systèmes de motivation – certains d'entre eux, comme l'augmentation du nombre de superviseurs, représentent des coûts de
transaction élevés. Si les employés sont réellement investis dans
leur travail ou s'ils le deviennent, les problèmes d'agence
deviennent beaucoup moins graves et les coûts de transaction
induits par les niveaux de management se trouvent réduits – sans
doute de façon tout à fait remarquable. Les firmes qui mettent en

1. J. Case, *Open Book Management : The coming business revolution*,
New York, Harper Collins Publishers, 1995.

place des techniques comme celle de la gestion à livre ouvert ont plus de chance d'améliorer leur rentabilité.

JUSQU'OÙ LA DIVISION DU TRAVAIL PEUT-ELLE ALLER ?
RÉFLEXIONS SUR ADAM SMITH ET LE TAYLORISME

La division du travail constitue peut-être la plus grande innovation en matière de production. Adam Smith a, de façon très claire, comparé les efforts d'une personne seule fabriquant une épingle avec les résultats obtenus par la division du travail dans une usine d'épingles. Les gains de production se sont révélés exponentiels et la manufacture d'épingles d'Adam Smith est devenue l'une des illustrations les plus célèbres de l'histoire de l'économie. En voici un extrait :

> Un homme qui ne serait pas façonné à ce genre d'ouvrage, dont la *division du travail* a fait un métier particulier, ni accoutumé à se servir des instruments qui y sont en usage, dont l'invention est probablement due encore à la *division du travail*, cet ouvrier, quelque adroit qu'il fût, pourrait peut-être à peine faire une épingle dans toute sa journée, et certainement il n'en ferait pas une vingtaine. Mais de la manière dont cette industrie est maintenant conduite, non seulement l'ouvrage entier forme un métier particulier, mais même cet ouvrage est divisé en un grand nombre de branches, dont la plupart constituent autant de métiers particuliers. Un ouvrier *tire le fil à la bobine*, un autre le *dresse*, un troisième *coupe la dresse*, un quatrième *empointe*, un cinquième est employé à *émoudre* le bout qui doit recevoir la *tête*. Cette *tête* est elle-même l'objet de deux ou trois opérations séparées : la *frapper* est une besogne particulière ; *blanchir* les épingles en est une autre ; c'est même un métier distinct et séparé que de *piquer* les papiers et d'y *bouter* les épingles ; enfin, l'important travail de faire une épingle est divisé en dix-huit opérations distinctes ou environ … Chaque ouvrier … peut être

considéré comme donnant dans sa journée quatre mille huit cents épingles [1].

La division du travail fut rapidement adoptée comme norme dans l'industrie. Frederick Taylor fut l'un de ses partisans les plus enthousiastes. Sous couvert d'une organisation scientifique du travail, il ne cessa de diviser les processus industriels en tâches distinctes qui pouvaient être réalisées individuellement et mesurées afin que les managers puissent avoir une vision réaliste de ce que chaque personne travaillant sur la chaîne était en mesure de faire. Sans aucun doute possible, le management scientifique a permis d'énormes gains de productivité ainsi qu'une amélioration du niveau de vie. Mais ces bienfaits ont également eu un prix et la gestion scientifique du travail a fini par soulever des questions d'ordre éthique. Adam Smith lui-même en était conscient. On en trouve un exemple à la fin de son ouvrage *Recherche sur la nature et les causes de la richesse des nations* :

> Un homme qui passe toute sa vie à remplir un petit nombre d'opérations simples, dont les effets sont aussi peut-être toujours les mêmes ou très approchants, n'a pas lieu de développer son intelligence ni d'exercer son imagination à chercher des expédients pour écarter des difficultés qui ne se rencontrent jamais ; il perd donc naturellement l'habitude de déployer ou d'exercer ces facultés et devient, en général, aussi stupide et aussi ignorant qu'il soit possible à une créature humaine de le devenir ; l'engourdissement de ses facultés morales le rend non seulement incapable de goûter aucune conversation raisonnable ni d'y prendre part, mais même d'éprouver aucune affection noble, généreuse ou tendre et, par conséquent, de former aucun jugement un peu juste sur la plupart des devoirs même les plus ordinaires de la vie privée. Quant aux grands intérêts, aux

1. A. Smith, *Recherche sur la nature et les causes de la richesse des nations*, *op. cit.*

grandes affaires de son pays, il est totalement hors d'état d'en juger ... L'uniformité de sa vie sédentaire corrompt naturellement et abat son courage, et lui fait envisager avec une aversion mêlée d'effroi la vie variée, incertaine et hasardeuse d'un soldat ; elle affaiblit même l'activité de son corps, et le rend incapable de déployer sa force avec quelque vigueur et quelque constance, dans tout autre emploi que celui pour lequel il a été élevé. Ainsi, sa dextérité dans son métier particulier est une qualité qu'il semble avoir acquise aux dépens de ses qualités intellectuelles, de ses vertus sociales et de ses dispositions guerrières. Or, cet état est celui dans lequel l'ouvrier pauvre, c'est-à-dire la masse du peuple, doit tomber nécessairement dans toute société civilisée et avancée en industrie, à moins que le gouvernement ne prenne des précautions pour prévenir ce mal[1].

Il s'agit là d'un réquisitoire surprenant de la part du père du capitalisme. Mais il fait certainement écho chez tous ceux qui ont travaillé sur les chaînes de montage depuis l'époque industrielle – à tout le moins en Occident.

L'avènement de la gestion scientifique du travail à travers le taylorisme n'a fait qu'aggraver les choses. Il est utile de citer ici la description du taylorisme que propose Francis Fukuyama :

(Taylor) essaya de codifier les « lois » de la production de masse en recommandant un degré de spécialisation très élevé qui évitait à chaque travailleur de la chaîne de montage d'exercer un jugement intuitif ou même de faire preuve de compétence... Le but de la gestion scientifique du travail était de structurer le lieu de travail de telle sorte que la seule qualité requise chez l'ouvrier soit l'obéissance. Une usine organisée selon les principes tayloristes diffuse auprès de ses ouvriers le message suivant : on ne leur confiera pas d'importantes responsabilités

1. *Ibid*, V, chapitre 1, section 3, article 2.

et leurs devoirs leur seront exposés sous une forme très détaillée et légaliste [1].

Comme nous l'avons dit précédemment, l'industrie automobile japonaise a depuis longtemps adopté une technique différente pour organiser ses chaînes de montage. On prend grand soin d'instiller un sens du travail en équipe et les ouvriers de l'automobile apprennent différents métiers sur la chaîne de montage. De nombreuses techniques sont utilisées pour que les ouvriers comprennent le produit final et s'identifient avec lui. L'entreprise essaie de faire comprendre à chaque employé qu'il existe un « esprit Toyota » ou un « esprit Honda » et que chacun d'eux fait partie d'un grand tout et n'est pas un simple rouage. De plus, tout employé travaillant sur la chaîne a la possibilité de tirer sur une corde pour arrêter la production s'il constate quoi que ce soit pouvant causer un problème de qualité. Cette façon d'organiser la chaîne de montage permet aux ouvriers d'éviter les dangers qui ont été présentés dans l'exemple de l'usine d'épingles.

De plus, la méthode japonaise d'organisation de la chaîne de montage a été adaptée à travers toute l'Asie. J'ai vu personnellement la façon dont une usine Honda utilise cette méthode en Chine. Cette dernière a démontré sa supériorité par rapport à la chaîne de montage américaine traditionnelle dans la mesure où les voitures américaines ont été largement considérées comme de qualité inférieure à leurs concurrentes japonaises. Pour avoir un récit amusant et distrayant de ce à quoi ressemblent les chaînes de montage américaines, lisez le livre de Ben Hamper, *Rivethead*, ou voyez le film de Michael Moore, *Roger and me*. Par la suite, beaucoup des techniques japonaises furent adoptées en Occident, en particulier lorsque les Japonais construisirent

---

1. F. Fukuyama, *Trust: The social virtues and the creation of prosperity*, New York, Free Press, 1995.

des usines de production en Europe de l'Est puis aux États-Unis.
J'ai visité une usine Suzuki en Hongrie en 1994. J'y ai vu un
employé tirer sur la corde d'arrêt et bloquer la production jusqu'à
ce que le problème de qualité soit résolu. A la fin des années
2010, Toyota a perdu de vue son engagement envers la qualité et
Ford Motor, redevenue compétitive, a tiré profit des difficultés
de Toyota. Même General Motors, aux prises avec de graves
difficultés, a été fière d'obtenir les meilleurs résultats de vente de
voitures en Chine. Les entreprises peuvent perdre de vue leurs
racines kantiennes mais elles peuvent aussi changer en adoptant
une conception kantienne de l'entreprise. Ce qu'il faut retenir
de cet exposé est que la division du travail peut être poussée
trop loin.

La division extrême du travail illustrée par le taylorisme
ne se contente pas d'être inefficace. Elle viole également les
principes fondamentaux de l'éthique kantienne. Affirmer que
la qualité essentielle d'un ouvrier appartenant à une entreprise
industrielle est l'obéissance et que l'absence de réflexion des
ouvriers est une vertu constitue une violation du principe de
respect des personnes. Cela constitue également un rejet du
management participatif et donc une violation des première et
troisième formules de l'impératif catégorique. Les principes de
la gestion scientifique du travail ne peuvent devenir des maximes
universalisables. Les employés n'approuveraient pas un principe
d'obéissance universelle. De plus un tel principe ne serait pas
accepté dans un règne des fins. Rappelons-nous qu'un des exemples donné par Kant dans les *Fondements de la métaphysique des
mœurs* était que l'on devait développer ses propres talents. Les
citations de Smith et de Fukuyama indiquent clairement que,
dans un cas d'extrême division du travail et dans la perspective
de la gestion scientifique du travail, les ouvriers n'auraient pas
la possibilité de développer ces talents. En revanche, le
système japonais de l'organisation industrielle n'est pas loin de

passer avec succès les tests des trois formules de l'impératif
catégorique.

LES CARACTÉRISTIQUES POSITIVES DE L'ENTREPRISE
COMME RÈGNE DES FINS

Nous nous sommes concentrés en grande partie sur les
pratiques de management dont les effets devraient être atténués,
voire éliminés dans le cas d'une firme organisée comme un règne
des fins. Le management hiérarchique et le management scientifique tels qu'ils sont définis par le taylorisme ne passeraient pas
les tests de l'impératif catégorique. D'autre part, j'ai supposé que
le management participatif était une alternative au management
hiérarchique. Au sein du management participatif, j'ai approuvé
la pratique de la gestion à livre ouvert qui encourage la responsabilité individuelle et la prise de décision autonome. Les Kantiens
accordent une grande valeur à l'autonomie de la personne et
détestent la coercition. Je conclurai cet article par un long exposé
de ce qu'est un travail qui a du sens, conçu comme un antidote au
taylorisme et à une extrême division du travail.

Je commence par les huit caractéristiques d'un travail qui
a du sens, lorsqu'on le considère à partir d'une perspective
kantienne [1].

> 1. Un travail qui a du sens est un travail que l'on choisit
> librement.
> 2. Un travail qui a du sens permet à l'employé d'exercer son
> autonomie et son indépendance.
> 3. Un travail qui a du sens permet à l'employé de développer sa
> faculté d'agir comme un être raisonnable.
> 4. Un travail qui a du sens offre un salaire suffisant pour assurer
> le bien-être physique.

---

[1]. Les six premières caractéristiques sont directement tirées de mon article
« A Kantian theory of meaningful work », *op. cit.*

5. Un travail qui a du sens encourage le développement moral des employés.

6. Un travail qui a du sens n'est pas paternaliste dans le sens où il n'interfère pas avec les conceptions de l'employé au sujet de la façon d'atteindre le bonheur.

7. Un travail qui a du sens est social en soi.

8. Un travail qui a du sens contribue à la réalisation de soi.

Il est facile de montrer que ces huit caractéristiques d'un travail qui a du sens sont issues d'une conception élargie de l'éthique de Kant. Il est obligatoire de choisir librement son emploi, ce qui exclut l'esclavage ou la servitude féodale. Mais certains objecteront que la nécessité de travailler pour survivre montre que le travail n'est pas vraiment libre. La grande majorité des gens doit travailler pour survivre. Répondre à cette objection nous plongerait dans un débat profond sur les conditions de la liberté. Cependant, je pense que lorsque la première caractéristique se combine avec les sept autres, la décision de travailler ou de prendre un emploi possédant l'ensemble de ces caractéristiques est une décision libre. Il serait étrange qu'une personne ne veuille pas participer à une institution qui permette amitié, salaire décent, autonomie et réalisation de soi. En effet, un choix qui limiterait l'autonomie et la réalisation de soi serait-il vraiment un choix libre ? Toutefois, cette question montre que toutes ces conditions sont nécessaires pour qu'un travail ait vraiment du sens.

La seconde caractéristique concerne le travail en lui-même et ce qui s'y passe. Chacun doit pouvoir y exercer son autonomie et son indépendance. Les chaînes de montage japonaises respectent parfaitement cette seconde caractéristique. Quiconque travaillant sur la chaîne est en mesure de la stopper. Il existe plusieurs façons de respecter le droit à l'autonomie et à l'indépendance de l'employé. La consultation en est une, de même que le travail en équipe.

Un travail qui a du sens prend en compte l'obligation kantienne de développer les talents de la personne. Et dans la mesure où, pour Kant, une personne autonome est une personne raisonnable, le développement de sa faculté d'agir comme un être raisonnable est partie intégrante d'un travail qui a du sens. Il est vrai que certains ont objecté qu'il existe des types d'activité professionnelle qui ne permettent pas de développer les capacités rationnelles de la personne. Ce genre d'emploi est trop routinier, quoique socialement nécessaire. Je pense que cet argument a une faible portée. Tout d'abord, comment se fait-il que de nombreux métiers soient routiniers, ou plus précisément pourquoi devraient-ils être routiniers? Certains ont suggéré que les métiers relatifs au ramassage des ordures tombaient dans cette catégorie. Mais dans une période caractérisée par une réelle prise de conscience environnementale, une personne engagée dans cette activité peut être encouragée à chercher des manières de rendre le processus de ramassage plus écologique. Ma société de ramassage d'ordures, Waste Management, met en avant sa contribution à la protection de l'environnement. Cherche-t-elle à recueillir des conseils et des idées auprès de ses employés? Si cela est le cas, elle propose des emplois qui aident leurs titulaires à développer leurs capacités rationnelles.

Il faut qu'un travail qui a du sens apporte un salaire décent. Un tel salaire est une condition nécessaire au développement des capacités rationnelles et morales de la personne. Dans la mesure où le développement de ces capacités est une condition néces-saire, ce qui est nécessaire à leur développement devient alors une condition nécessaire. Cela risque d'apparaître comme une façon tortueuse de dire la même chose que les philosophes politiques à propos des droits positifs. En l'absence de tels droits, le droit négatif à la liberté, que tous les libéraux (au sens européen du terme) approuvent, serait de peu de valeur. Il faut également remarquer que les critiques adressées aux ateliers exploitant les ouvriers (*sweatshops*) continuent de souligner la nécessité d'inclure le versement d'un salaire décent à la liste des réformes nécessaires.

Étant donné le lien étroit qui existe chez Kant entre rationalité et moralité, il n'est pas surprenant que le fait de s'engager à proposer un travail qui a du sens implique un engagement à protéger et si possible à accroître les capacités morales des employés. Le taylorisme et une extrême division du travail étouffent la sensibilité morale. C'est pour cette raison que le taylorisme est moralement déficient.

La sixième condition est une injonction à éviter le paternalisme. C'est une chose de soutenir le développement des capacités rationnelles et morales des employés en utilisant des moyens que ces derniers accepteront. C'en est une autre de leur imposer un mode de vie qui leur est étranger, même si cela est fait dans leur intérêt. Oui à la persuasion, non à la coercition. Cela doit être la position par défaut de tout partisan de Kant. J'admets qu'il puisse y avoir ici des nuances. Un employé peut-il être sanctionné par des cotisations plus lourdes au titre de son assurance maladie, simplement parce qu'il refuse d'arrêter de fumer ou parce qu'il est obèse? Je pense que de tels versements exceptionnels sont permis car ce genre de comportement augmente les coûts pour les autres. Ils peuvent donc se justifier sur la base d'une régulation des effets de voisinage. Ce sujet mériterait d'ailleurs des développements ultérieurs.

La septième caractéristique tient parfaitement compte de l'affirmation d'Aristote selon laquelle l'homme est un animal social. En reconnaissant la nature sociale du travail, on prend également en compte l'idée de Rawls relative aux institutions comme unions sociales. Un travail qui a du sens prend en compte la nature sociale du travail et ce dernier devrait avoir une dimension sociale. On perçoit l'aspect social du travail quand on constate que les travailleurs sortent boire un verre ensemble après le travail ou lorsqu'ils se retrouvent le week-end. Mais le travail peut contribuer bien plus à cette dimension sociale et c'est très souvent le cas. Je le répète à nouveau : le travail d'équipe est supérieur à une division du travail extrême car il permet aux employés de travailler ensemble. Il est facile de se moquer des uniformes portés dans les entreprises japonaises, de leurs hymnes d'entreprises et de tout le reste. Mais force est de constater que les Japonais savent comment utiliser la nature sociale du travail pour enrichir la culture d'entreprise ainsi que son identité.

La technologie a permis aux employés de travailler chez eux. Un des bénéfices pour eux est un enrichissement de la vie familiale. Et c'est un point tout à fait positif vu la place centrale qu'occupe la famille dans nos existences. Mais cette possibilité a un prix. Elle peut nuire au développement de liens sociaux forts avec les autres employés tout en empêchant leur propre développement social et en rendant peut-être aussi le travail en équipe plus difficile. Il est nécessaire de mener davantage de recherches sur l'impact du travail à distance sur l'entreprise et sur la santé psychologique des employés.

La dernière caractéristique pourrait être considérée comme une sorte de résumé des sept autres. La philosophie morale kantienne s'intéresse au développement d'un être humain complètement intégré – un sujet autonome, raisonnable, moral, qui se conçoit lui-même comme partie prenante dans des relations de soutien mutuel et de coopération avec les autres. Enfin le travail devrait contribuer pleinement à la réalisation de soi. S'il était organisé et géré pour satisfaire les conditions énumérées plus haut, il aurait du sens car il contribuerait grandement à une réalisation de soi authentiquement humaine. C'est au sein d'une organisation ressemblant à un règne des fins et moralement intègre qu'un tel travail trouve sa place.

CONCLUSION

Tout au long de cet essai, j'ai mentionné de nombreuses pratiques de management qui contribuent d'une façon ou d'une autre à transformer l'entreprise en un règne des fins. Le management participatif est essentiel à l'autonomie de l'employé. La gestion à livre ouvert est une forme de management participatif qui est à la fois conforme à la morale kantienne et très exigeante car elle transforme les employés en directeurs financiers et les amène à penser comme des actionnaires. Le travail d'équipe, les cercles de qualité et le dialogue entre parties prenantes contribuent tous à la constitution d'une firme gouvernée par les principes moraux kantiens. Un travail qui a du sens ne doit pas être compris comme une expression vide de sens. Il peut prendre corps si l'on applique les techniques de management citées plus haut et si l'on évite les mauvaises pratiques telles que le taylorisme et une hiérarchie trop pesante. Les techniques qui relèvent d'un management positif montrent que des firmes organisées comme des règnes des fins ne sont pas inenvisageables dans la pratique. Théorie du management et théorie économique semblent se compléter. Le concept kantien de règne des fins propose un idéal que l'on peut réaliser pour rendre le travail plus digne et plus respectueux des buts et des aspirations des hommes.

Hélas ! les vieilles habitudes ont la vie dure et il est difficile de changer la sagesse conventionnelle. On considère parfois que le type de management présenté ici est trop mou et qu'il ne mérite pas que l'on essaie de le mettre en œuvre, malgré le large éventail de preuves empiriques qui témoignent de l'efficacité générée par beaucoup de ces pratiques pour les entreprises. J'espère que ceux qui ont perçu la valeur de ces pratiques kantiennes de management auront envie d'écrire une nouvelle page de nos vies professionnelles.

Robert C. Solomon

RÔLES PROFESSIONNELS, VERTUS PERSONNELLES : UNE APPROCHE ARISTOTÉLICIENNE DE L'ÉTHIQUE DES AFFAIRES *

Heureusement, nous en avons fini avec cette période désagréable où le titre d'une conférence sur « l'éthique des affaires » suscitait à lui seul – ou plutôt, appelait – des commentaires provocateurs tels que « c'est un oxymore » ou « cette conférence doit être bien courte ». A présent, l'éthique des affaires est parfaitement installée dans les programmes classiques de philosophie proposés dans la plupart des départements universitaires. Mais ce qui est plus impressionnant, c'est de voir

* « Corporate roles, personal virtues : An Aristotelean approach to business ethics », *Business Ethics Quarterly*, 2(3), 1992, p. 317-339. Des versions plus anciennes de cet essai ont été présentées lors de plusieurs conférences : la conférence Ruffin à l'Université of Virginia, la conférence sur l'éthique appliquée à l'University of Bristish Columbia (avec Nick Imparato), la conférence de l'International Association of Business and Society à Sundance, Utah et la conférence du Center of Ethics à l'University of Melbourne. Certaines parties ont été publiées dans quelques-uns des comptes-rendus de ces conférences, et j'ai bénéficié des commentaires et critiques de mes collègues, plus particulièrement de Patricia Werhane, Peter French, Ed Freeman et Tony Coady. Des extraits de cet essai apparaissent également dans mon livre, *Ethics and Excellence, op. cit.* Traduit par C. Laugier.

que l'étude de l'éthique des affaires est conseillée, voire exigée, dans la plupart des meilleures écoles de management d'Amérique du Nord. Elle rencontre même actuellement un succès certain en Europe (il s'agit d'ailleurs là d'un des trop rares exemples d'échange intellectuel dans cette direction). Les études en éthique des affaires ont, à présent, atteint ce que Tom Donaldson a appelé « la troisième vague ». Celle-ci fait suite aux premiers manuels d'initiation souvent bâclés et trop axés sur la philosophie, à une accumulation d'études de cas concrets trop simplistes ainsi qu'à des listes interminables d'engagements pris dans le monde des affaires. Les conférences constituées pour moitié de dirigeants d'entreprise et pour moitié d'universitaires sont désormais courantes. Des études approfondies, basées sur une immersion dans le monde de l'entreprise, comme, par exemple, l'essai percutant de Robert Jackall, *Moral Mazes*, ont remplacé les commentaires simplistes – et extérieurs au contexte – sur le « capitalisme » et la « responsabilité sociale ». L'éthique des affaires a dépassé les arguments sommaires du genre « les affaires et le poker, c'est la même chose », pour se placer sur un terrain où une véritable théorie éthique n'est plus hors de propos mais, au contraire, fortement recherchée et souhaitée.

Aujourd'hui le problème de l'éthique des affaires n'est pas de faire l'objet d'un mépris général. Il réside plutôt dans la confusion beaucoup plus subtile qui règne au sujet de ce que l'individu est supposé faire exactement et au sujet de la façon (pour employer une opposition plus courante) dont la théorie s'applique à la pratique des affaires. En effet, une grande partie du problème vient du fait que l'on ne sait absolument pas à quoi devrait ressembler une théorie au sein de l'éthique des affaires. On ignore également si une telle démarche théorique existe en tant que telle. Généralement, les cours d'éthique des affaires et – qu'ils en soient la cause ou la raison – les manuels les plus classiques commencent par une étude de la théorie éthique. On y trouve donc inévitablement un court résumé de l'éthique de Kant et de l'éthique déontologique, une brève étude de l'utilitarisme avec une ou deux références à John Stuart Mill et une distinction entre utilitarisme de l'acte et utilitarisme de la règle, utilitarisme hédoniste et utilitarisme des préférences. On y présente également la compétition maintes fois reprise que se livrent les deux types de théories. Le monde des affaires étant ce qu'il est, on ajoute souvent un troisième compétiteur : le libertarisme ou une certaine forme de contractualisme. On commence tout naturellement par le concept de « justice » pour finir comme il convient par les droits naturels de propriété de John Locke. Mais est-ce bien là la théorie de l'éthique des affaires ? Non seulement son application aux situations concrètes est loin d'être assurée – et le message transmis aux étudiants consiste trop souvent en un relativisme décomplexé (« si vous êtes utilitariste, vous ferez ceci ; si vous êtes kantien, vous ferez cela ») – mais on peut aussi se demander s'il existe un élément qui caractériserait l'éthique *des affaires*. Nous ne sommes sûrs que d'une seule chose : l'éthique, ou plutôt la théorie éthique, existe, quel que soit son contenu. D'ailleurs, on pourrait presque être tenté de se satisfaire du conseil ironique de Robert Townsend, ancien PDG d'Avis et auteur de *Up the Organization*. Selon lui, il suffit à une firme qui a besoin d'un code éthique d'afficher les dix commandements. Ainsi, forte de son succès actuel, l'éthique des affaires fait face à la fois à une crise de la théorie et à un défi pragmatique, c'est-à-dire à cette double question : qu'est-ce qui vaut comme théorie en éthique des affaires et comment cette théorie s'applique-t-elle et peut-elle être utilisée par des managers en chair et en os dans des situations de la vie réelle qui sont significatives sur le plan éthique ?

Naturellement, une possibilité serait que la théorie qui convient à l'éthique des affaires soit la philosophie économique, c'est-à-dire l'économie conçue comme une philosophie morale, sociale et politique mettant l'accent sur la justice économique. Dans ce cas, les questions théoriques de l'éthique des affaires seraient celles qui ont été soulevées en 1971 par John Rawls dans sa *Théorie de la Justice* et par Robert Nozick dans *Anarchie, État et Utopie* en 1974. Les questions relevant de l'éthique des affaires sont celles qui ont été posées à maintes reprises par Amartya Sen et Jon Elster dans leurs divers ouvrages et articles – comme, de façon plus informelle, par John Kenneth Galbraith et Luster Thurow dans les pages de la *New York Review*. Il s'agit là, bien sûr, d'un domaine riche et prometteur. Les théories sont très développées et, bien qu'elles puissent voir en Kant, Locke et Mill des précurseurs, elles soulèvent des questions qui relèvent du domaine économique. En outre, elles s'interrogent, à propos du système dans son ensemble comme à propos des pratiques concrètes, sur le fait de savoir si le marché libre est vraiment un mécanisme juste et équitable pour la répartition des biens au sein d'un monde très inégalitaire. L'élaboration des théories dont il est question ici et leur mise en forme sont tout à fait remarquables – de par les techniques sophistiquées de la théorie des jeux, de la théorie du choix social et de tous les autres atours qui font qu'une théorie ressemble à une *théorie*. En d'autres termes, on fait en sorte qu'elles puissent être publiées dans les journaux professionnels les plus sérieux afin de permettre la titularisation de leurs auteurs.

Cette théorisation est, cependant, totalement inaccessible aux personnes pour lesquelles nous sommes censés faire de l'éthique des affaires : nos étudiants, les cadres dirigeants et les entreprises auxquels nous nous adressons et pour lesquels nous écrivons. Ici, plus particulièrement, se pose à nouveau le problème du pragmatisme. Comment ces grandes théories des droits de propriété et des mécanismes de répartition, comment ces jugements visionnaires sur l'économie actuelle s'appliquent-ils aux personnes qui sont sur le terrain? Bien sûr, on pourrait affirmer que la même question se pose pour chaque science – et pas seulement dans le domaine des sciences. La difficulté de l'enseignement universitaire est de prendre des matériaux théoriques sophistiqués et de les « édulcorer » pour le commun des mortels ou, plus modestement, de les rendre accessibles par l'utilisation d'une terminologie qui ne soit pas simplifiée à outrance. Mais au-delà de la tentative condescendante que suppose une telle perspective, cette théorisation est également inadéquate pour une raison d'ordre plus théorique, et ce, plus particulièrement, dans les humanités. Les grandes théories de la philosophie de l'économie, aussi intéressantes soient-elles à plus d'un titre, ne conviennent pas à l'éthique des affaires pour des raisons identiques à celles qui font que les théories classiques de Kant, Locke et Mill ne lui conviennent pas. Les théories elles-mêmes sont incomplètes – elles ne prennent pas en compte le contexte réel des affaires – et indifférentes aux rôles très particuliers que jouent les gens au sein de l'entreprise. Leur inaccessibilité pour le manager ordinaire qui travaille dans un bureau ou dans un atelier, ou le fait qu'il soit incapable de les appliquer, n'est pas seulement un problème d'ordre pratique. Il s'agit également d'un échec inhérent à la théorie. C'est en tout cas la thèse que j'aimerais défendre ici. Les spécialistes de l'éthique des affaires ont cherché la théorie au mauvais endroit et ont, par conséquent, trouvé et développé les mauvaises théories.

L'APPROCHE ARISTOTÉLICIENNE DE L'ÉTHIQUE DES AFFAIRES

Les économistes et les théoriciens de l'économie ont naturellement tendance à étudier les systèmes et les théories sur les systèmes, alors que les théoriciens de l'éthique ont tendance à étudier le comportement individuel, ses motivations et ses conséquences. Aucune de ces approches ne convient à l'éthique des affaires. Par conséquent, un de ses problèmes est de définir *le champ* et *le centre d'intérêt* des disciplines en question ainsi que l'objet d'étude approprié et la bonne *unité* du discours. Une grande partie du travail mené en éthique des affaires est centré sur des « études de cas » qui concernent presque toujours une ou plusieurs personnes particulières se retrouvant face à une crise ou à un dilemme particulier dans le contexte d'une entreprise particulière dans un secteur particulier. Bien sûr, les valeurs morales des individus sont ici importantes, mais ce n'est pas sur elles que se focalise généralement l'attention. Il va de soi que l'économie est un élément essentiel au débat – puisque la finalité de l'entreprise est, après tout, de développer une activité commerciale. Mais le désir de dégager un bénéfice est considéré comme allant quasiment de soi alors que notre attention est attirée vers d'autres valeurs. Dans la mesure où les théories de l'éthique des affaires ont tendance à provenir soit de l'éthique individualiste, soit de l'économie, elles n'ont rien à voir avec la méthode des études de cas qui semble, quant à elle, souvent tout à fait inadéquate pour induire des conséquences et tirer des conclusions plus générales dans le domaine des affaires. Cela explique également pourquoi la théorie, dans le champ de l'éthique des affaires, est tellement en retard sur les théories de l'éthique et de l'économie. Dans cet article, je souhaite commencer à développer une approche plus appropriée à la théorie dans le champ de l'éthique des affaires : une théorie centrée sur *l'individu au sein de l'entreprise*. Pour des raisons qui apparaîtront évidentes à ceux qui ont suivi mon cours en Histoire de l'éthique, c'est ce que j'appelle « l'approche aristotélicienne de l'éthique des affaires ».

Dans mon livre *It's Good Business*, j'avais déjà établi une distinction entre la macro-éthique, la micro-éthique et l'éthique « globale ». Comme vous l'avez sans doute déjà compris, j'ai choisi de défendre l'importance souvent négligée de la micro-éthique des affaires, c'est-à-dire les concepts et les valeurs qui définissent les responsabilités individuelles et le comportement lié au rôle. Je m'oppose en cela aux théories déjà bien développées au sein de la macro-éthique des affaires – elles énoncent des principes et des politiques qui gouvernent ou devraient gouverner l'ensemble de notre système de (re)distribution et de récompense. On pourrait dire qu'en éthique pure, on a choisi une démarche inverse en ignorant le cadre social anthropologique plus large au profit de l'autonomie, des droits et du bien-être individuels. La distinction entre micro et macro est empruntée aux sciences économiques. Elle se veut équivalente à la dichotomie similaire qui existe en économie. J'ai affirmé par ailleurs que les sciences économiques sont une branche de l'éthique, mais ceci est une autre histoire[1]. Cependant, cette distinction, vestige de l'époque de Lord Keynes, ne convient pas non plus. Quand on s'intéresse de nos jours au commerce, l'objet d'étude central (c'est-à-dire « global ») n'est ni l'entrepreneur, ni le consommateur, ni le vaste système qui existe toujours sous le nom désuet, datant du XIXe siècle, de « capitalisme ». C'est l'*entreprise*, un type d'entité qu'Adam Smith mentionne à peine dans quelques phrases méprisantes (et qui intéressait encore moins Keynes). Bien que je continuerai à soutenir que l'entité qui assume les responsabilités demeure l'individu, celui-ci, dans le monde des affaires d'aujourd'hui, n'opère pas dans un vide social. Il est bien plus qu'un employé – qu'il soit magasinier ou directeur financier – et pour le comprendre nous devons partir de l'unité de base qu'est l'entreprise et dont le but premier est « de gagner de l'argent ». La théorie en éthique des affaires devient ainsi la théorie qui décrit et étudie les individus dans (et hors) de

1. Cf. *Business and Society Review*, 1984. R.C. Solomon, K.R. Hanson, *It's good business*, New York, Atheneum, 1985, trad. fr. S. Marnat, *La morale en affaires : clé de la réussite*, Paris, Les Éditions d'Organisation, 1989.

leurs rôles dans l'entreprise, ainsi que le rôle des affaires et des entreprises dans la société. Dans les entreprises, les personnes sont, en fin de compte, responsables en tant qu'individus. Mais elles sont responsables en tant qu'individus situés dans un cadre collectif dans lequel leurs responsabilités sont au moins en partie définies par leurs rôles et leurs missions au sein de la firme et, bien sûr, par « les résultats financiers ». Les entreprises sont à leur tour définies par leur(s) rôle(s) et leurs responsabilités dans la communauté plus large où elles opèrent. Les résultats financiers ne représentent qu'une préoccupation interne à l'entreprise (puisque l'entreprise doit rester dans le monde économique et que les actionnaires sont supposés conserver leurs actions) et n'ont que peu d'importance pour la plupart des gens.

L'autre façon de présenter ce point essentiel est de faire remarquer qu'une grande partie de l'éthique des affaires actuelle se focalise sur les questions de *politique* – ces vastes questions au sujet de la régulation publique et du bien-fondé de l'intervention gouvernementale, par exemple dans les secteurs en difficulté et dans les programmes de discrimination positive (*affirmative action*) ainsi que dans toutes les pratiques et tous les problèmes généraux des entreprises comme le contrôle de la pollution, l'opacité et le mensonge dans la publicité, la sécurité juridique en matière d'emploi et la responsabilité sociale des entreprises envers les communautés présentes dans leur environnement. Bien entendu, tout ceci convient parfaitement aux philosophes et à tous ceux qui observent les faits sociaux. Ils jouissent du luxe de pouvoir se tenir à l'écart des pressions du monde des affaires, ce qui leur permet d'étudier l'ensemble du paysage. Loin de moi l'idée de suggérer ici l'abandon de tout intérêt pour les questions de politique au profit d'un intérêt atomiste et sans doute narcissique pour l'intégrité des personnes. Mais je pense vraiment que, dans notre effort pour fournir des solutions impersonnelles à de grandes questions, d'apparence impersonnelle, nous nous sommes servis du discours d'ordre politique à des fins d'exclusion. C'est dans ce but que l'on a eu recours aux théories éthiques traditionnelles – en particulier au déontologisme kantien et à l'utilitarisme : pour qu'elles apportent leur soutien à l'une ou l'autre de ces questions, qu'elles se situent au-delà de l'objectif de résultat financier ou qu'elles le mettent en débat (lorsque profits et politique publique sont en accord, il n'y a, bien sûr, aucun besoin de débat[1]). Mais ce qu'oublient finalement ces études et ces arguments bien établis, c'est le sens des valeurs et de l'engagement *personnel* qui convient. Dans nos cours sur l'éthique des affaires, nous insistons trop sur les débats d'ordre politique et sur les grandes théories qui soutiennent une position ou une autre. Mais le véritable problème avec ces débats d'ordre politique est que peu de personnes dans le monde des affaires, et encore moins parmi nos étudiants, savent quoi en faire, mis à part en discuter et, peut-être, prendre conscience du fait qu'ils pourraient bien être un jour les victimes de l'une des politiques en question. Le président du conseil d'administration aura, lui, un intérêt tout à fait réel à discuter des problèmes d'ordre politique et à les résoudre, de même que les membres d'une commission gouvernementale. Mais les débats d'ordre politique

1. En effet, le problème le plus important qui se pose dans l'enseignement de l'éthique des affaires est le fait que l'on insiste sur un faux antagonisme entre profits et responsabilité sociale, peut-être (du côté des philosophes) afin que le débat se poursuive. La recherche de solutions pour faire des profits serait une voie bien plus féconde, mais cela nécessiterait de quitter les hauteurs des théories abstraites pour descendre vers le monde désordonné et confus des pratiques concrètes, de la technologie, du marketing et du politique. Il s'agit du même vieux problème de l'égoïsme qui existe dans le champ de l'éthique (comme chez Hobbes et Butler il y a trois siècles), mais révisé au niveau de l'entreprise. Il présuppose une opposition artificielle entre l'intérêt personnel et l'intérêt commun. Et il se confronte à l'impossibilité de situer la motivation en vue d'une action mutuellement intéressée.

ne parlent pas vraiment au manager ordinaire, ni d'ailleurs au dirigeant et encore moins à l'étudiant poursuivant des études de commerce. Ce qui manque à l'éthique des affaires, c'est une description de la dimension *personnelle* de l'éthique. Par conséquent, je veux défendre une éthique des affaires plus tournée vers la personne, ne se résumant pas seulement à une politique publique, à une philosophie abstraite « appliquée » ou à un sous-produit des sciences sociales. Mais cette conception de l'éthique des affaires ne se réfère pas à la « personne » dans une perspective « privée » ou « subjective ». Il s'agit plutôt d'une conscience de soi élargie, un sens de soi-même comme composante intime (mais bien distincte) du monde des affaires, dotée d'un sens aigu des vertus et des valeurs de ce monde. C'est une éthique qui n'engage pas les valeurs de la personne en tant que telle mais qui engage plutôt les valeurs que les personnes possèdent en tant que membres d'une organisation – qui peut être d'une très grande taille – à laquelle elles ont juré loyauté et dans laquelle l'honneur de chacun, ainsi que sa capacité à réussir, sont en jeu. Il s'agit là d'une éthique aristotélicienne précisément parce qu'elle suppose l'appartenance à une communauté – une communauté ayant des buts communs et une mission déclarée, à savoir produire des biens et/ou des services de qualité et, pour les actionnaires, réaliser des bénéfices.

De tous les philosophes, Aristote est surtout connu pour avoir insisté sur la nécessité de cultiver les vertus. Mais n'est-ce pas inapproprié, sinon pervers, d'associer Aristote à l'éthique des affaires? Aristote fut, en fait, le premier économiste. Il a dit beaucoup de choses sur l'éthique des échanges, ce qui pourrait lui valoir également le titre de premier théoricien (connu) de l'éthique des affaires. Mais Aristote distingua deux sens différents à ce que j'appelle l'économie : d'abord l'« oikonomikê », ou économie domestique, qu'il approuvait et considérait comme essentielle au fonctionnement de toute société, même peu complexe ; ensuite la « khrêmatistikê », ou chrématistique, le commerce en vue du profit. Aristote déclara que cette dernière activité est totalement dépourvue de vertu et traita de « parasites » ceux qui s'engageaient dans une pratique aussi purement égoïste. Tout commerce était, selon lui, une forme d'exploitation. Telle était sa vision de ce que j'appelle « les affaires ». En fait, les attaques d'Aristote contre la pratique répugnante et improductive de l'« usure » et contre le vice personnel de l'avarice restèrent tenaces jusqu'au XVIIe siècle. Seuls des étrangers en marge de la société, des citoyens peu recommandables, se lancèrent dans de telles pratiques (le Shylock de Shakespeare dans *Le Marchand de Venise* était un étranger de ce type et un usurier, bien que sa conception du gage fût quelque peu inhabituelle). On peut affirmer qu'Aristote n'avait pas pris la mesure de l'importance de la production et qu'il fondait entièrement ses vues sur un désir typiquement aristocratique d'acquérir des richesses. Ainsi introduisait-il, dans sa vision de l'économie, un mode de pensée semblable à un jeu à somme nulle qui n'était en aucun cas justifié[1]. Bien sûr on peut aussi reprocher à Aristote, comme à son maître Platon, d'avoir été le porte-parole de l'aristocratie et d'avoir fait preuve d'injustice envers le commerce et envers le gagne-pain des étrangers et des roturiers[2]. Aristote est à l'origine de cette partie importante de l'éthique des affaires qui consiste à attaquer les affaires et leurs pratiques. Les préjugés aristotéliciens sont à la base de beaucoup des critiques formulées sur le monde des affaires et du mépris pour la finance qui préoccupe tant, encore de nos jours, la morale chrétienne, nonobstant l'avarice des protestants. Même les défenseurs du

1. A. Flew, « The profit motive », *Ethics*, 86(4), 1976, p. 312-322.

2. M.G. Velasquez, « Comment on Joanne Ciulla », *in* E. Freeman (ed.), *Business and the Humanities*, 1989, Ruffin lectures, Oxford University Press, 1990.

monde des affaires finissent souvent par admettre les préjugés aristotéliciens dans des termes pyrrhoniens tels que « les affaires ressemblent au poker et n'ont rien à voir avec la morale de la vie quotidienne »[1] (Albert Carr) et « la (seule) responsabilité sociale de l'entreprise est d'accroître ses profits » (Milton Friedman)[2]. Mais c'est justement ce schisme entre les affaires et le reste de la vie qui mettait Aristote en colère, car pour lui la vie était censée former un tout cohérent. C'est cette même conception holistique, selon laquelle les gens qui prennent part aux affaires et les entreprises font avant tout partie d'une communauté plus large, qui est à l'origine de l'éthique des affaires contemporaine. Je ne peux plus accepter l'idée amorale que « les affaires sont les affaires » (qui n'est pas une tautologie mais un prétexte pour se montrer insensible). Selon Aristote, il faut que chacun se pense comme membre d'une communauté plus large, la *Polis*, et qu'il s'efforce d'exceller, de découvrir ce qu'il y a de meilleur en lui-même et dans les projets coopératifs auxquels il prend part. Ce qu'il y a de mieux en nous – nos vertus – est à son tour défini par cette communauté plus large. Il n'y a donc pas d'antagonisme entre l'intérêt personnel et un bien public supérieur. Bien entendu, les entreprises n'existaient pas en ce temps-là, mais Aristote comprendrait sûrement ce que je veux dire lorsque j'affirme que, dans le monde des affaires, la plupart des gens s'identifient à présent – même de façon ténue – à leur entreprise et que les politiques d'entreprise, et encore moins les codes éthiques d'entreprise, ne suffisent pas en eux-mêmes à constituer une éthique. Mais les entreprises ne sont pas des cités-États isolées – pas même la plus grande et la plus puissante des multinationales (ce

---

1. A.Z. Carr, « Is bluffing ethical ? », *op. cit.*

2. M. Friedman, « The social responsibility of business is to increase its profits », *The New York Times Magazine*, 13 septembre 1970.

qui vient contraster l'image d'« État souverain d'ITT [1] »). Elles font partie intégrante d'une communauté globale plus vaste. Les gens qui travaillent pour elles sont ainsi citoyens de deux communautés à la fois et l'on pourrait penser que l'éthique des affaires doit traiter directement de cette double citoyenneté. Ce dont j'ai besoin ici, c'est de cultiver une façon particulière de nous penser nous-mêmes dans le contexte de l'entreprise et en dehors. Tel est le but de la théorie éthique relative à la vie des affaires telle que je la conçois. J'insiste sur le fait qu'elle n'est pas anti-individualiste, quel que soit le sens de l'« individualisme » que l'on estime devoir défendre. Le point de départ de l'approche aristotélicienne de l'éthique des affaires est l'idée que ce sont la vertu et l'intégrité individuelles qui comptent : une bonne entreprise et une bonne politique sociale en découleront naturellement. Une bonne entreprise et une bonne politique sociale sont à la fois les pré-conditions et le résultat du fait de cultiver ces vertus avec soin et de les encourager.

A quoi doit-on opposer cette approche aristotélicienne ? D'abord, je veux la mettre en contraste avec les politiques publiques sur lesquelles on insiste tant et dont j'ai déjà parlé ici. Au Texas, pour prendre un exemple local [2], l'école de management ne peut se résoudre à l'idée d'un cours d'éthique des affaires et mon propre cours en éthique des affaires, de nature philosophique, était (jusqu'à l'année dernière) répertorié dans le département « management » en tant que « cours de politique publique et sociale ». Je n'ai rien contre les études politiques, bien sûr, et je ne veux en aucun cas insinuer qu'il faille les remplacer ou s'en débarrasser. Mais les décisions politiques ne

---

1. ITT : *International Telephone and Telegraph*, multinationale américaine. (N.D.T.)

2. L'auteur a été professeur à l'Université du Texas à Austin de 1972 à 2007. (N.D.T.)

sont généralement pas prises par des gens comme nous. Nous sommes même très rarement appelés à voter à leur sujet ou à en parler. Pour le manager de base ou même pour la majorité des dirigeants, la plupart des questions de politique sont des sujets de discussion de fin de repas qui viennent sur le tapis en réaction à un *fait accompli*[1]. De plus, il manque aux décisions de nature politique un élément tout à fait essentiel à l'éthique, et ce dans pratiquement tous les cas de figure : la responsabilité personnelle. Les problèmes éthiques auxquels le manager moyen est confronté sur le terrain sont des problèmes de prise de décision de routine qui concernent le personnel et l'administratif. Il ne s'agit pas de problèmes d'ordre politique. Certains sont dus à des tentations – une offre concurrente attractive, un pot-de-vin opportun, une relation personnelle ou un préjugé à l'encontre d'un employé. D'autres relèvent des conflits de devoirs, des messages contradictoires, des loyautés croisées. Pour la plupart d'entre nous, l'éthique des affaires commence par un conflit de rôles au sein d'une organisation, par la mise en œuvre de politiques ou de décisions qui ne sont pas de notre fait et qui sont souvent contraires à nos convictions. Quoi que l'éthique des affaires puisse impliquer, et aussi sophistiquées que puissent devenir ses théories, elle suppose de savoir que même de telles décisions (et leurs conséquences) sont néanmoins nos décisions, des décisions avec lesquelles nous devons vivre. L'éthique n'est pas seulement un sujet réservé aux conseils exécutifs, aux comités de planification et aux responsables gouvernementaux. Elle nous concerne tous car elle intervient dans les détails de nos vies quotidiennes comme dans leurs épisodes les plus dramatiques.

L'approche aristotélicienne doit également être mise en contraste avec cette obsession de l'éthique, vieille de deux cents

1. En français dans le texte original. (N.D.T.)

ans environ, qui considère que tout ce qui a de l'importance est une question de *principes rationnels*, de « moralité » dans le strict sens kantien de devoir envers la loi morale. Cela ne veut pas dire que l'éthique aristotélicienne se passe de toute rationalité ou, en l'occurrence, de principes ou de la notion de devoir. Mais Aristote affirme tout à fait clairement que ce qui compte est de cultiver notre caractère, bien avant que nous commencions à « rationaliser » nos actions. De plus la formulation de principes généraux (à travers son « syllogisme pratique », expression maladroite devenue célèbre) ne constitue pas une étape explicite en vue d'un comportement correct et vertueux en tant que tel mais plutôt la formulation d'un philosophe sur ce que signifie « agir rationnellement »[1]. Et ce qui nous semble le plus important pour notre propos, c'est le fait que les devoirs soient, eux aussi, définis par le rôle qui est le nôtre au sein d'une communauté, par exemple une entreprise, et non par une quelconque ratiocination abstraite, par un principe de contradiction ou par des formulations *a priori* de l'impératif catégorique. Kant, qui fut un penseur extraordinaire, a montré quelques signes de faiblesse en éthique. Tout est parfaitement élégant, brillant même, jusqu'à ce qu'on pénètre dans une salle de séminaire remplie d'une douzaine de managers d'entreprise intelligents et impatients d'entendre ce qu'il y a de nouveau sur la scène de l'éthique des affaires et ce qui pourra leur servir. C'est alors que nous leur disons : ne mentez pas, ne volez pas, ne trichez pas – des affirmations élaborées et soutenues par le raisonnement le plus archaïque et le moins économétrique jamais toléré dans un centre de formation d'entreprise. Mais le problème de l'approche kantienne n'est pas qu'il est difficile de la mettre en pratique. Son

1. Ceci a été le sujet d'un débat considérable. Voir notamment G.E.M. Anscombe, *Intention*, Ithaca, Cornell University Press, 1957, et J.M. Cooper, *Reason and human good in Aristotle*, Indianapolis, Hackett, 1986.

problème vient du fait que ce n'est pas avec ce genre d'approche qu'on fait de l'éthique. L'ennui est que cette approche détourne notre attention de ce que j'appellerais les sujets « stimulants » de l'éthique des affaires (ses « aspects incitatifs ») et nous empêche de mettre l'accent sur l'« excellence » (un mot très utilisé par Aristote aussi bien que par Tom Peters et ses millions de lecteurs). Elle détourne l'attention essentielle que l'on doit porter à un individu en chair et en os occupant un rôle important dans une organisation productive, pour la diriger vers une moralité abstraite qui transcende la notion de rôle. Or une telle moralité se trouve nécessairement dans l'incapacité d'apporter des solutions à la plupart des questions et à beaucoup des raisons d'agir dont on entend tellement parler dans le contexte de l'entreprise.

L'approche aristotélicienne doit également être mise en contraste avec cette théorie éthique rivale appelée « utilitarisme ». J'aurais beaucoup à dire sur l'utilitarisme, sa vulgarisation permanente et l'humanisme oublié que lui confère John Stuart Mill, mais je ne le ferai pas ici. Pour le moment, je souhaite seulement souligner que l'utilitarisme partage avec Kant ce besoin systématique de recourir aux principes et à la rationalisation et de se montrer indifférent à l'égard de la responsabilité individuelle et de la formation du caractère (John Stuart Mill se dispense lui-même d'une partie de ce problème dans le dernier chapitre de *L'utilitarisme*, mais j'ai promis de ne pas en parler ici). Mais je peux imaginer qu'un bon existentialiste se plaindrait, plutôt à juste titre, du fait que la finalité de toutes ces « procédures de décision » en éthique soit précisément de neutraliser totalement l'inconvénient que constitue la responsabilité personnelle, en recourant pour chaque décision à la « procédure » plutôt que de prendre ses propres responsabilités. Bien entendu, je ne suis pas en train de nier l'importance de l'intérêt que l'on doit porter au bien public ou l'importance de la prise en compte, pour toute décision politique majeure, du nombre de personnes qui vont en profiter ou en pâtir. Mais je prends très au sérieux les problèmes de mesure et d'incommensurabilité qui ont, depuis Bentham, nourri les critiques les plus fréquentes envers l'utilitarisme. D'autre part, il existe des considérations parfois bien plus fondamentales que l'utilité publique – ne serait-ce que parce que, dans la plupart de nos actions, l'impact sur l'utilité publique est tellement faible par rapport à l'importance qu'elles ont sur notre sens personnel de l'intégrité, et sur le fait « de faire ce qui est bien », que cet impact devient un élément négligeable au sein de nos délibérations.

Je distinguerais également l'approche aristotélicienne de l'éthique des affaires de toutes ces approches qui insistent avant tout sur les droits, qu'il s'agisse des droits de la libre entreprise en tant que telle, des droits de l'employé, du consommateur ou de la communauté, et même des droits civils. Je répète que je ne souhaite en rien nier la pertinence des droits pour l'éthique ou le caractère essentiel des droits civils mais je pense que nous devrions nous souvenir que le discours sur les droits n'a jamais eu pour but d'éclipser le discours sur les responsabilités. Je pense que l'éthique des affaires devrait déplacer l'importance qu'elle accorde au fait d'*avoir* des droits vers le fait de *reconnaître* les droits des autres. Mais je ne suis pas sûr qu'il ne serait pas alors aussi bien, voire mieux, de l'exprimer en disant qu'il existe toutes sortes de choses qu'une personne vertueuse devrait ou ne devrait pas faire aux autres[1]. Bien sûr, le fait qu'Aristote défende l'esclavage dans *La Politique* devrait suffire à nous convaincre que nous avons encore besoin du langage des droits, même si nous disposons d'un langage des vertus complètement élaboré. Le problème avec l'éthique de la vertu est qu'elle a tendance à n'avoir qu'une portée locale et ethnocentriste. Pour être corrigée,

---

1. E. Wolgast, *A grammar of justice*, Ithaca, Cornell University Press, 1987.

elle a donc besoin du langage des droits et d'un sens général de l'utilité.

Il apparaîtra évident à beaucoup que je défends – ou que je suis sur le point de défendre – une version de ce qui a été récemment appelé « éthique de la vertu ». Je tiens, cependant, à prendre mes distances avec beaucoup des choses qui ont été défendues récemment sous ce nom. Tout d'abord, je tiens à rejeter les versions de l'éthique qui voient les vertus comme de simples exemplifications des principes abstraits de la moralité. Cette analyse a notamment été longuement défendue par William Frankena et Kurt Baier, qui sont tous deux des défenseurs émérites du « point de vue moral »[1]. Mais si, par exemple, être un honnête homme ou une honnête femme ne revient qu'à obéir au principe général de type kantien « ne pas mentir », si être respectueux consiste en une application consciencieuse de la formulation de l'impératif catégorique relative aux fins et aux moyens (Kant lui-même n'a jamais soutenu cette idée), si le sens de l'intérêt général est une expression du principe utilitariste, alors ce n'est absolument pas ce que j'ai en tête, ni ce que pensait Aristote. Être plein d'esprit ou noble (deux vertus aristotéliciennes qui ne sont pas suffisam-ment prises au sérieux par nos contemporains) ne revient pas à exprimer ou à appliquer certains principes – mais ce n'est pas non plus le cas du courage, de la tempérance ni même de la justice (contrairement à ce que disent Rawls et beaucoup de nos plus éminents spécialistes actuels des sciences sociales). Pour reprendre l'exemple de notre bon existentialiste, je l'entends dire d'ici, probablement en français, que les jugements personnels de chacun précèdent, plutôt qu'ils ne suivent, les déclarations éthiques abstraites. Bien sûr, ceci n'est pas très aristotélicien (Aristote n'était pas existen-tialiste) mais, modifiée, cette affirmation devient une idée

---

1. W.K. Frankena, *Ethics*, 10ᵉ éd., Englewood Cliffs, Prentice-Hall, 1987.

aristotélicienne tout à fait acceptable : le choix et le caractère sont cultivés en premier lieu, l'éthique philosophique – si on a la chance d'étudier dans la bonne école – vient après. La théorie en éthique des affaires consiste, en partie, en cette simple réflexion sur le développement des bonnes vertus et sur leur nature.

Je souhaite également prendre mes distances avec quelques-uns des aspects désormais familiers de ce qui a été défendu sous le nom d'éthique de la vertu, en particulier la nostalgie plutôt dangereuse pour la « tradition » et la « communauté » qui est exprimée, entre autres, par Alasdair MacIntyre et Charles Taylor[1]. Bien entendu, l'approche aristotélicienne présuppose un certain sens de la communauté, dont je souhaite souligner l'importance. Mais il y a une différence entre la communauté plus ou moins unique, apparemment homogène, autonome (et très élitiste) qu'Aristote considère comme allant de soi, et les communautés nostalgiques (purement imaginaires selon moi) que décrivent ou auxquelles font allusion de récents partisans de l'éthique de la vertu. Celles-ci sont souvent définies par une solidarité religieuse empreinte de naïveté et par l'espoir irréaliste qu'un consensus peut être obtenu en leur sein. Aucune théorie adéquate de l'éthique ne peut ignorer ou désirer l'élimination du pluralisme et des différences culturelles qui caractérisent presque toute communauté réelle. Même la plus petite entreprise sera déchirée par des différences professionnelles et des diffé-rences liées aux rôles. Elle sera aussi traversée par des tensions dues à des différences culturelles et à des disparités entre les personnes. Les cultures d'entreprise, comme la culture ou les cultures en un sens plus large, sont définies par leurs différences et par leurs désaccords comme par la recherche d'un but

1. A. MacIntyre, *Après la vertu. Étude de théorie morale*, *op. cit.* ; C. Taylor, « The nature and scope of distributive justice », *in* F. Lucasch, *Justice and equality*, Ithaca, Cornell University Press, 1986.

commun, par une menace extérieure ou par la concurrence. De plus, aucun discours en faveur du concept de culture d'entreprise ne peut ou ne devrait oublier que les entreprises font toujours partie d'une culture plus grande et ne représentent pas elles-mêmes des cultures fermées. Et pourtant, bien loin de la nostalgie abstraite qui caractérise une grande partie de la fascination actuelle pour la « communauté », beaucoup d'entreprises modernes semblent précisément représenter une telle communauté. Contrairement à beaucoup de communautés, elles jouissent d'un sens partagé du *telos*. Elles privilégient de façon remarquable et presque militaire la loyauté et, malgré la rhétorique de la compétition, elles inspirent et exigent, avant toute chose, le travail d'équipe et la coopération. Les entreprises sont de véritables communautés, ni idéales ni idéalisées, et sont donc le lieu parfait pour commencer à comprendre la nature des vertus.

On a parfois suggéré, dans la littérature, que l'éthique de la vertu est une éthique plus « féminine » que les éthiques kantienne ou utilitariste, qui sont dépendantes des règles. Je ne suis pas d'accord. Je souhaite donc prendre mes distances avec certains des récents écrits féministes – y compris avec le travail d'une de mes meilleures étudiantes – qui a établi le contraste aigu existant entre les bonnes vertus féminines du *care* et du souci d'autrui, et les principes masculins oppressifs, impersonnels et bellicistes fondés sur la justice et le devoir[1]. Je suis tout à fait d'accord avec le changement de priorité, qui se déplace de la justice kantienne à la compassion et au *care*. Mais je n'ai pas l'intention de fournir une arme supplémentaire à l'éternelle guerre entre les sexes. Il me semble qu'Aristote – que l'on ne peut taxer de féminisme – a beaucoup de choses à dire sur les vertus, qui ont peu à voir ou qui sont sans rapport avec le fait (reconnu comme important) que

1. C. Calhoun, « Justice, care, gender bias », *Journal of Philosophy*, 85(9), 1988, p. 451-463.

l'on est un homme ou une femme. Peut-être que, comme l'ont récemment affirmé certains auteurs, le nombre croissant de femmes occupant des postes de direction importants modifiera-t-il l'éthique de la vie des affaires américaine. Je n'ai pas encore vu la preuve de cette affirmation prometteuse, mais je crois que l'importance que l'on accorde aux vertus (y compris les vertus soi-disant « féminines ») ne devrait pas être soumise aux distinctions de genre.

LES SIX DIMENSIONS DE L'ÉTHIQUE DE LA VERTU

Qu'est-ce qui définit l'approche aristotélicienne de l'éthique des affaires ? Quelles sont ses dimensions essentielles ? Le sujet est vaste, puisqu'il va des questions philosophiques générales, telles que « qu'est-ce qu'une vertu ? » et « quel est le rôle des vertus en éthique et pour la vie bonne ? », jusqu'à des questions tout à fait spécifiques sur les vertus, y compris celles dont on suppose la présence dans les affaires – par exemple la loyauté, la fiabilité, l'intégrité, la perspicacité et l'« inflexibilité » (*toughness*). Mais je n'apporterai ici qu'un début de réponse à ces questions générales et me contenterai de parler d'une partie de ces vertus particulières. Mon but est, dans un premier temps, de circonscrire en quelques mots le débat sur les vertus dans l'éthique des affaires grâce à la prise en compte de six dimensions. Ces dernières sont généralement sous-estimées dans les discussions sur l'éthique, qui sont plus abstraites et tournent souvent autour des principes. Elles ne sont pas non plus vraiment explicitées au sein des débats d'ordre politique qui prédominent dans ce domaine. Ces six dimensions constituent le cadre de l'éthique de la vertu dans les affaires et, pour faire court, je les appellerai simplement : *communauté, excellence, identité liée au rôle, intégrité, jugement, holisme*.

Communauté

L'approche aristotélicienne – comme la question principale qui fut celle du monde des affaires dans les années quatre-vingt-dix – commence par l'idée qu'une entreprise est, avant tout, une communauté. Nous sommes tous assurément des individus, mais c'est seulement au sein de communautés que nous forgeons notre identité et le sens de notre existence. Pour la plupart d'entre nous, cela signifie que nous les forgeons dans le cadre du travail, au sein d'une entreprise ou d'une institution. Le mythe philosophique qui s'est développé tel un cancer dans de nombreux cercles d'affaires, à savoir le point de vue néo-hobbesien selon lequel « c'est chacun pour soi », et le point de vue darwinien, plus récent, selon lequel « nous vivons dans une jungle », sont des réfutations directes du point de vue aristotélicien qui affirme que nous sommes *avant tout* des membres d'une communauté et que notre propre intérêt est en grande partie identique aux intérêts plus larges du groupe. Notre individualité est socialement constituée et située. De plus, le concept apparemment important de compétition suppose, sans toutefois la remplacer, l'hypothèse implicite de l'intérêt mutuel et de la coopération. Le fait que nous agissions bien, que nous nous aimions nous-mêmes, que nous menions des vies productives et heureuses dépend dans une large mesure des entreprises que nous choisissons. Comme le disaient les Grecs : « Pour vivre une vie bonne, il faut vivre dans une cité noble ». Je dis toujours à mes étudiants qui sont sur le point de choisir un emploi uniquement sur la base des salaires et des primes : « Pour mener une vie honnête, choisissez une entreprise honnête ». Selon l'éthique des affaires, l'entreprise est la communauté de chacun de ses membres, ce qui bien sûr ne revient pas à nier l'existence d'une communauté plus large qui possède d'ailleurs, au-delà de ses spécificités, une plus grande importance.

Excellence

On traduit souvent le mot grec « *aretè* » par « vertu » ou par « excellence », ce qui contraste avec la notion plutôt modeste et discrète de « vertu » dont nous avons hérité de nos ancêtres victoriens (en vérité même Kant utilisait ce terme). La double traduction est en elle-même remarquable. Ne pas causer de tort ne suffit pas. « D'abord, ne pas nuire » (*Primum non nocere*) n'est *pas* le but de l'éthique des affaires (comme le suggère Peter Drucker [1]). La formule, guère originale, que j'utilise parfois pour vendre mes idées, « l'éthique et l'excellence » (qui est le titre du livre dont est tiré cet essai), ne revient pas seulement à suivre l'exemple de Peters et Waterman. La vertu consiste à faire au mieux, à exceller et non à se contenter de « marcher droit » et de « garder les mains propres ». Il ne faudrait pas considérer que les vertus propres à l'éthique des affaires sont purement éthiques ou morales, comme si, pour reprendre ce qui a déjà été dit, l'éthique des affaires n'était rien d'autre que l'application générale de principes moraux à un contexte spécifique (entre autres choses). Être un « négociateur inflexible » est une vertu dans les affaires, mais pas dans le baby-sitting. Cela n'implique pas, néanmoins, que les vertus des affaires soient contraires aux vertus ordinaires de la vie civilisée – comme l'a affirmé Albert Carr dans son célèbre article polémique paru il y a des années dans la *Harvard Business Review*. Les vertus de l'éthique des affaires sont des vertus propres aux affaires, mais elles sont quand même des vertus, et par l'exercice de ces vertus on vise à la fois le profit et l'éthique.

---

1. P.F. Drucker, *Management : Tasks, responsibilities, practices*, New York, Harper and Row, 1974.

Identité liée au rôle

On a beaucoup écrit sur l'importance de la « moralité liée au rôle » et sur le rapport entre une fonction et les devoirs qui lui sont associés, notamment Norman Bowie dans son excellent ouvrage *Business Ethics*[1]. C'est leur caractère situé qui confère aux rôles dans l'entreprise leur force éthique particulière – autrement dit le fait qu'un employé ou un dirigeant n'occupe pas un poste par hasard et qu'il n'est pas seulement contraint par les interdictions éthiques habituelles. Travailler pour une entreprise, c'est accepter un ensemble d'obligations particulières, assumer *prima facie* une loyauté envers son employeur, adopter une certaine norme d'excellence et de conscience professionnelle qui est largement définie par le métier lui-même. Des règles et des directives éthiques d'ordre général se retrouveront sans doute dans la plupart des fonctions, mais plus ces règles sont générales et largement applicables, plus elles deviennent inutilisables face à des dilemmes éthiques concrets. Ainsi le commentaire original de Robert Townsend, selon lequel « si une entreprise a besoin d'un code éthique, il lui suffit d'utiliser les dix commandements », est non seulement provocateur, mais aussi inapproprié[2]. L'approche aristotélicienne de l'éthique des affaires part de l'hypothèse qu'il y a des situations concrètes et des personnes particulières occupant certaines positions dans leurs organisations. Une éthique tentant de transcender toutes ces particularités et de traiter de façon équivalente le président du conseil d'administration, le manager moyen, la secrétaire et l'ouvrier d'usine ne présenterait guère d'intérêt. Toute éthique est contextuelle et l'un des problèmes posé par toutes les grandes théories est qu'elles essaient de transcender le contexte et finissent par

---

1. N.E. Bowie, *Business ethics*, Englewood Cliffs, Prentice-Hall, 1981.
2. R. Townsend, *Up the organization*, New York, Knopf, 1970.

n'apporter que du vide. Le problème, bien sûr, est que, dans la vie des affaires, les personnes assument inévitablement plusieurs rôles en même temps (elles « portent plusieurs casquettes »). Et ces rôles risquent de rentrer en conflit les uns avec les autres, tout comme ils risquent de rentrer en conflit avec les rôles plus personnels basés sur les obligations familiales, sociales et personnelles. Il s'agit là, comme je vais le montrer plus loin, du problème récurrent de la micro-éthique des affaires et l'on devrait consacrer plus de temps et d'attention au bien-fondé de ces rôles et des responsabilités qui leur sont associées, ainsi qu'aux structures de l'entreprise qui les définit.

Intégrité

Dès lors, l'intégrité est essentielle à l'éthique aristo-télicienne, peut-être pas comme vertu en tant que telle mais plutôt comme pivot de toutes les vertus. Elle est essentielle à leur unité et, lorsqu'elles sont en conflit ou qu'elles sont désunies, elle est un point d'ancrage permettant d'éviter une désintégration personnelle. « Intégrité » est un mot, comme « honneur » – son proche parent – qui semble, parfois, presque archaïque dans le monde moderne des affaires. Pour beaucoup trop de dirigeants d'entreprise, il évoque l'entêtement et l'inflexibilité (*inflexibility*), le refus d'être « membre d'une équipe ». Mais l'intégrité semble avoir au moins deux sens divergents : l'un encourageant la conformité et l'autre poussant à une indépen-dance agressive[1]. Ces deux sens sont excessifs et potentiel-lement dangereux. Le mot évoque également l'idée d'« unité ». Toutefois, dans la mesure où notre identité n'est pas celle d'un atome isolé mais plutôt le produit d'une molécule sociale plus grande, cette unité inclut – plutôt qu'elle n'exclut – d'autres

---

1. L. McFall, « Integrity », *Ethics*, 98(1), 1987, p. 5-20.

personnes ainsi que nos propres rôles sociaux. L'intégrité d'une personne dans sa fonction exige typiquement de celle-ci qu'elle se conforme aux règles et pratiques qui la définissent. Elle ne l'autorise pas à se laisser influencer par des distractions et des tentations contraires. Et pourtant certaines situations cruciales exigent parfois de la personne qu'elle fasse preuve d'intégrité, alors qu'en vérité cela s'avère contraire à son rôle et aux devoirs qui lui sont assignés. Dans ce genre de cas, certaines vertus, notamment le courage moral, deviennent décisives et d'autres, par exemple la loyauté, sont abandonnées (bien sûr il y a des cas où la loyauté peut exiger du courage moral). Mais, aussi bien dans des situations harmonieuses que conflictuelles, l'intégrité représente l'intégration des rôles de la personne et de ses responsabilités, ainsi que des vertus qui sont définies par ces rôles et ces responsabilités.

Jugement (phronèsis)

Le fait que nos rôles puissent entrer en conflit et qu'il n'y ait souvent aucun principe pour nous aider à choisir une ligne de conduite éthique nous amène à une faculté trop souvent oubliée, qui se distingue de nos seules facultés mentales de calcul et de raisonnement : le « jugement ». Contrairement à l'idée selon laquelle l'éthique consiste essentiellement en principes généraux appliqués à des situations particulières, Aristote pensait que c'est le « bon jugement », ou *phronèsis*, qui avait la plus grande importance dans le domaine éthique. Le bon jugement (celui qui est basé sur la « perception » plutôt que sur la formulation et l'interprétation abstraites de principes généraux) est le produit d'une bonne éducation et d'une formation appropriée. Cette faculté de jugement est toujours située (idée que l'on pourrait rapprocher de la notion de Joseph Fletcher si souvent citée : l'« éthique de la situation ». Elle prend minutieusement en compte la particularité des personnes impliquées et des circonstances en question. Mais je pense que la véritable importance de la *phronèsis* ne réside pas dans la priorité qu'elle accorde à la délibération et au raisonnement moral. Son importance vient des inévitables conflits d'intérêts et de principes qui caractérisent presque chaque dilemme éthique. La justice, par exemple, pourrait apparaître (en particulier chez certains philosophes) comme un processus monolithique, ou organisé en couches hiérarchiques, et presque mécanique. Mais, comme je l'ai affirmé par ailleurs, des douzaines de considérations différentes, voire plus, entrent en jeu dans la plupart des délibérations sur la justice. Il s'agit non seulement des droits, des obligations fonda-mentales et du bien public mais aussi des questions de mérite (qui se divisent elles-mêmes en une variété de catégories parfois contradictoires), de responsabilité et de risque[1]. Je ne m'attar-derai pas sur cette question mais le point important est qu'il n'existe *aucune* procédure de décision mécanique (non arbi-traire) pour résoudre la plupart des controverses sur la justice. La capacité à équilibrer et à peser des intérêts conflictuels et à parvenir à une conclusion « équitable » s'avère nécessaire dans chaque cas particulier. Mais l'équité n'est pas le résultat d'un ou de plusieurs principes de justice pré-ordonnés. Elle résulte d'un « appel au jugement » (comme le disent ces philosophes), toujours contestable, quoiqu'il soit bien ou mal fait. J'ai souvent pensé que le fait de favoriser une théorie éthique abstraite nous décourage et nous détourne vraiment de la nécessité de faire des jugements. J'ai en vérité entendu l'un de mes collègues affirmer (sans scrupules) que, depuis qu'il étudie la théorie éthique, il n'a plus aucun sens de l'éthique. Et si cela semble peu plausible, je vous conseille vivement de vous rappeler votre dernière réunion de département ou de conseil d'université et du décalage entre le

---

1. R.C. Solomon, *A passion for justice : Emotions and the origins of the social contract*, New York, Addison-Wesley, 1989, chap. 2.

ton hautement moral de la conversation et le ridicule des propositions et des décisions qui en ont découlé.

Holisme

Il résulte plus ou moins de ce que j'ai dit plus haut que l'un des problèmes posés par la manière traditionnelle de penser la vie des affaires vient de notre tendance à isoler du reste de nos vies nos rôles professionnels ou les rôles qui sont les nôtres dans l'entreprise – un processus que Marx, à la suite de Schiller, a décrit comme une « aliénation ». La vie bonne peut avoir beaucoup de facettes, mais il s'agit là de facettes et pas de simples composantes, encore moins d'aspects isolés les uns des autres malgré l'accent exaspérant mis sur les tâches, les techniques et les « objectifs ». Ce sont les *gens* qui constituent la préoccupation principale et ultime du manager. Cela paraît banal mais plus je regarde nos étudiants les plus ambitieux et plus je parle avec des dirigeants et des managers qui ne réussissent pas vraiment mais se sentent « piégés », plus je suis convaincu que le fait de voir la vie en entreprise à l'image d'un tunnel – une vision encouragée par des parcours professionnels trop étroits et la rhétorique quotidienne du monde des affaires – cause des dégâts et est contre-productif. Les bons employés sont de bonnes personnes et prétendre que les vertus des affaires sont séparées des vertus du reste de notre existence – il ne s'agit pas de nier un seul instant les spécificités de nos rôles professionnels et les particularités de nos vies – revient à planter le décor de cette histoire tragique si banale : celle de l'employé victime de pressions qui viole ses « valeurs personnelles » car, d'un point de vue purement professionnel, il « n'avait vraiment pas le choix ». C'est l'intégration de nos rôles – ou au moins leur harmonisation – qui constitue ici notre idéal et cette intégration ne devrait pas être interprétée soit comme la capitulation de l'individu devant l'entreprise, soit comme la capitulation de l'entreprise devant la personne. Cette intégration porte le nom d'*éthique*, conçue sur un mode aristotélicien.

LES AFFAIRES ET LES VERTUS

L'éthique des affaires est trop souvent conçue comme un ensemble d'obligations et de contraintes, véritables obstacles à un comportement approprié à la vie économique, au lieu d'être une force stimulante induisant un tel comportement. Cette opinion explique que, dans la vie des affaires, beaucoup de personnes se méfient de l'éthique et des théoriciens de la morale, qu'elles considèrent comme hostiles à leurs activités, voire en contradiction avec elles. Mais si elle est convenablement comprise, l'éthique ne doit pas et ne devrait pas consister en un ensemble de principes et de règles prohibitives. L'avantage d'une éthique de la vertu est plutôt d'être une partie essentielle d'une vie vraiment réussie et d'en être également le moteur. Il n'est pas nécessaire que ce qui motive l'éthique dépende d'un examen de conscience et d'une délibération approfondis. Mais, dans les meilleures entreprises, cette motivation va de pair avec la fluidité des relations interpersonnelles et un sens mutuel des missions à accomplir comme de leur bonne réalisation.

Parler des « vertus » est un raccourci pratique permettant de résumer les idéaux qui définissent un bon caractère. Il existe de très nombreuses vertus pertinentes pour la vie des affaires. En vérité, essayer d'en faire une liste exhaustive serait une tâche vraiment fastidieuse. Pour n'en citer que quelques-unes, nous avons l'honnêteté, la loyauté, la sincérité, le courage, la fiabilité, le fait d'être digne de confiance, la bienveillance, la sensibilité, la serviabilité, l'esprit de coopération, la politesse, la décence, la modestie, l'ouverture d'esprit, la bonne humeur, la gentillesse, la tolérance, la sagesse, le tact, l'humour, la grâce, l'entrain, la magnanimité, la persévérance, la prudence, la débrouillardise, la lucidité, la convivialité et l'hospitalité[1]. Chacune d'elles possède des nuances subtiles et des vertus connexes. Il existe, de plus, de nombreuses vertus de force, d'énergie et de compétence ainsi que de séduction, de charme et d'esthétique que je n'ai même pas mentionnées. Il existe des vertus « négatives », c'est-à-dire des vertus qui définissent l'absence d'un trait fâcheux, inefficace ou antisocial tel que le fait de ne pas être négligent, vindicatif et prétentieux. Il existe des vertus qui dénotent l'excès et la supériorité telles que le fait d'être super-consciencieux et super-fiable. Puis il existe des vertus qui semblent spécifiques aux affaires (bien qu'elles ne soient pas réservées à ce seul domaine) comme être rusé, sans pitié et « inflexible » (*tough*), vertus qui sont susceptibles d'être considérées comme des vices dans d'autres domaines de la vie.

La conclusion la plus importante que l'on peut tout de suite tirer de la variété des vertus est la nature très pauvre du langage de la morale quand on le limite à des termes tels que « bon » et « mauvais », « moral » et « immoral ». Il est certain que la plupart des vertus sont « bonnes » et conduisent à une action « morale » et que la plupart des vices, à l'inverse, sont « mauvais » et conduisent à des actions « immorales ». Non seulement ce langage de la morale nous conduit à ignorer une grande part de ce qu'il y a de significatif et de subtil dans nos jugements éthiques ordinaires, mais il tend à détourner notre attention du caractère de la personne qui est un élément essentiel pour la plupart de nos décisions interpersonnelles, qu'il s'agisse de faire confiance à un collègue, de se faire un nouvel ami, d'engager ou de licencier un nouvel assistant, de respecter un supérieur ou d'inviter son patron chez soi pour dîner. L'éthique n'est pas l'étude du bien et du mal,

---

1. On trouve une taxonomie complexe des vertus dans E.L. Pincoffs, *Quandaries and virtues : Against reductivism in ethics*, Lawrence, University Press of Kansas, 1986.

comme l'art et l'esthétique ne sont pas l'étude de la beauté et de la laideur[1]. L'éthique (comme l'art et l'esthétique) est une appréciation polychrome et à multiples facettes, un engagement avec d'autres personnes dans le monde. Dans l'éthique des affaires, seules les fautes extrêmes et vraiment nuisibles sont taxées de « mauvaises ». La plupart du temps, nous recourons à une gamme de descriptions imagées, aussi imagées que celles d'un artiste, par exemple lorsque nous utilisons les termes « sca- breux » et « répugnant ». Même l'expression « un bon caractère » (ou « une personne bien ») nous frappe par son côté inintéressant et vide. Ce sont les nuances qui comptent, pas le vernis. Et il existe vraiment beaucoup de nuances, toutes susceptibles de revêtir une importance plus ou moins grande dans une situation précise.

Une vertu, selon Aristote, est une excellence. Elle n'est cependant pas une compétence ou un talent très spécialisé (comme être fort en calcul ou être un brillant chercheur). Elle est plutôt une façon exemplaire de s'entendre avec les autres personnes, une façon d'exprimer dans ses propres pensées, senti- ments et actions les idéaux et les buts de la communauté toute entière. Ainsi l'honnêteté est une vertu, non parce qu'elle est une compétence nécessaire à tout engagement particulier ou parce qu'elle est la « meilleure politique » dans la plupart des situations sociales, mais parce qu'elle représente l'idéal de l'honnêteté dans l'échange, du *fair play*, de la transparence dans la commu- nication et l'idéal de procédures d'enquête sans *a priori*. Ce qui est public est en principe approuvé et ce qui est caché est consi- déré comme potentiellement dangereux. Ainsi le courage est lui aussi une vertu, non parce qu'il exige un talent particulier ou parce que « quelqu'un devait le faire », mais parce que nous

---

1. Voir F. Bergmann, « The experience of values », *in* S. Hauerwas, A. MacIntyre (ed.), *Revisions*, University of Notre Dame Press, 1983, p. 127-159.

croyons tous (à des degrés divers) qu'une personne devrait défendre ce qui compte pour elle et ce en quoi elle croit. Mais il n'est pas nécessaire que toutes les vertus soient aussi importantes ou aussi primordiales pour l'idée que nous nous faisons de l'intégrité. Aristote comptait le charme, la vivacité d'esprit et un bon sens de l'humour parmi les vertus, et je pense que, dans le cadre de la vie en entreprise, nous ne pouvons qu'être d'accord avec lui. Il est certain que les circonstances dans lesquelles la sociabilité est une vertu essentielle et dans lesquelles le courage devient une vertu cardinale seront très différentes. Mais dans une entreprise en difficulté il sera toujours nécessaire de mobiliser les vertus les plus héroïques. Ce type d'entreprise ne se sentira pas suffisamment en sécurité et n'aura guère le loisir de profiter des vertus qui rendent la vie intéressante et riche. Elle aura plutôt recours aux vertus qui sont nécessaires à sa seule survie. En vérité, l'une des erreurs des métaphores militaires, de la « machine » et de la « jungle », qui sont familières dans le monde économique, vient en partie du fait qu'elles font de la vie des affaires quelque chose de menaçant et d'implacable. Mais la vérité (même dans les cas de l'armée et de la jungle) est qu'il y a de longs moments de répit, parfois de relâchement, et que le jeu et la plaisanterie sont aussi nécessaires que le zèle. La camaraderie est la bienvenue et les vertus qui visent à « bien s'entendre » sont aussi importantes à la survie du groupe que la coordination qui s'avère nécessaire dans les moments où il faut se battre ensemble. Il existe des raisons à notre désir de survie – en dehors d'une obstination purement darwinienne – et le fait que nous savourions et apprécions l'harmonie sociale de notre vie et de notre travail est l'une de ces raisons. Un des arguments les plus solides, qui est aussi l'un des plus ignorés, contre les prises de contrôle hostiles et les fusions inamicales est le désir de la part des membres d'une entreprise de préserver la communauté que forme leur entreprise. Et cela n'a rien à voir avec la « lutte » des dirigeants « pour garder leur emploi ».

Le fait que beaucoup des vertus sont des vertus de sociabilité (*social virtues of congeniality*) nous pousse à ne pas insister sur la vertu en tant que catégorie « morale » particulière. La nécessité d'établir une distinction nette entre vertus morales (comme l'honnêteté) et vertus non morales (comme l'humour) n'est pas non plus évidente. Beaucoup de vertus (comme la loyauté et la générosité) semblent ambiguës d'un point de vue moral. La notion même de « moralité » a été déformée par un siècle ou deux d'amalgame avec une conception de la morale très spécialisée et exagérément construite sur des principes. Elle a également été déformée du fait qu'on l'a confondue avec des questions spécifiques à certains comportements (en particulier sexuels). Aussi la notion de « moralité » ne permet-elle peut-être plus de comprendre les subtilités de l'harmonie sociale. Ce qui importe, c'est plutôt la place occupée par une vertu (à côté des autres vertus) dans l'expérience d'une vie accomplie. Et ce qui importe pour une vertu propre au monde des affaires est la place qu'elle occupe dans une vie productive et pleine de sens au sein d'une entreprise. Et cela ne se résume pas à se demander « comment elle contribue au résultat financier », mais plutôt si elle contribue à l'harmonie sociale de l'organisation. Ou encore : exprime-t-elle les idéaux les plus élevés de l'organisation ? Fait-elle de l'employé ou du manager un « tout » ou conduit-elle à le fragmenter, en isolant chacun des aspects de sa personnalité, ce qui aurait pour conséquence que telle partie de cette personnalité pourrait vouloir s'excuser ou pourrait se sentir honteuse vis-à-vis d'une autre ?

Nous pourrions dire que les vertus les plus « morales » sont celles qui, lorsqu'elles sont violées, mettent l'individu dans une position de « disgrâce » aux yeux de ses pairs (d'un autre côté, avoir un sens de l'humour déplacé est certainement indésirable mais n'est guère honteux). Toutefois, il s'agit là d'une définition fortement négative du caractère et l'on notera que le mot « dis-*grâce* » lui-même évoque les origines religieuses d'une grande partie de notre conception de la moralité. Cependant, quelle que soit son importance pour la vie morale, la disgrâce n'est pas un test concluant, même pour les vertus morales[1]. Il serait sans doute préférable d'insister sur l'importance des vertus plutôt que sur leur violation. Bien que de nombreux moralistes aient soutenu le contraire, il semblerait que les vertus de sociabilité soient aussi fondamentales pour le bien-être général que les vertus ayant un caractère plus moral. Au nom de l'humour, nous excusons habituellement une certaine dose d'exagération et de fictionnalisation et nous reconnaissons dans le personnage de Falstaff de Shakespeare, par exemple, le principe convaincant qu'une démonstration d'humour peut parfois prendre le dessus sur la bravoure. Nous avons tendance à être totalement tyranniques au sujet de certains principes moraux, ce qui nous amène à laisser de côté les vertus de sociabilité et introduit une certaine monotonie dans la vie sociale comme dans le discours éthique.

Si la vie des affaires était identique au monde brutal et héroïque de l'*Iliade* d'Homère, c'est-à-dire un monde où les entreprises livreraient des combats mortels les unes contre les autres, nous nous attendrions à ce que les vertus des affaires soient les vertus guerrières qui sont étroitement associées au combat, à savoir la force et la vaillance mais aussi le courage,

---

1. Aristote nous offre une analyse élaborée de la « quasi-vertu » de *honte*. L'idée n'est pas qu'il n'est pas souhaitable d'avoir honte, mais plutôt que la capacité à éprouver de la honte est essentielle pour avoir véritablement un caractère vertueux. Comme le dit le proverbe éthiopien : « Là où il n'y a pas de honte, il n'y a pas d'honneur ». Cependant, la différence entre honte et disgrâce est ici significative. La disgrâce suggère un déshonneur devant Dieu. La honte est laïque et elle suggère plutôt le fait de « laisser tomber » vos collègues et d'autres personnes qui vous ont fait confiance et dépendaient de vous.

l'insensibilité à la douleur ou à la pitié, le terrorisme (c'est-à-dire le fait de faire peur aux autres et de ne pas avoir peur soi-même). Nous nous attendrions à ce que le guerrier fasse preuve d'une insensibilité appropriée, d'une forme de grossièreté dans ses habitudes sociales et qu'il ait un énorme ego. Il n'y a rien de surprenant à ce que ces vertus soient l'objet d'éloges et soient attribuées aux dirigeants d'entreprise – (mal) résumées en un mot unique : l'« inflexibilité » (*toughness*). Mais, bien entendu, les métaphores guerrières dépendent d'une situation de guerre et les théoriciens de l'éthique des affaires ont tout fait pour défaire cette image pathologique et trompeuse de la vie des affaires. La plupart des PDG, bien qu'« inflexibles », ne correspondent pas du tout à cette image. Considérons plutôt une image très différente et généralement plus représentative de l'entreprise : l'entreprise comme une « *polis* » riche et prospère, une cité-État libre et sophistiquée extrêmement fière de ses produits, de sa philosophie et de sa culture d'entreprise. Certes, il y aura toujours des menaces extérieures et une bataille à mener de temps en temps, mais cela ne constitue pas la préoccupation quotidienne de la communauté. Le courage restera une vertu importante, mais la plupart des autres vertus guerrières, de même que les caractéristiques les plus communes d'une personnalité de guerrier, sembleront grossières, arrogantes et inappropriées dans la plupart des situations sociales, voire tout à fait embarrassantes dans certaines d'entre elles. Dans une telle société, les vertus seront plutôt celles de raffinement et de sociabilité, celles qui mettent de l'huile dans les rouages d'une vie sociale riche et agréable. Et ces vertus seront applicables au PDG comme à l'ouvrier du quai de chargement et au caissier derrière son guichet.

Aristote, qui vivait dans une société militaire, vécut cependant longtemps après les temps héroïques décrits par Homère. Par conséquent, la liste de vertus qu'il a dressée ne contient pas les vertus militaires, sauf le courage qu'il décrit comme une vertu nécessaire par moments mais pas comme une vertu essentielle. La vertu de justice est bien plus importante. Dans la mentalité guerrière, elle signifie simplement que « c'est au vainqueur que revient le butin » mais, dans une société raffinée, elle entraîne des délibérations compliquées au sujet du mérite, du besoin, du statut, de l'égalité et de l'équité. L'honneur est également d'une importance capitale. Il n'est pas une vertu en soi car il est la somme des vertus, ce qui fait la réputation d'une personne vertueuse. Évidemment, un guerrier est susceptible de se battre pour son honneur. Mais, généralement, nous voyons cela comme une manière de prouver sa capacité à combattre ainsi que son désir ou sa disposition à se battre, lorsque ceux-ci sont mis en cause. Pour Aristote, par exemple, l'honneur a bien plus à voir avec le statut d'une personne dans la société, avec le fait qu'elle soit considérée comme une personne juste et généreuse plutôt que comme une personne méchante. L'honneur a également à voir avec le fait de ne pas s'humilier par des attitudes obscènes ou en s'adonnant à des excès de nourriture, de chant ou de boisson. Si on considère cela comme la description, non pas de la cité-État grecque, mais de l'entreprise, on reconnaît beaucoup des vertus attribuées aux meilleurs dirigeants. En effet, ils sont souvent modérés et étonnamment modestes, généreux de leur temps et de leur argent, concernés d'abord et avant tout par la réputation de leur entreprise (son honneur), et ils ne se risquent jamais à commettre une action qui pourrait avoir un caractère humiliant. Ainsi des vertus telles que le charme, l'esprit et l'amabilité sont considérées comme extrêmement importantes. Il est certes probable que jamais personne n'a atteint le poste de dirigeant par son seul esprit, mais peu y sont parvenus sans lui. Il est nécessaire de diriger et bien entendu de diriger réellement – pas comme un Achille ou un Agamemnon fonçant seul, droit devant lui, à travers les Troyens disséminés. Il faut plutôt diriger comme un être humain admirable et capable d'inspirer les autres.

En dépit de ce qu'affirment certains livres à succès, Gengis Kahn et Attila le Hun ne seraient pas aujourd'hui de grands dirigeants d'entreprise, pas plus que l'un de nos brillants dirigeants actuels n'aurait grand-chose à apprendre de Machiavel. Tom Watson, Lee Iacocca et James Burke correspondent davantage au modèle et chacun, à sa façon, illustre bien sûr la société aristotélicienne. Mais notre société n'est pas une société aristotélicienne et l'entreprise n'est pas seulement une *polis*. Le monde du guerrier homérique n'a plus cours depuis plus de trois mille ans et le monde d'Aristote n'existe plus depuis deux mille ans. Depuis cette époque, beaucoup de choses se sont produites dans le monde et notre conception de la vertu a changé en même temps que les conditions sociales. Et ce qui s'est produit – pour résumer des millions d'évènements et de pages en une phrase ou deux –, c'est la domination du christianisme et l'avènement de l'individu. Réunissez ces deux ingrédients (en fait notre concept d'« individu » vient en grande partie de la conception chrétienne de l'âme individuelle) et vous obtenez, parmi beaucoup d'autres aspects du monde moderne, la conception de Jean Calvin relative au salut individuel et à ses manifestations dans la réussite matérielle, ainsi que la notion révolutionnaire, proposée par Adam Smith, de l'effort individuel au service du bien social. Calvin a intégré à sa philosophie bon nombre des vertus chrétiennes traditionnelles, même lorsqu'il modifia la vision du monde propre à la religion chrétienne pour laisser une place plus grande aux affaires. Bien sûr, Adam Smith était lui aussi un bon chrétien. A l'origine de son modèle de la libre entreprise se trouve une conception de la nature humaine qui était profondément sociale et compatissante. Il s'intéressait lui aussi aux vertus chrétiennes et à la façon dont elles pourraient être façonnées pour s'insérer à l'économie du XVIIIe siècle, qui connaissait une expansion rapide. Mais ces vertus, bien que convenant parfaitement à une bourgeoisie écossaise très comme il faut, n'étaient plus des vertus aristotéliciennes. Les vertus guerrières avaient disparu (le courage était alors une vertu strictement domestique à laquelle on n'accordait qu'une faible attention), les vertus de sociabilité étaient reléguées au second plan et celles que nous appelons désormais les vertus *morales* étaient devenues primordiales.

Aristote utilisa le mot « moral » pour signifier tout simplement « pratique ». Mais avec la tradition judéo-chrétienne, les mots « morale », « mœurs » et « moralité » ont fini par prendre des sens forts, voire universels. La moralité désignait le code qui nous était donné (ou imposé) par Dieu. Elle se référait non pas aux choses qui rendent la vie agréable ou sympathique mais à un ensemble de choses essentielles, des règles qu'il est interdit de briser quelles que soient les circonstances. La moralité fut coupée de sa base sociale – la *polis* que postulait Aristote – et devint de plus en plus une affaire entre Dieu et l'individu. Elle ne concernait la société que de façon secondaire. Ainsi finit-on par identifier les vertus à la moralité individuelle et de plus en plus, vers la fin du XVIIIᵉ siècle, aux règles abstraites de la raison qui dictaient alors la moralité universelle, développement naturel de l'éthique des dix commandements. Et à l'image des dix commandements, les vertus finirent par se préoccuper davantage de l'abstinence que de l'excellence et du fait d'« être une bonne personne » plutôt que de la capacité à vivre avec les autres. Selon la sévérité de l'éducation morale et religieuse de chacun, une bonne personne ne ment pas, ne triche pas, ne fait rien de malhonnête, ne boit pas ou ne mange pas à l'excès – pas seulement dans le but d'éviter une humiliation sociale mais pour ne pas révéler ce manque de contrôle ou cette complaisance envers soi-même qui est le signe indubitable d'une personnalité faible ou corrompue. Et ici aussi, nous entrevoyons les vertus que beaucoup des dirigeants de nos plus grandes entreprises sont fiers de posséder.

On pourrait m'objecter, pour aller contre l'argument que je donne l'impression de développer ici, que les vertus guerrières, les vertus de sociabilité (aristotéliciennes) et les vertus morales sont en réalité tout à fait compatibles, et qu'il n'y a aucune raison qu'un James Burke ou qu'un Warren Buffett, par exemple, ne puissent manifester l'inflexibilité guerrière, la noblesse aristotélicienne et la rectitude morale chrétienne. Et c'est en vérité le cas. Je ne défends pas l'idée que ces trois ensembles de vertus sont incompatibles en tant que tels, mais plutôt qu'ils nous proposent trois contextes bien distincts et trois cadres de référence éthiques différents. Et comprendre l'éthique des affaires, c'est comprendre la convergence, les priorités et les conflits potentiels qui existent entre eux. Lorsque l'on accorde une attention excessive aux combats entre les entreprises et aux vertus guerrières, l'harmonie sociale qui règne au sein de l'entreprise risque de devenir une alliance forcée, et le sens de l'intégrité personnelle de chacun pourrait s'en trouver menacé ou irrémédiablement altéré. Une attention excessive aux vertus de sociabilité risque, en définitive, de « ramollir » une entreprise au point de la rendre moins compétitive. Accorder trop d'importance à la rectitude morale au détriment de la sympathie et de la compétitivité risque fort de causer l'éclatement de l'entreprise en mille petits moralistes rigides incapables de travailler ensemble. Mais le cadre de référence aristotélicien nous dit que c'est la coopération, et non un sens individuel et solitaire de sa propre valeur, qui définit les vertus les plus importantes. Les vertus guerrières jouent certes un rôle essentiel, bien que moindre, au sein de cet ensemble. Le bien-être de la communauté va de concert avec l'excellence individuelle, non en vertu d'une quelconque « main invisible », mais précisément à cause de la conscience sociale et de l'esprit civique de chacun des individus.

Presque toutes les vertus d'Aristote peuvent être reconnues comme vertus de la vie des affaires. Ceci n'a bien sûr rien de surprenant. La vie des affaires est avant tout une activité sociale qui implique de traiter avec d'autres gens dans des situations à la fois stressantes et amicales (et d'essayer de faire en sorte qu'elles soient en premier lieu amicales). Malgré notre insistance sur le réalisme et sur les résultats financiers, nous ne faisons pas l'éloge de l'avarice (que nous méprisons) et nous louons la générosité en tant que manifestation de la grandeur d'âme (« la magnificence »). Mais ces vertus risquent d'être trompeuses pour nous. Nous ne louerions certainement pas un dirigeant qui « braderait la boutique » ; nous penserions plutôt de lui qu'il est mentalement déséquilibré. Mais les vertus d'Aristote n'impliquent pas que nous nous comportions de façon radicale. De plus, le genre de fanatisme qui est loué, sinon prêché, par de nombreuses religions (« Abandonnez tous les biens de ce monde ») est totalement étranger à la « modération » prônée par Aristote. Ainsi la personne généreuse ou « magnifique » ne donne que la portion de richesse susceptible d'accroître son statut dans la communauté. On fait souvent ici le reproche bien connu selon lequel un tel don n'est pas véritablement généreux car il n'implique aucun sacrifice personnel et n'est motivé que par l'« égoïsme », par la quête de l'autoglorification. Mais Aristote refuserait d'admettre cette opposition entre l'intérêt personnel éclairé et la vertu, et nous continuons à souscrire à cette vision à nos risques et périls. L'argument correspond bien sûr exactement à l'argument sceptique que l'on oppose aux entreprises généreuses lorsqu'elles font des dons pour les arts, l'éducation et les programmes sociaux : « Il ne s'agit que d'une opération de communication ». Mais ici les dirigeants d'entreprise (en fait tout le monde) seraient bien avisés de suivre Aristote. Ils devraient rejeter l'idée selon laquelle la « vraie » générosité suppose le sacrifice de soi et que la générosité dont on tire avantage n'est qu'une opération de « relations publiques ». Certaines situations requièrent le sacrifice de soi mais affirmer qu'une action aussi extrême est essentielle aux vertus revient à nier qu'elles sont pertinentes pour les affaires et pour la vie (en tout cas pour la plus grande partie de la vie).

Ceci nous amène à la vertu qui est probablement la plus mal comprise dans la vie des affaires : la vertu d'*inflexibilité* (*toughness*). Le mot « inflexible » a généralement une connotation d'admiration, bien qu'elle soit souvent accompagnée d'une grimace et d'une expression de frustration. Parfois il est employé par euphémisme à la place de divers synonymes désignant un être humain désagréable ou odieux, ou conjointement avec eux. Assez souvent, il signifie simplement têtu, difficile à vivre ou abject. Mais l'inflexibilité est généralement et véritablement perçue comme une vertu, bien que l'on ait du mal à la justifier et à la comprendre. Dans la mesure où les affaires consistent à négocier et à traiter avec d'autres personnes, l'inflexibilité est essentielle. Et son contraire n'est pas tant la faiblesse que l'incompétence. Mais ce que nous appelons généralement « inflexibilité » n'est ni une vertu ni un vice. Ce n'est pas un trait de caractère mais plutôt une compétence, qu'elle soit cultivée ou « naturelle ». Dans certaines pratiques essentielles des affaires, notamment dans la négociation, l'inflexibilité n'est pas tant une vertu personnelle qu'une technique ou un ensemble de techniques, une façon de faire que l'on a apprise et une stratégie qui a fait ses preuves : « savoir quand il faut jouer, savoir quand il faut se coucher ». L'inflexibilité suppose de savoir comment bluffer et quand se taire, quand se montrer coopératif et quand ne pas l'être. Mais, contrairement à ce qu'affirme Albert Carr, cette compétence n'est pas « non éthique » ou très éloignée de la morale ordinaire. Elle est un ingrédient légitime d'un certain type d'activité qui est évidemment légitime. Pourtant, si on la considère comme une compétence spécifique ou comme ensemble de compétences, l'inflexibilité du négociateur n'est pas un trait suffisamment personnel ou général pour compter comme une vertu – ce qui ne veut pas dire, bien entendu, que l'inflexibilité n'est ni admirable ni nécessaire.

Très souvent le mot inflexibilité signifie simplement « intelligence » – en l'occurrence comprendre les affaires, connaître ses concurrents et savoir négocier, savoir mener les choses à bien. De nouveau, il s'agit là d'un ensemble de qualifications, propres aux affaires, qui sont admirables et nécessaires, mais elles ne désignent pas une vertu en tant que telle. Car l'inflexibilité signifie aussi la persévérance, qui est une vertu personnelle tout autant que professionnelle. Comme toujours, le critère aristotélicien de modération entre ici en jeu, car lorsque l'on fait preuve de trop de persévérance, on glisse vers l'obstination et l'entêtement. Bien sûr, il se peut que ce qui apparaissait comme de l'obstination à ceux qui n'y croyaient pas finisse par se révéler payant. Et à l'inverse, il se peut que ce qui était vraiment une saine persévérance échoue en raison des vicissitudes du marché. Mais un manque de constance nuit à la réussite et perturbe gravement la vie de ces investisseurs, employés et autres actionnaires qui préfèrent que l'on fournisse de véritables efforts plutôt que de se conduire de façon timorée. L'inflexibilité comme la persévérance signifient simplement que l'on a un but et une finalité dont on mesure la valeur et que l'on poursuit jusqu'au bout. Si l'« inflexibilité » intervient, c'est parce qu'il faut affronter des déboires et des obstacles de nature à décourager les personnes les moins fortes. En effet, ce n'est que face à l'échec que cette inflexibilité est mise à l'épreuve. Il n'y a en effet aucune vertu à « persévérer » lorsque le marché est exclusivement favorable.

Pour un dirigeant, l'inflexibilité comprend aussi un élément douloureux sur le plan éthique. Parfois, il est nécessaire de faire quelque chose de mal pour faire ce qui est juste. Bien sûr, les hommes politiques disposant d'un grand pouvoir de décision affrontent sans arrêt de tels dilemmes, ce qui donne lieu à une abondante littérature sur les vertus controversées d'inflexibilité et de « cruauté » ainsi que sur les domaines prétendument opposés de la moralité publique et de la moralité privée [1]. Parfois, pour atteindre un but plus élevé, on doit faire ce qu'autrement on ne considèrerait pas ou qu'on ne devrait même pas considérer. Par exemple, face à des dettes ou à des problèmes graves qui vont très certainement couler l'entreprise, un président du conseil d'administration risque d'être obligé de licencier des employés parfaitement qualifiés, travailleurs et loyaux. Si on l'envisage en dehors de son contexte, le licenciement qui ne serait motivé par aucune raison, c'est-à-dire qui ne résulterait pas d'une faute, représenterait le comble de l'injustice. Mais s'il s'agit de sauver ainsi l'entreprise, cet acte, qui serait injuste dans tout autre contexte, pourrait néanmoins s'avérer nécessaire dans ce cas précis. Être inflexible, c'est être capable et désireux d'assumer de telles mesures. Toutefois, cela ne veut pas dire – et nous n'insisterons jamais assez sur ce point – que de telles décisions peuvent être prises ou devraient être prises sans culpabilité, sans douleur ou sans éprouver un certain malaise. Cela ne veut pas dire que ce qui a été fait n'est pas moralement mauvais malgré son caractère nécessaire. Le PDG d'une grande entreprise m'a dit un jour que « réduire » les effectifs de son entreprise fut la chose la plus douloureuse qu'il ait jamais eu à faire. Son inflexibilité ne résidait pas dans son insensibilité ou son indifférence, mais dans sa volonté de faire ce qui était nécessaire et dans son insistance à le faire de la façon la plus humaine possible. En effet, insensibilité et indifférence ne sont pas en elles-mêmes des signes d'inflexibilité. Elles indiquent au contraire des signes de

---

1. Voir par exemple S. Hampshire (ed.), *Public and private morality*, Cambridge University Press, 1978, et *Innocence and experience*, Harvard University Press, 1989. Voir aussi B. Williams, « Politics and moral character », in *Moral luck*, Cambridge University Press, 1981, et T. Nagel, « Ruthlessness in public life », *in* S. Hampshire (ed.), *Public and private morality, op. cit.*

cette forme de faiblesse qui fait que l'on n'est capable d'affronter les questions morales qu'en les niant. L'inflexibilité est une vertu, mais l'insensibilité et l'indifférence n'en sont pas. Il ne faudrait en aucun cas les confondre.

En politique, l'inflexibilité correspond à ce que l'on appelle parfois « avoir les mains sales »[1]. Il s'agit de la nécessité de faire ce qui est douloureux ou terrible, et même (dans un cadre plus restreint) immoral, afin de réaliser ce qui est bon ou nécessaire. Un PDG fut interrogé de but en blanc par un actionnaire d'un certain âge pour savoir si ses actions représentaient un placement sûr. Le PDG, sachant parfaitement qu'une baisse des dividendes serait annoncée plus tard dans la semaine, n'eut d'autre choix que de lui mentir ou tout au moins d'omettre la vérité. Rappelons à nouveau qu'il éprouvait une grande douleur et une grande culpabilité. Mais le mensonge était inévitable. Bien sûr, le seul profit n'est pas en soi une excuse suffisante et on peut dès lors comprendre la popularité et l'indignation qui ont entouré le film de Michael Moore, *Roger and me*, à propos de la fermeture des usines General Motors. Si les raisons de cette fermeture avaient été la survie de l'entreprise et si elle avait été associée à des licenciements de dirigeants et à de fortes réductions de leurs avantages et de leurs salaires – mesures qui auraient fait l'objet d'une communication publique –, il n'y aurait eu aucun intérêt à réaliser un film au sujet de cette fermeture. Mais lorsque ce sont le maintien des profits et des avantages des dirigeants qui motivent la fermeture, l'inflexibilité n'est alors pas une vertu

---

1. Le besoin de faire le mal en vue du bien fut l'une des obsessions tenaces du grand sociologue allemand Max Weber – voir sa conférence sur « La profession et la vocation de politique ». L'expression « Les mains sales » a été rendue célèbre par Jean-Paul Sartre dans sa pièce de théâtre éponyme. Sur le problème des mains sales, voir aussi M. Stocker, *Plural and conflicting values*, Oxford University Press, 1990.

– ou pour le dire autrement, il ne s'agit pas d'inflexibilité mais d'insensibilité.

Comme presque toutes les vertus, l'inflexibilité n'est pas simplement intéressée. Elle ne peut cependant pas être considérée comme un trait de caractère altruiste ou relatif au sacrifice de soi. L'inflexibilité implique en dernier ressort d'avoir une vision et de persévérer dans les plans à long terme et les stratégies qui sont nécessaires à l'accomplissement de cette vision. Cela suppose de ne pas se laisser dissuader par des menaces ou séduire par des tentations, ce qui ne revient pas à écraser les autres, à violer les règles fondamentales de la moralité ou à sacrifier les autres vertus fondamentales de la vie des affaires. Comme toutes les vertus, l'inflexibilité a sa place dans la constellation des vertus et il est parfois nécessaire qu'elle cède le pas à la compassion ou à la générosité, à la confiance ou à l'équité. Une fois encore, il ne s'agit pas de défendre un point de vue naïf mais de souligner que l'inflexibilité ne signifie surtout pas – et c'est trop souvent ainsi qu'on la conçoit – la mesquinerie et l'indifférence, le manque de souci et d'intérêt pour les autres. L'inflexibilité est une véritable vertu de la vie des affaires. Lorsque le contexte est difficile, elle peut même apparaître comme la vertu primordiale de la vie des affaires, sans toutefois s'opposer à l'intégrité. L'inflexibilité est au sens propre la résolution de ne se laisser détourner ni par l'avidité ni par la faiblesse. Ce que nous appelons généralement « inflexibilité » devrait être plus justement appelé courage moral.

CONCLUSION

La conclusion de l'approche aristotélicienne de l'éthique des affaires est que nous devons nous défaire à la fois de l'éthique individualiste traditionnelle et d'un mode de pensée qui se focalise sur les « résultats financiers ». Ceci n'implique en rien que l'individu « laisse ses valeurs à la porte de son bureau ». Cela ne suggère pas non plus que, sauf cas exceptionnel et malheureux, il n'y aura aucune disharmonie ou aucune incompatibilité entre les valeurs personnelles et professionnelles des individus. Au contraire, la thèse que je défends est que, comme l'a montré Aristote de façon célèbre, nous sommes des créatures sociales qui tirons notre identité de nos communautés et qui mesurons notre valeur en conséquence. Et si de nombreux employés ressentent le besoin de se dissocier de leur travail et de prétendre que ce qu'ils « font » n'est pas révélateur de leur vrai moi, la vérité est que la plupart des adultes passent littéralement la moitié de leur vie à leur travail, au bureau, dans le rôle ou la fonction qui les définit comme citoyens de l'entreprise. Bien que la vie des affaires ait ses propres objectifs et possède des pratiques qui lui sont propres, et bien que, dans les entreprises, les gens aient certains intérêts, ainsi que des loyautés, des rôles et des responsabilités, l'approche aristotélicienne de l'éthique des affaires débouche finalement sur l'idée que le « monde de l'entreprise » n'est pas séparé des gens qui y travaillent et que leur intégrité détermine l'intégrité de l'organisation et vice versa. Peut-être l'approche aristotélicienne de l'éthique des affaires n'est-elle que l'expression de l'idée que les gens passent avant les profits.

NOUVELLES VISIONS DU MONDE
DES AFFAIRES

INTRODUCTION

Les textes qui composent cette troisième partie proposent une nouvelle vision du monde des affaires. À travers son rapprochement entre l'entreprise et une «république idéale», Bowie avait déjà manifesté une ambition de ce genre. Mais les textes qui suivent vont plus loin. Les deux premiers, en particulier, se donnent pour but de formuler une nouvelle vision du monde économique. Ils la fondent sur une critique de l'individualisme atomiste selon lequel les firmes, isolées les unes des autres, luttent seules pour leur survie, cherchant à contrôler leur environnement et s'organisant chacune sur un mode hiérarchique dans un but d'efficacité.

Ils énoncent également leur nouvelle vision dans le cadre de la théorie des parties prenantes. Au sein de l'éthique des affaires, cette théorie occupe une place prépondérante qui s'explique par sa simplicité, sa cohérence avec différents cadres normatifs et son applicabilité à tous les niveaux de réalité de la vie économique. Elle affirme que l'entreprise appartient à une communauté, sans cesse changeante, qui comprend l'ensemble de ses parties prenantes[1]. Elle affirme aussi que le rôle des managers est, dans chaque situation de choix, d'équilibrer au mieux les

---

1. Les deux premiers articles proposent plusieurs définitions de ce concept.

intérêts des parties prenantes dans le but de produire un bénéfice mutuel à répartir entre les membres de la communauté.

Ces thèses ne font pas seulement de cette théorie une alternative à la théorie de l'actionnaire selon laquelle le but de la firme, et sa seule responsabilité sociale, est de satisfaire les intérêts de ses actionnaires, donc de maximiser le profit. Elles attirent également l'attention sur les compétences morales dont les managers devraient disposer pour prendre des décisions impliquant une pluralité de parties prenantes. Elles rendent aussi possibles différentes conceptions des relations de la firme avec son environnement – par exemple des conceptions contractualistes comme celle de Donaldson et Dunfee, féminines comme celle de Wicks et de ses collègues, ou pragmatistes comme celle proposée par Buchholz et Rosenthal[1].

Dès l'introduction, Wicks, Freeman et Gilbert affirment leur adhésion aux thèses de Richard Rorty, qui relie le postmodernisme et le pragmatisme et souligne la convergence de ces deux approches en vue de la recherche de meilleures façons de vivre[2].

Pour Wicks, Freeman et Gilbert, le postmodernisme et le pragmatisme visent à la fois à déconstruire et à reconstruire. Dans le cas qui les intéresse, la déconstruction permet de révéler les effets négatifs du « récit » dominant qui rend compte de la vie des affaires. « Nous avons besoin de comprendre où nos récits sont faibles », affirmaient déjà Freeman et Gilbert en décrivant le programme dont l'article traduit ici est l'aboutissement[3]. La

1. Voir R.A. Phillips, R.E. Freeman, A.C. Wicks, « What stakeholder theory is not », *Business Ethics Quarterly*, 13(4), 2003, p. 479-502.

2. Voir R.E. Freeman, R.A. Phillips, « Business ethics : Pragmatism and postmodernism », *in* R.E. Frederick (ed.), *A companion to business ethics*, *op. cit.*, p. 128-138.

3. R.E. Freeman, D.R. Gilbert, « Business, ethics and society : A critical agenda », *Business and Society*, 31(1), 1992, p. 9-17.

reconstruction, de son côté, vise à proposer de nouveaux récits pour penser la fonction de l'entreprise au sein de la société.

Ces récits sont présentés comme des métaphores. Wicks, Freeman et Gilbert proposent ainsi une nouvelle métaphore, « féminine », inspirée d'une version de l'éthique du *care*. Elle offrirait selon eux une description plus appropriée de la vie des affaires en mettant l'accent sur le *souci d'autrui* et une conception *connectée* du moi. Mais d'autres métaphores seraient possibles – par exemple d'inspiration psychanalytique, comme l'envisageaient Freeman et Gilbert.

La métaphore féminine n'a pas pour ambition d'évincer la métaphore dominante, « masculine ». Ce point se retrouve dans les travaux de la théorie des organisations relatifs au postmodernisme qui étaient menés à l'époque où Wicks et ses collègues publièrent leur article. Par exemple, Kenneth Gergen et Tojo Thatchenkery affirmaient que chacune des théories développées dans ce champ « représente un discours potentiellement disponible pour différents buts dans différents contextes », et que les anciennes théories ne devraient pas être purement et simplement abandonnées[1]. L'important est en effet d'ouvrir le nombre d'alternatives disponibles pour l'action.

Le texte de Wicks, Gilbert et Freeman s'inscrit ainsi dans le cadre des débats relatifs aux effets du postmodernisme sur la théorie des organisations. Mats Alvesson soulignait qu'à côté de l'usage de l'outil critique de la déconstruction, l'un de ces effets était la recherche des traits postmodernes déjà présents au sein des organisations[2]. C'est de cette façon que procèdent Wicks et

---

1. K.J. Gergen, T.J. Thatchenkery, « Organizational science as social construction : Postmodern potentials », *The Journal of Applied Behavioral Science*, 32(4), 1996, p. 356-377.

2. M. Alvesson, « The meaning and meaninglessness of postmodernism : Some ironic remarks », *Organization Studies*, 16(6), 1995, p. 1047-1075.

ses collègues : après la critique de la métaphore masculine, ils révèlent, pour étayer leur argument, ces traits postmodernes en émergence. Ce sont d'ailleurs ceux qu'Alvesson mentionnait : une orientation antibureaucratique favorable à la décentralisation et au partage du pouvoir ; l'accent mis sur le chaos et l'ambiguïté, qui s'oppose à l'image de l'organisation comme machine rationnelle ; et l'affirmation des vertus du jeu, de l'indétermination et même de l'anarchie. Mais Alvesson soulignait en même temps que ces caractéristiques pouvaient en pratique fort bien s'accorder avec une orientation bureaucratique des organisations, retirant par là beaucoup de crédit à leur caractère soi-disant postmoderne.

Il reste à expliquer pourquoi Wicks, Gilbert et Freeman ont retenu la métaphore féminine pour reconstruire le concept de partie prenante. L'explication réside, selon leurs termes, dans « la mise sous silence des parties prenantes ». Elle est l'un des effets négatifs – et le plus grave – produit par la métaphore masculine de la vie des affaires. Le but de la métaphore féminine qu'ils proposent est de « donner la parole à ce qui n'est pas exprimé » [1] – on notera à cet égard leur référence significative à un petit poisson menacé par un barrage. Mais il est aussi épistémologique : il s'agit de redonner à l'éthique des affaires une posture critique « qui s'avère indispensable si nous voulons redécrire les affaires dans des termes plus humains » [2].

L'article de Buchholz et Rosenthal a plusieurs mérites : exposé critique de l'individualiste atomiste ; résumé des principales thèses de la théorie des parties prenantes ; tentative de fonder cette théorie sur la philosophie pragmatiste afin de

1. R.E. Freeman, D.R. Gilbert, « Business, ethics and society : A critical agenda », *op. cit.*

2. R.E. Freeman, R.A. Phillips, « Business ethics : Pragmatism and postmodernism », *op. cit.*

produire une nouvelle vision du monde des affaires, non pas atomiste, mais relationnelle.

On notera que les auteurs ont défendu à de multiples reprises le point de vue pragmatiste. Le fait que Sandra Rosenthal est une spécialiste de ce mouvement philosophique américain contribue certainement à expliquer leur notoriété. Par ailleurs, ils ne se réfèrent pas au néo-pragmatisme de Rorty (ni au postmodernisme), ce qui fait dire à Freeman et Phillips que Buchholz et Rosenthal se situent dans le camp de la seule « reconstruction ».

Selon eux, les interactions entre individus n'ont pas la nature des liens superficiels et instrumentaux que conçoit l'individualisme atomiste et qui rendent impossible l'avènement de communautés authentiques. En revanche, le pragmatisme peut apporter « un fondement philosophique à une conception relationnelle du moi et de la dimension intrinsèquement collective des relations dans lesquelles l'entreprise est impliquée ». S'inspirant de George H. Mead et de John Dewey, les auteurs cherchent à montrer que le moi est inséparable de la communauté. Ils décrivent le processus social d'ajustement continu qui s'opère entre un moi et d'autres moi dans le cadre de leurs interactions, ainsi que les dynamiques qui traversent les communautés humaines où se confrontent la créativité individuelle et l'autorité exercée par le groupe. Naturellement, ces dynamiques interviennent aussi dans le contexte des relations entre l'entreprise et ses parties prenantes, qui sont un type de relations humaines.

Pourtant le problème de la thèse de la séparation semble évacuer l'éthique de la vie économique, donc priver les relations d'affaires de l'enrichissement et de la fécondation mutuels que décrivent Buchholz et Rosenthal. Mais, pour eux, la thèse de la séparation n'est pas un problème. Elle est simplement la manifestation des « dynamiques bipolaires » qui structurent à la fois le moi et la communauté.

On ne doit pas s'étonner que, pour fonder la théorie des parties prenantes, Buchholz et Rosenthal commencent par présenter une conception du moi. Ils en donnent la raison par ailleurs : « Il est nécessaire de comprendre la nature du moi car, en un certain sens, les dynamiques de la communauté sont celles du moi à grande échelle. C'est seulement en comprenant la nature du moi que l'on peut comprendre la relation entre le moi et la communauté »[1]. Pour Buchholz et Rosenthal, le pragmatisme est une philosophie compréhensive qui peut être invoquée pour formuler une théorie de la firme, penser ses relations avec son environnement et, au niveau individuel, conceptualiser la décision morale.

Les arguments proposés dans les deux premiers textes n'ont pas seulement un contenu moral. Ils ont aussi un contenu politique. Celui-ci devient central dans le texte proposé par McMahon.

Cet auteur s'intéresse aux conditions qui rendent légitime l'autorité managériale, c'est-à-dire l'autorité exercée par les managers au sein des entreprises. Selon lui, la question de la légitimité de l'autorité relève d'une théorie politique modérée qui reconnaît qu'une société bonne peut tolérer des relations d'autorité entre les gens à condition que ces relations soient légitimes[2]. A l'inverse des auteurs des deux textes précédents, il ne s'engage pas envers une quelconque conception morale substantielle. Mais, comme eux, il développe un point de vue critique, dirigé cette fois contre les conséquences de l'exercice, au sein des entreprises, d'un *pouvoir directif* qui ne remplirait pas les conditions de légitimité de l'autorité, ne reposant que sur

---

1. R.A. Buchholz, S.B. Rosenthal, « Theoretical foundations of public policy : A pragmatic perspective », *Business and Society*, 34(3), 1995, p. 261-279.

2. Voir C. McMahon, *Authority and democracy : A general theory of government and management*, Princeton University Press, 1994.

la capacité des managers à fournir aux employés des incitations externes (par exemple des avantages financiers ou des menaces de sanctions); il propose une nouvelle vision, inspirée du fédéralisme politique; et, dans ce cadre, il défend une conception de l'entreprise comme centre de coopération subordonné au sein d'un vaste système intégré de coopération sociale placé sous contrôle politique.

Selon cette conception, l'entreprise serait comparable à un État membre d'un système fédéral. Mais McMahon ne pousse pas si loin l'analogie entre l'entreprise et l'État. Cette analogie doit plutôt être comprise du point de vue de la coopération à l'échelle de la société. Car si l'on conçoit la société comme un vaste système de coopération, chaque entreprise peut être conçue à son tour comme un « centre subordonné » visant à organiser la coopération en vue de promouvoir le bien public, tout en traitant de façon équitable les « désaccords raisonnables » que peuvent avoir les gens sur des questions morales. C'est une telle conception qui peut rendre l'autorité managériale légitime. Ainsi, un employé qui juge que certaines des pratiques de son entreprise sont moralement critiquables pourra considérer qu'il a une raison suffisante de se conformer aux directives managériales parce qu'il estime que son entreprise fait partie d'un système intégré plus vaste dans lequel la coopération produit au total plus de biens que de maux [1].

La légitimité suppose en outre un certain degré de contrôle démocratique. Au minimum, l'autorité facilitant la coopération au niveau le plus élevé de la société (celui de l'État) devrait être

---

1. Dans son ouvrage, McMahon traite de « la structure rationnelle de la coopération mutuellement bénéfique » et affirme que l'autorité facilitant la coopération résout le problème de l'assurance, chaque participant ayant une bonne raison de croire qu'un nombre suffisant d'autres participants contribuera à l'effort coopératif.

exercée démocratiquement, mais McMahon estime qu'il y a une présomption morale en faveur de l'exercice de la démocratie dans l'entreprise. Dans son ouvrage, il affirmait que « si on devait introduire la démocratie dans l'entreprise », elle devrait impliquer « le management démocratique des entreprises par leurs employés, (…) c'est-à-dire l'exercice de l'autorité par ceux qui y sont soumis ». Dans le texte présenté, il souligne l'importance de la valeur d'équité dans la répartition, au sein de la population active, du sentiment d'imperfection morale provenant du fait que des employés estiment que certaines politiques mises en œuvre par leur entreprise sont moralement critiquables.

Mais que l'exercice de l'autorité au sein de l'entreprise prenne ou non une forme démocratique, les managers sont, selon McMahon, des « agents publics d'un certain genre ». Ceci parce qu'ils exercent une autorité subordonnée et que cette autorité implique qu'ils sont chargés, lors de la prise de décision, d'équilibrer des « valeurs sociales moralement importantes »[1] – une tâche politique que McMahon qualifie de « législative ».

C'est au fond une nouvelle vision du monde des affaires qu'il propose. L'une de ses conséquences concerne le statut moral des entreprises. Hartman l'évoque clairement dans sa revue de l'ouvrage de McMahon. Il remarque en effet que si l'on considère l'entreprise comme un « organisme », alors les employés « ont une raison de subordonner leurs propres buts à ceux de l'entreprise »[2]. Mais McMahon nie justement que la firme soit un organisme, qu'elle ait un statut moral

---

1. C'est-à-dire des « états de choses de nature sociale qui contribuent ou constituent en partie l'épanouissement des êtres humains » (C. McMahon, « The political theory of organizations and business ethics », *Philosophy and Public Affairs*, 24(4), 1995, p. 292-313).

2. E.M. Hartman, « Authority and autonomy », *Business Ethics Quarterly*, 8(2), 1998, p. 359-371.

indépendamment des membres qui la composent[1]. Il en résulte que la légitimité de l'autorité managériale ne peut être dérivée du but poursuivi par l'entreprise.

L'argument de McMahon soulève aussi la question cruciale de l'autonomie individuelle des employés. Car, selon lui, un employé qui ne se conformerait pas à des directives managériales *légitimes* (selon le critère qu'il propose) agirait mal « en un sens objectif ». Or, une telle position viole différentes conceptions de l'autonomie individuelle – dans sa revue, Hartman cite les conceptions libertariennes et communautariennes de l'autonomie. Et peut-être est-ce le pouvoir directif (pourtant *non légitime* selon McMahon) qui, en définitive, la préserverait le mieux.

1. Voir C. McMahon, « The ontological and moral status of organizations », *Business Ethics Quarterly*, 5(3), 1995, p. 541-554.

ANDREW C. WICKS, DANIEL R. GILBERT
ET R. EDWARD FREEMAN

UNE RÉINTERPRÉTATION FÉMINISTE DU CONCEPT DE PARTIE PRENANTE *

INTRODUCTION

Le langage a une grande importance. Il façonne profondément notre identité (qui nous sommes), notre façon de penser et nos actions (ce que nous faisons). Il est fondamental d'avoir en permanence conscience des métaphores dominantes que nous utilisons pour nous décrire nous-mêmes et pour décrire nos pratiques, car ces dernières nous façonnent d'une manière qui nous est, d'abord, difficile à accepter ou dont nous ne voulons pas. L'étude des vieilles métaphores et leur confrontation avec des alternatives nouvelles et enrichissantes permettent de poser les bases d'un changement constructif. Ce type de changement n'implique pas nécessairement le rejet en bloc des conceptions et des pratiques en place. Il peut servir à modifier ou à étendre le champ des valeurs que nous partageons ainsi que les potentialités qu'elles génèrent dans notre mode de vie. Ce sont les postmodernes qui ont le mieux formulé cette façon de penser le

* « A feminist reinterpretation of the stakeholder concept », *Business Ethics Quarterly*, 4(4), 1994, p. 475-497. Traduit par C. Laugier.

langage. Ils affirment que l'attention portée aux métaphores, à la grammaire et aux façons de parler n'est pas qu'un simple exercice intellectuel mais qu'elle constitue une tâche essentielle au développement d'un vocabulaire alternatif ouvrant de nouvelles possibilités et de nouveaux modes de vie [1].

Le concept de partie prenante est une métaphore relativement récente servant à la fois à décrire la façon dont fonctionne une entreprise et à définir ses missions essentielles. Lorsqu'on se penche sur son histoire à travers la littérature portant sur les relations entre l'entreprise et la société, on constate que cette idée a connu différentes évolutions. L'avènement de l'entreprise moderne a posé des problèmes aux théoriciens lorsqu'ils se sont efforcés d'en exposer la nature ainsi que les types de responsabilités morales qui lui sont appropriés. Les travaux relatifs à la sensibilité sociale (*social responsiveness*) et à la responsabilité sociale de l'entreprise (*corporate social responsibility*) ont contribué à l'élargissement des horizons de notre imagination morale. Ils ont également permis de formuler la relation entre les entreprises et l'éthique. Dans ce contexte de

---

1. On trouvera la version la meilleure et la plus détaillée de cette approche dans les écrits de Richard Rorty sur le pragmatisme, en particulier à l'occasion de sa discussion de l'ironiste (in *Contingency, irony and solidarity*, Cambridge University Press, 1989, trad. fr. P.-E. Dauzat, *Contingence, ironie et solidarité*, Paris, Armand Colin, 1993). Rorty affirme que le langage et les métaphores sont beaucoup plus puissants pour façonner notre sens de la « rationalité » que n'importe quelle conception analytique de la « raison » ou de la logique. En effet, il affirme que c'est grâce à des façons de parler nouvelles et innovantes qu'il nous est possible de transformer « l'espace logique des raisons » pour parvenir à inclure, d'une manière qui fasse « sens », les descriptions et les métaphores des groupes opprimés. Il cite les travaux des théoriciens féministes qui ont été capables de nous sensibiliser à des problèmes tels que le viol conjugal, les mauvais traitements à l'égard des épouses, le droit à l'avortement et les problèmes de la pornographie en étirant les limites du langage et en proposant de nouvelles métaphores dotées d'une grande force. Sur cet argument, voir son essai « Feminism and pragmatism », *Michigan Quarterly Review*, 30, 1991, p. 231-258.

changement, alors que beaucoup d'auteurs peinaient à décrire la façon dont s'accordent la vie des affaires et l'éthique, certains, tirant parti de métaphores plus établies, ont poussé leur réflexion jusqu'à ce que l'idée de « partie prenante » parvienne à un niveau de développement suffisamment riche pour façonner une toute nouvelle façon de comprendre l'entreprise. Cette idée retint l'attention de différents théoriciens. Ils virent en elle un outil puissant permettant de faire progresser notre vision des entreprises et d'en exprimer une nouvelle image transcendant les limites des conceptions précédentes. Dès le départ, le concept de partie prenante a non seulement suscité des questions du type : « Qui l'entreprise sert-elle et comment fonctionne-t-elle ? », mais il a aussi posé cette question plus fondamentale : « Quelle entreprise sommes-nous en train de construire ? ». En agissant de la sorte, les théoriciens des parties prenantes ont débarrassé de leurs vieux oripeaux des constructions conceptuelles telles que les relations d'agence et les calculs de rentabilité. Ils nous rappellent ainsi que les questions les plus fondamentales sur l'activité économique sont inéluctablement et profondément d'ordre moral.

Pourtant, alors que la gestion des parties prenantes est, à présent, largement reconnue et débattue dans les cercles universitaires – et pratiquée au sein de nombreuses entreprises –, elle nécessite encore d'être étudiée, critiquée et développée. Freeman souligne à quel point le concept de partie prenante a évolué et évolue encore aujourd'hui, et de manière fondamentale. Beaucoup le créditent d'être à l'origine de la première analyse systématique de l'idée de partie prenante[1]. Cependant, le cadre intellectuel utilisé pour énoncer cette idée est totalement différent de celui utilisé dans le dernier livre qu'il a écrit avec

---

1. R.E. Freeman, *Strategic management : A stakeholder approach*, *op. cit.*

Gilbert[1]. Il diffère également des conceptions présentées dans un récent essai[2]. Dans son premier ouvrage, les parties prenantes étaient présentées comme des acteurs importants avec lesquels il fallait compter pour garantir la réussite de l'entreprise. Au lieu d'être reliées à l'identité de l'entreprise ou confondues avec les individus auxquels cette dernière est redevable de la création de valeur, elles étaient plutôt perçues comme des moyens par lesquels l'entreprise réalisait les objectifs qu'elle s'était assignés (par exemple la maximisation des profits). Dans leur premier livre, Freeman et Gilbert supposaient que les parties prenantes entretiennent une relation plus essentielle et moralement plus significative avec l'entreprise. En effet, elles étaient perçues comme des fins – des individus ayant des « projets personnels » et des intérêts que l'entreprise, désormais conçue comme un moyen, avait mission de servir. Enfin, dans leur dernier essai, ils dénonçaient les défauts de cette version de la théorie des parties prenantes. Ils montraient principalement qu'elle repose sur un mode de pensée trop « individualiste, autonome et masculin » pour pouvoir être intelligible, et qu'elle ne tenait pas suffisamment compte de beaucoup des idées féministes que nous allons aborder de façon plus complète dans cet article (comme la capacité à se soucier d'autrui et l'importance qu'il convient d'accorder aux relations humaines). Ainsi, loin d'avoir suscité un « changement fondamental de paradigme » lors de sa première présentation, l'idée de partie prenante s'est développée et elle évolue encore en s'inscrivant dans un processus de changement qui se caractérise par sa continuité, son dynamisme et sa nature *ad hoc*. Nous pensons que, dans le futur, un nouveau

---

1. R.E. Freeman, D.R. Gilbert, *Corporate strategy and the search for ethics*, *op. cit.*

2. R.E. Freeman, D.R. Gilbert, « Business, ethics and society : A critical agenda », *op. cit.*

discours viendra de la même façon transformer ce qui est aujourd'hui établi dans l'analyse des parties prenantes. Cette transformation se produira grâce à l'utilisation d'une grande variété de formes d'analyse critique et d'innovation, ainsi qu'à travers l'émergence d'un nouveau vocabulaire permettant de réfléchir au sens de l'entreprise.

A l'origine de cet article se trouve le désir d'explorer plusieurs des concepts qui sont utilisés pour étudier non seulement l'entreprise et ses relations avec les parties prenantes, mais aussi le langage qui s'y rapporte. Nombre des métaphores utilisées pour comprendre et expliquer le concept de partie prenante, et plus généralement l'activité de l'entreprise, sont formulées dans un langage clairement « masculin ». Nous pensons qu'une réinterprétation de l'idée de partie prenante par l'utilisation de descriptions « féminines » ou « féministes », pourrait ouvrir de nouvelles et importantes perspectives. Deux raisons implicites rendent cette réinterprétation nécessaire.

La première est d'ordre moral. Le concept de partie prenante n'était pas simplement une nouvelle stratégie ou un nouveau mécanisme permettant à l'entreprise d'augmenter ses profits. Nous le voyons plutôt comme une tentative visant à formuler, d'une manière plus utile et plus convaincante, ce qu'est « l'entreprise » et la nature des responsabilités qu'elle assume envers ceux qui se trouvent à l'intérieur comme à l'extérieur de ses « murs ». Or, ce point de vue moral a été totalement desservi parce qu'il a été formulé en des termes qui limitent la capacité à exprimer totalement les engagements moraux de l'entreprise. Il est possible d'étoffer le concept de partie prenante en remplaçant certaines des métaphores masculines par des métaphores féministes. Grâce à cette démarche, ce concept pourra exprimer la totalité des perspectives qu'il recèle.

La seconde raison de cet article, qui découle de ce qui précède, est que la transformation de ces vieilles métaphores

« masculines » revêt une extrême importance pour les entreprises qui désirent améliorer leur capacité de réactivité et d'adaptation dans un environnement économique mondial complexe et sujet à des changements rapides. Comme nous le montrerons par la suite, beaucoup des tendances émergentes relatées ici, et qui ont déjà déterminé – et continueront de le faire – le monde de l'entreprise, présentent une grande affinité avec les alternatives féministes que nous proposons. L'émergence de formes de collaboration, dont l'explosion des *joint ventures*, est la preuve d'une tendance significative et croissante dans le monde de l'entreprise. Comme le remarque Barbara Gray :

> Au cours de ces quinze dernières années, des exemples de collaboration sont apparus dans pratiquement tous les secteurs de la société – entreprise, gouvernement, travail et communautés. Les collaborations entre entreprises sont en train de devenir incroyablement fréquentes. Les *joint ventures* internationales représentent un accroissement décisif du portefeuille client des firmes, en particulier dans les secteurs des télécommunications, de l'informatique, de l'automobile, de l'aérospatial, de la robotique et des biotechnologies. Les exemples de coopération dans le cadre des relations employeur-employé sont de plus en plus courants dans le domaine du travail et certains spécialistes pensent qu'une transformation majeure des relations de travail est en marche [1]. Depuis le début des années 70, de nombreux conflits dans le secteur public et dans celui de l'environnement ont été résolus avec succès par l'utilisation de processus collaboratifs souvent accompagnés de l'aide d'un médiateur [2]…

1. T.A. Kochan, H.C. Katz, R.B. McKersie, *The transformation of American industrial relations*, New York, Basic Books, 1987 ; H.C. Katz, *Shifting gears : Changing labor relations in the U.S. automobile industry,* Cambridge, MIT Press, 1985 ; M.H. Schuster, « Models of cooperation and change in union settings », *Industrial Relations*, 24(3), 1985, p. 382-394.

2. S.L. Carpenter, W.J.D. Kennedy, *Managing public disputes : A practical guide to handling conflict and reaching agreements*, San Francisco, Jossey-Bass,

Le système judiciaire se tourne lui aussi vers la collaboration pour régler des cas complexes impliquant plusieurs parties [1].

Les recherches de Gray (et dans une moindre mesure celles de Waddock) sur la collaboration, de Peters sur l'importance du « *chaos management* », de théoriciens des organisations et de bien d'autres, vont nous permettre de dessiner les contours d'un monde des affaires dans lequel nos propositions pourront aider les firmes qui souhaitent évoluer positivement. Notre argumentation se déploiera simultanément sur deux plans. Nous affirmerons d'abord qu'une réinterprétation féministe du concept de partie prenante peut contribuer à mieux exprimer le sens et les missions des entreprises. Dans un second temps, nous défendrons également l'idée que ce modèle fournit un éclairage utile aux entreprises désireuses d'améliorer leurs capacités d'adaptation et de réactivité. Tout en affirmant que les entreprises respectueuses du paradigme des parties prenantes peuvent réussir au sens financier et traditionnel du terme, notre thèse a plus largement pour but de changer notre façon de comprendre le mot « réussite » et d'autres métaphores essentielles qui façonnent notre conception des organisations [2]. Changer le langage et les

---

1988 ; L.E. Susskind, J. Cruikshank, *Breaking the impasse*, New York, Basic Books, 1987.

1. B. Gray, *Collaborating : Finding common ground for multiparty problems*, San Francisco, Jossey-Bass, 1989.

2. Nous ne démontrerons pas ni ne soutiendrons ici la thèse selon laquelle la théorie des parties prenantes, en particulier la version proposée, est cohérente avec la performance financière. D'autres auteurs, y compris Peters dans ses projets collaboratifs relatifs à l'excellence, ont avancé ce type d'argument. Nous pouvons aussi regarder du côté de certaines entreprises qui adoptent – de façon explicite ou implicite – des formes de gestion des parties prenantes, en considérant que ces exemples représentent une bonne indication du caractère raisonnable d'une telle conclusion (par exemple The Body Shop, Ben & Jerry's, Corning, Johnson & Johnson, Merck, etc.). Dans le cadre de cet article, nous souhaitons garder ouverte

métaphores que nous utilisons ne nous empêche pas de parler des affaires ou de la richesse, mais cela altère le discours et la logique qui gouvernent notre façon de penser ces questions – et de penser l'entreprise. Le fait d'adopter cette nouvelle conception de l'entreprise permet de dépasser l'idée que l'éthique des affaires serait un oxymore. Elle permet aussi de mieux comprendre la façon dont les entreprises peuvent continuer à prospérer dans une économie moderne de marché tout en étant gouvernées par des valeurs morales [1].

Pour bien comprendre les différences de genre auxquelles nous avons fait allusion, il est important de définir le contenu que nous donnons aux métaphores « masculines » et « féministes ». Il est également important de montrer comment elles se manifestent en pratique. Tout d'abord, nous utilisons le terme « féministe » dans un sens tout à fait particulier. Nous ne souhaitons pas minimiser la signification et la diversité des études féministes actuelles – de nombreux auteurs y contribuent de façon remarquable et leurs travaux présentent un large éventail de théories. Mais nous ne pourrons nous référer qu'à quelques-uns de ces auteurs, et d'abord à Carol Gilligan et à ses travaux sur l'éthique du *care* qui représentent une petite partie, mais une partie significative, de la recherche traitant des problèmes de genre.

la question de la capacité des entreprises concernées par la gestion des parties prenantes à réussir financièrement au sens traditionnel du terme.

1. A travers la démarche consistant à proposer un nouvel ensemble de métaphores et un discours différent, nous voulons créer un cadre de référence au sein duquel l'expression « vie des affaires » et le mot « éthique » peuvent interagir de façon constructive et se renforcer l'un l'autre. La théorie des parties prenantes nous donne le moyen de réinterpréter le discours traditionnel sur la vie des affaires de façon à ce que l'éthique y occupe une position viable. La réinterprétation féministe que nous proposons permet de faire un pas supplémentaire dans cette direction. Elle permet aussi de concrétiser l'ambition consistant à faire de l'éthique et de la vie des affaires des dimensions plus interdépendantes, l'« éthique des affaires » devenant alors un pléonasme.

Ainsi, à chaque fois que nous utiliserons le terme « féministe » dans cet article, nous nous réfèrerons exclusivement à ces auteurs. De plus, le lien étroit existant entre la différence sexuelle et le terme « féministe » fait naître une autre restriction importante dans notre façon d'utiliser ce terme (ou le mot « masculin »). Alors que ces termes permettent en général de différencier un ensemble d'attitudes envers le monde, il n'y a pas de ligne de démarcation aussi nette dans l'utilisation que nous en faisons et dans celle des métaphores qui leur sont associées. Au contraire, nous pensons que les deux modes de pensée sont présents, à différents degrés, chez les hommes et chez les femmes – les sensibilités donnant voix à ces questions sont communes à tous [1]. Ainsi le fait de parler de la « perspective du *care* » ne revient pas à s'adresser uniquement – ou en priorité – aux femmes, mais plutôt aux sentiments moraux fondamentaux qui nous sont communs. Nous devons également garder à l'esprit que le fait de critiquer certains langages, certaines idées et certaines structures qui sont associés à « la perspective de la justice » ne revient pas à rejeter tous les concepts masculins. Nous ne souhaitons pas non plus appeler à la suppression des concepts que nous critiquons [2]. Eux aussi contribuent à

---

1. Beaucoup affirment que les genres de discours que nous appelons « féministes » sont plus répandus chez une majorité de femmes (ils reflètent, selon Gilligan, « la perspective du *care* »), alors que le discours « masculin » est davantage répandu chez la majorité des hommes (il reflète ce que Gilligan appelle « l'approche de la justice »).

2. L'orientation du *care* fait de la capacité des individus à faire preuve de sollicitude la pierre de touche de l'activité morale. Selon l'orientation vers la justice, la clé de la réflexion morale repose sur les droits et l'aptitude au raisonnement logique à l'aide de concepts moraux abstraits. Le *care* souligne l'importance des relations humaines et la capacité de s'épanouir dans un réseau relationnel. La justice donne priorité à l'individu et se concentre sur le système de règles et de responsabilités permettant aux gens de vivre ensemble dans le respect de leurs projets personnels (voir les travaux de Gilligan pour une description plus complète

déterminer une part importante de nos perceptions morales. Nous nous efforçons plutôt de faire apparaître un mode de pensée capable de nous aider à corriger les métaphores rigides et usées qui ont sans conteste dominé le monde des affaires pendant trop longtemps. Nous souhaitons offrir, pour les remplacer, de nouveaux concepts, un nouveau langage et de nouvelles métaphores capables de rendre compte différemment de la gestion des parties prenantes.

ÉTUDE DE CERTAINES MÉTAPHORES MASCULINES QUI SE CACHENT DERRIÈRE LE CONCEPT DE PARTIE PRENANTE

Il serait totalement absurde et fastidieux d'essayer d'isoler la myriade d'images et de structures clairement masculines qui opèrent dans notre environnement quotidien. Nous ne ferons qu'effleurer le problème en exposant les exemples de métaphores masculines les plus flagrants – des exemples qui ont fini par façonner nos pensées au sujet de l'entreprise et du concept de partie prenante. Nous examinerons cinq cas particuliers : 1) l'entreprise doit d'abord être pensée comme une entité « autonome », sans lien avec son environnement extérieur ; 2) les entreprises peuvent et devraient commander ou contrôler leur environnement extérieur ; 3) ce sont le langage de la compétition et du conflit qui décrivent le mieux la gestion d'une entreprise ; 4) nous employons un mode de pensée « objectif » lorsque nous élaborons une stratégie ; 5) les entreprises devraient structurer le pouvoir et l'autorité au sein d'une organisation hiérarchique rigide.

---

des notions de *care* et de justice). Alors que ces notions constituent une toile de fond importante pour notre argumentation, nous nous focaliserons dans cet article sur les termes « masculin » et « féministe ».

Les entreprises sont des entités autonomes

Le premier présupposé est l'idée que l'entreprise est une entité autonome naturellement séparée de son environnement. Cette hypothèse est en partie une illustration de la célébration de l'individu et du respect de la liberté individuelle adoptés par l'Occident après le siècle des Lumières, en particulier par les États-Unis. L'un des thèmes caractéristiques de l'expérience américaine est l'image du pionnier qui décrit à la fois un individu héroïque et un contexte dans lequel cet individu est capable d'agir et de dominer un environnement hostile. Pour prendre tout son sens, cette conception s'appuie sur la notion de frontière – l'endroit où les actions d'une personne ont peu de relations et peu d'influence directe sur ceux qui ne font pas partie de son clan (ou de son entreprise). Cette vision du monde contient en elle-même l'hypothèse que le moi est par nature capable de vivre isolé des autres moi ainsi que du contexte plus large qui l'entoure. Les personnes existent en tant qu'êtres distincts perçus indépendamment de leurs relations avec les autres. Bien que le langage, la communauté et les relations humaines affectent le moi, ils sont perçus comme extérieurs et sans lien avec l'individu qui est, lui, à la fois autonome et ontologiquement antérieur à ces éléments de contexte. De la même façon, dans les affaires, l'entreprise est plutôt perçue comme un agent autonome, séparé de ses fournisseurs, de ses consommateurs et de son environnement extérieur. Là aussi, alors que, plus largement, les forces du marché et l'environnement économique ont un réel impact sur une entreprise donnée, c'est néanmoins cette seule entreprise qui sera au centre des discussions sur la stratégie. C'est également cette même entreprise que nous jugerons prééminente dans la mesure où c'est à elle que nous attribuons la qualité d'agent (*agency*)[1].

Nous avons l'habitude de concevoir les parties prenantes comme des personnes qui affectent l'entreprise ou qui sont affectées par elle, mais sans être constitutives de son identité première. Cette conception se retrouve dans la définition proposée par un grand nombre d'auteurs, par exemple celle de Mason et Mitroff : « Les parties prenantes regroupent tous ceux qui, à l'intérieur et à l'extérieur de la firme, peuvent faire valoir un intérêt particulier, aussi bien quand un problème se pose que lors de sa résolution »[2]; celle de Thompson : « Pour une entreprise, une partie prenante est (par définition) tout groupe ou individu pouvant affecter ou être affecté par la réalisation de ses objectifs »[3]; et celle de O'Toole : les parties prenantes sont « toutes les parties qui ont un intérêt » dans l'entreprise[4]. Ces définitions partagent toutes la prémisse implicite que l'identité première de la firme est définie indépendamment et séparément de ses parties prenantes[5]. Au niveau macro-économique, le monde des affaires est vu comme un ensemble d'atomes entrant chacun en collision avec d'autres atomes dans un processus mécanique représentatif des interactions et des transactions entre différentes firmes.

1. Voir P.A. French, « The corporation as a moral person », *op. cit.*

2. R.O. Mason, I.I. Mitroff, *Challenging strategic planning assumptions : Theory, cases and techniques*, New York, Wiley, 1981.

3. R.E. Freeman, *Strategic management : A stakeholder approach*, *op. cit.*

4. J. O'Toole, *Vanguard management : Redesigning the corporate future*, Garden City, Doubleday, 1985.

5. Cette théorie est classiquement développée par Alfred P. Sloan dans son autobiographie, *My years with General Motors*, Doubleday, 1963. Les théories de Sloan au sujet de la nature autonome de l'entreprise sont caractéristiques de son époque et pourtant elles correspondent parfaitement à ce qui figure dans la littérature des années 90 sur la stratégie d'entreprise.

Les entreprises sont censées commander et contrôler leur environnement

Le second présupposé est que les firmes se trouvent confrontées à un environnement extérieur qu'elles devraient chercher à commander et/ou contrôler. La prémisse est ici que, dans un monde caractérisé par la complexité et le changement, les individus ont besoin d'ordre et de stabilité pour que leurs besoins élémentaires soient satisfaits. Le trait psychologique qui se cache derrière ce désir de contrôle est en partie le sentiment de peur qui apparaît souvent lorsque les gens sont confrontés à l'incertitude, à la dynamique de l'action et au désordre. Les choses qui viennent rompre l'ordre établi ou qui sont porteuses de changement et de complexité sont perçues comme une menace pour le moi. La réaction naturelle est de chercher à prendre le contrôle, de conquérir ce qui est autre ou ce qui perturbe, de dominer pour restaurer l'ordre. Comme le suggère Gilligan, ce type de réponse est davantage associé à la « justice » ou à une orientation masculine. En philosophie, on retrouve l'expression de cette tendance chez Platon dans sa recherche des Formes composant l'essence simple et harmonieuse de la réalité, Formes qui sont occultées par les illusions et les complexités trompeuses de nos perceptions sensibles. De la même façon, d'autres philosophes ont poursuivi cette tradition à travers la recherche d'un « point archimédien » – point où le monde peut être littéralement stoppé et analysé soigneusement afin de saisir les vérités fondamentales qui ne sont ni affectées ni déconstruites par la dynamique de l'action.

Dans le monde des affaires, les stratèges défendent la thèse selon laquelle la firme, conçue en tant qu'entité isolée, est confrontée à un monde extérieur fait de forces de marché et de concurrents mettant en péril ses projets de réussite. Ce n'est qu'en cherchant et en trouvant un moyen de contrôler ces forces qu'une firme peut prospérer. Le fait de ne pas réussir à exercer le contrôle se traduira très probablement par des pertes d'opportunités, par des conditions de marché peu favorables, par des restrictions gouvernementales, par la menace d'une baisse de profits due aux consommateurs hostiles et aux syndicats qui, par leurs actions cumulées, ont la possibilité de mettre en danger la survie même de l'entreprise. Au lieu d'être surprise en flagrant délit d'incapacité à agir ou tout simplement de se retrouver dans une situation où elle est contrainte de réagir face aux initiatives des autres, l'entreprise intelligente anticipera les mouvements se produisant au sein de son environnement et s'efforcera de contrôler et de changer ces actions afin d'être en mesure de dicter la dynamique des événements[1]. Mason et Mitroff adoptent cette approche tout au long de leur recherche à travers l'exemple du *snaildarter* (un petit poisson de sept centimètres) et d'un projet de barrage planifié par la *Tennessee Valley Authority* :

> Les *snaildarters* sont des parties prenantes n'ayant qu'une faible probabilité de participer effectivement à la politique de l'entreprise, à son projet ou à sa stratégie, mais si c'est le cas ils en *menacent* la réussite. L'objectif poursuivi dans le fait d'engendrer des « *snaildarters* » est de forcer ceux qui défendent un certain projet à anticiper les hypothèses les moins évidentes qu'il sera nécessaire de *surmonter* pour que leur projet réussisse. Ils doivent expliquer de quelle manière ils vont répondre aux besoins des *snaildarters* et comment ils vont les *conquérir*[2].

1. Voir également Michael Porter, en particulier les chapitres 4 et 5 de son livre *Competitive strategy*, Free Press, 1980, pour l'utilisation des métaphores militaires en stratégie, qui s'inscrivent dans cette veine. Le même sentiment d'hostilité envers l'environnement extérieur et le même besoin de le contrôler sont présents dans sa théorie.

2. R.O. Mason et I.I. Mitroff, *Challenging strategic planning assumptions : Theory, cases and techniques*, *op. cit.* (italiques placées par nos soins).

Les métaphores du conflit et de la compétition sont celles qui décrivent le mieux la façon dont les firmes sont censées être gérées

Le troisième présupposé que nous désirons analyser est l'idée que le langage du conflit et de la compétition est celui qui décrit le mieux la façon dont les firmes sont censées être gérées. Derrière cette approche se cache l'idée que la concurrence permet de rendre les entreprises plus fortes et plus riches, de les rendre autosuffisantes et mieux à même d'introduire des innovations répondant aux besoins des consommateurs. La concurrence fait ressortir ce qu'il y a de meilleur chez ceux qui font partie de l'entreprise et elle aide à réduire le gaspillage – soit l'entreprise est en mesure de relever le défi du « *getting lean and fit* »[1] en appliquant les préceptes du *Lean management*, soit elle se trouve dans une situation moins favorable et laisse sa place à une entreprise plus robuste capable, elle, de relever le défi. Si on se place dans la perspective particulière de la gestion des parties prenantes au sein d'une firme donnée, ce mécanisme intègre les divergences et les conflits d'intérêts entre les diverses parties prenantes. Comme le montre l'exemple du *snaildarter*, il faut compter, dans toute situation de prise de décision, avec un grand nombre de parties prenantes, souvent en conflit direct les unes avec les autres. Leurs intérêts étant contradictoires, on doit, pour arbitrer les conflits, les mettre en concurrence pour déterminer celui qui a le plus de poids ou est le plus contraignant. Pour illustrer encore cette manière de penser, on peut se demander si une entreprise devrait satisfaire un groupe d'écologistes en fermant une usine qui ne parvient pas à respecter leurs normes en matière de contrôle de la pollution ou si elle devrait protéger les

---

1. *Getting lean and fit* peut se traduire par « rester mince et en forme », un slogan universel des salles de sport. (N.D.T.)

emplois de milliers d'ouvriers qui dépendent du fonctionnement de l'usine. De quelle façon les responsables de la planification stratégique doivent-ils aborder ce problème ?

James O'Toole nous dit qu'une bonne gestion implique de peser ou d'équilibrer les mérites des différents intérêts en concurrence, de choisir ceux qui sont les plus contraignants et les plus bénéfiques pour la firme et de travailler à la résolution du conflit[1]. Les managers réfléchissent à la façon dont les intérêts des parties prenantes sont affectés, puis ils soupèsent les options possibles avant de prendre une décision. Conjointement avec les deux premiers présupposés que nous avons analysés, ce choix de la compétition et du conflit se comprend parfaitement. Il apparaît comme un prolongement logique de l'image d'un monde fait d'acteurs individuels dont chacun lutte pour le contrôle des forces externes.

L'élaboration des stratégies est censée être objective

Le quatrième présupposé est que l'élaboration des stratégies est censée se faire de manière objective. Dans la mesure où les firmes luttent pour dépasser le désordre et le chaos du monde réel, ainsi que les préjugés relevant de leurs propres perceptions, les bonnes entreprises, pour construire leur stratégie, se tournent vers les faits et les calculs objectifs. Le recours à la science et la méfiance à l'égard des perceptions humaines sont le reflet de la croyance plus profonde que la recherche empirique permet d'appréhender les faits « bruts » et ce qui se passe vraiment dans le monde – elle s'oppose à ce qu'en disent nos sens et nos interprétations. La science permet d'évacuer les artifices du langage, de la culture et du contexte. Elle révèle ainsi la vraie réalité dans sa forme première et pure. C'est par le biais du recensement

---

1. J. O'Toole, *Vanguard management : Redesigning the corporate future*, *op. cit.*

soigneux des faits et de la recherche empirique que les managers peuvent reconstituer ce qui se passe dans le monde et formuler une stratégie appropriée.

Si les faits jouent un rôle important dans la définition de l'orientation stratégique d'une firme, l'objectivité permet aussi de servir une autre cause. Elle pousse les décideurs à prendre leur distance par rapport à leurs inclinations, leurs penchants et leurs perceptions afin d'être aussi détachés et analytiques que possible (comme dans la « dialectique » de Mason et Mitroff qui vise à « systématiser le doute »). Cette préférence pour la rationalité, la science et le détachement reflète une profonde méfiance à l'égard des émotions, de l'expérience concrète et des liens humains. Cette attitude est caractéristique d'une grande partie de la pensée occidentale depuis Descartes. On en retrouve l'expression tout au long des ouvrages de stratégie d'entreprise, comme l'illustre le programme de Mason et Mitroff : ils contestent sans relâche aux perceptions la capacité à parvenir à des visions du monde objectivement plus fidèles et plus vraies.

L'une des conséquences de cette approche est que les parties prenantes sont réduites au silence. Car en adoptant une forme de pensée qui nous éloigne des identités, émotions, besoins et perceptions de chaque individu, nous nous éloignons dans le même temps des parties prenantes. Le recours à la quantification et à l'abstraction occulte le fait que les parties prenantes sont des personnes particulières. Il érode implicitement leur légitimité en tant qu'agents qui méritent qu'on leur accorde voix au chapitre au sein de l'entreprise. La quête de l'objectivité a pour effet insidieux de supprimer une source de savoir et d'expérience qui pourrait se révéler essentielle – en réalité, il s'agit de la source la plus fondamentale pour construire une stratégie – dès lors que nous souscrivons à la théorie des parties prenantes.

Une organisation hiérarchique rigide est censée permettre
l'enracinement du pouvoir et de l'autorité

Le dernier présupposé que nous souhaitons mettre en évidence est la théorie selon laquelle, pour établir leur pouvoir et leur autorité, les entreprises sont censées recourir à une organisation hiérarchique rigide. Le meilleur exemple d'organisation ayant établi le pouvoir et l'autorité dans un système de stricte hiérarchie est sans doute l'armée, bien que cela soit tout aussi vrai pour les professions médicales, l'Église catholique et de nombreuses autres organisations ayant adopté l'esprit de hiérarchie. Cette conception du pouvoir et de l'autorité au sein de l'organisation établit une chaîne visible de commandement allant des gens qui travaillent sur la chaîne de montage jusqu'au PDG. Elle permet de préciser les tâches appropriées à chacun des rôles. Dans ce type de système, les gens sont d'abord tenus d'effectuer les tâches qui leur sont attribuées plutôt que d'agir de façon créative, d'être libres de prendre des décisions et d'exercer leur jugement sur les sujets importants.

Le désir et le penchant logique pour la hiérarchie découlent des quatre présupposés analysés plus haut. La hiérarchie aide à simplifier, à organiser et à structurer l'organisation en définissant clairement les rôles, les devoirs et les fonctions de chacun. En créant soigneusement les schémas organisationnels et les structures complexes permettant de tirer parti de son potentiel, la hiérarchie contribue à satisfaire le désir rationnel d'ordre, de simplicité et de symétrie. Elle contribue également à simplifier, pour chaque membre de la firme, les problématiques relatives au blâme et à la responsabilité individuelle en assignant à chacun des rôles spécifiques appropriés à la position qu'il occupe dans la hiérarchie. Elle permet également un exercice du contrôle plus rapide et plus efficace puisque la chaîne de commandement indique clairement qui est aux commandes et qui a du pouvoir. De cette façon, on réduit le nombre de décideurs et on obtient un plus grand sens du respect pour l'autorité venant d'en haut. Bien que désirant harmoniser et ordonner le monde de l'entreprise, la hiérarchie réduit les possibilités que les employés travaillant au bas de l'échelle puissent exprimer leur créativité et leur sens de l'innovation.

Malgré le caractère familier de ce que nous venons d'aborder, il vaut la peine de remarquer combien le langage de la hiérarchie est prédominant dans la littérature relative à la vie des affaires. Russell Ackoff parle de l'entreprise comme d'une série de systèmes et de sous-systèmes, et l'entreprise elle-même participe à une hiérarchie de systèmes qu'il faut contrôler et organiser pour obtenir la meilleure efficacité possible. Chaque niveau de la hiérarchie détermine et contrôle le niveau en dessous [1]. Mason et Mitroff utilisent l'image du décideur comme « conducteur » des forces qui se situent plus bas sur l'échelle de l'autorité. O'Toole loue la méthode de prise de décision de Vanguard pour sa structure, son formalisme, sa continuité et sa cohérence dans sa capacité à générer des décisions [2].

En dépit de ces vertus convaincantes, le fait d'adopter un système hiérarchique exacerbe le problème de la mise sous silence des parties prenantes que nous avons déjà exposé à propos de l'objectivité. Non seulement les hiérarchies tendent à ignorer les parties prenantes qui se trouvent en dehors de l'organisation, mais elles réduisent la portée des contributions émanant de celles qui en font partie et attribuent un ordre d'importance à

1. R.L. Ackoff, *Redesigning the future: A systems approach to societal problems*, New York, Wiley, 1974.

2. J. O'Toole, *Vanguard management : Redesigning the corporate future*, *op. cit.* Mason et Mitroff, tout comme O'Toole, peuvent être considérés comme des descendants de James March et Herbert Simon en ce qui concerne leur vision de l'organisation. Pour eux, au fond, l'étude de l'organisation est axée sur le problème du traitement de l'information qui suscite à son tour le besoin de mécanismes hiérarchiques de contrôle.

leurs contributions. Recourir à la hiérarchie crée une certaine structure organisationnelle et, corrélativement, un certain esprit. Une telle structure compromet tout effort visant à l'ouverture, à la recherche d'un fonctionnement fondé sur les besoins et les intérêts des parties prenantes et à la reconnaissance de la validité de leurs préoccupations. Ainsi, entre objectivité et hiérarchie, les parties prenantes sont par deux fois privées de parole.

UNE LECTURE FÉMINISTE DU CONCEPT DE PARTIE PRENANTE

Ces cinq métaphores font partie des images les plus puissantes qui façonnent aujourd'hui notre conception du monde de l'entreprise. Elles ont également une profonde influence sur notre façon d'envisager le concept de partie prenante[1]. Selon le point de vue de plusieurs auteurs féministes, le type de pensée associé à ces métaphores est loin d'être « naturel », nécessaire ou même salutaire. Il a été surestimé par une partie de notre imagination morale et doit être reconsidéré à la lumière de métaphores tout aussi puissantes. Les présupposés présentés dans la première partie apparaissaient complémentaires et solidaires sur le plan conceptuel : il en sera de même pour les révisions que nous en proposons – révisions qui se complètent pour former un tout cohérent. En effet, comme nous l'avons affirmé au début de cet article, ces métaphores sont plus que de simples mots : elles contribuent à créer un vocabulaire et un cadre entièrement nouveaux au sein desquels il nous est possible de réfléchir à l'entreprise et à ses missions.

---

1. En affirmant que ces métaphores sont présentes partout dans la littérature sur les affaires et dans notre culture, et en présentant des preuves à l'appui de cette affirmation, nous ne soutenons pas que ces métaphores sont universellement approuvées ou qu'elles ne peuvent pas être sérieusement contestées par des arguments similaires à ceux que nous développons dans cet article.

Les entreprises en tant que réseaux relationnels entre les parties prenantes

Au lieu de considérer l'individu comme un élément primordial et indépendant de son environnement, la lecture féministe que nous proposons affirme que les personnes sont inextricablement enracinées dans un contexte [1]. Tout en conservant une identité personnelle distincte, elles ne sont pas isolées des relations qu'elles entretiennent avec les autres, ni avec le langage et la culture dont est imprégnée leur existence. Elles sont fondamentalement connectées les unes aux autres au sein d'un réseau de relations qui sont elles-mêmes constitutives de toute véritable conception du moi, de sorte que tout discours d'autonomie ou toute recherche d'une identité personnelle doivent être définis et situés dans une conception du monde plus organique et plus relationnelle. Le concept de partie prenante, compris au sens féministe, explicite la façon dont les limites du moi s'étendent dans des zones qui se trouvent bien au-delà de ce que nous reconnaissons habituellement et qui sortent clairement du périmètre de l'entreprise. Les distinctions entre « nous » et « eux », entre « intérieur » et « extérieur » s'estompent pour se fondre dans une conception de la solidarité collective qui situe l'identité de l'entreprise au sein du réseau formé de toutes les parties prenantes, dans un contexte social élargi. Nous proposons ainsi une nouvelle interprétation de la firme selon la perspective des parties prenantes : *l'entreprise est formée par le réseau des relations dans lequel elle est impliquée par l'intermédiaire de ses employés, de ses clients, de ses fournisseurs, des communautés,*

---

1. Beaucoup d'auteurs adoptent une vision identique à partir d'un point de vue qui n'est pas féministe. Voir Alasdair MacIntyre, Michael Sandel, Stanley Hauerwas, Charles Taylor et d'autres encore, qui ont été rassemblés dans la grande catégorie des penseurs « communautariens ».

*des entreprises et d'autres groupes qui interagissent avec elle,
lui confèrent du sens et contribuent à la définir.*

Cette approche ne va pas jusqu'à s'opposer à l'individualisme en diluant l'identité individuelle dans une identité collective homogène. Elle cherche plutôt à affirmer que l'individu et la
communauté, que moi et autrui sont les deux faces d'une même
pièce qui doivent être comprises en fonction de leurs relations
réciproques. Si l'on envisage que notre nouvelle description du
concept de partie prenante fournit les éléments nécessaires à une
histoire qu'il serait bon de raconter en invoquant le fonctionnement exemplaire de certaines entreprises, cette histoire conti-
nuerait de célébrer l'individu et la capacité à créer sa propre
identité. Nous souhaitons simplement relier le concept de partie
prenante à une activité collective et au besoin de créer une
communauté par l'intégration des projets individuels et collectifs. Ceci découle pour une part de la signification morale qui est
généralement attribuée aux relations humaines et à la capacité à
se soucier d'autrui. Elles témoignent toutes deux d'une gestion
vertueuse de la sphère privée (dans la famille, des associations de
bénévoles, des congrégations religieuses, etc.), mais elles ont été
systématiquement dévalorisées et largement exclues de la sphère
publique (en particulier du monde des affaires et de la politique),
voire considérées comme contradictoires avec elle.

A l'instar des récentes recherches des auteurs féministes,
nous suggérons que la capacité à se soucier d'autrui possède une
importance morale très significative, de même qu'un grand
potentiel d'enrichissement des activités humaines, à la fois dans
les sphères publiques et privées. Il faut ajouter à cela une autre
préoccupation morale, à rapprocher de l'importance accordée au
moi ancré dans une communauté : l'impression grandissante que
le monde est en train de devenir trop complexe et trop fragile
pour que nous adoptions un individualisme forcené et ancré dans
la compétition. Comme les personnes, et même en l'absence de

contraintes légales, les entreprises ne peuvent ignorer leurs responsabilités lorsque leurs actions ont des conséquences sur autrui. Le fait de remplacer le concept d'identité, construit à partir de l'isolement et de l'autonomie, par un modèle qui, fondamentalement, relie les personnes les unes aux autres, rend non seulement cette approche intelligible mais nous pousse également à agir en fonction d'elle. Cela nous permet aussi de parler plus facilement de nos responsabilités envers les générations futures, de nos relations avec l'environnement, du besoin de le protéger et d'en assurer la pérennité.

Il y a également, à côté des raisons morales, des raisons pratiques d'explorer cette lecture féministe de l'identité. Elles en font une alternative attractive et peut-être même indispensable si l'on veut apporter les remèdes nécessaires. Tout le monde, des diplomates et des politiciens jusqu'aux médias, répète le même refrain : le monde devient plus interdépendant et les actions d'une personne, d'un pays ou d'une entreprise ont des conséquences importantes sur les projets de beaucoup d'autres. Dans un monde où les actions d'un individu nous affectent tous directement et où le destin de chacun dépend des actions de tous, le modèle du pionnier ou de l'individu héroïque agissant isolément est obsolète[1]. Nombre de spécialistes en écologie des populations et de théoriciens des organisations ont analysé la question de l'interdépendance et souligné à quel point elle influence la façon dont les entreprises vont devoir s'y prendre pour survivre[2]. Ils ne se contentent pas d'affirmer que le monde

1. B. Gray, *Collaborating : Finding common ground for multiparty problems*, *op. cit.*

2. *Ibid.* ; W.G. Astley, « Toward an appreciation of collective strategy », *Academy of Management Review*, 9, 1984, p. 526-535 ; W.G. Astley, C.J. Fombrun, « Collective strategy : Social ecology of organizational environments », *Academy of Management Review*, 8(4), 1983, p. 576-587 ; H.E. Aldrich, *Organizations and environments*, Englewood Cliffs, Prentice-Hall, 1979 ;

des affaires est en train de devenir de plus en plus interdépendant. Ils affirment aussi que l'image des firmes en tant
qu'agents autonomes luttant pour définir une ligne de conduite
est, dans l'environnement économique actuel, erronée ou largement trompeuse. Comme Astley et Fombrun le font remarquer :

> (…) Les écologistes des populations critiquent la notion de
> choix stratégique[1]. Ils affirment qu'au niveau macroécono-
> mique, des facteurs historiques, politiques, économiques et
> sociaux déterminent le destin d'ensembles de populations
> d'entreprises, de sorte que leurs seules actions importent peu
> dans une perspective à long terme. Le domaine de la politique
> d'entreprise n'a pas su apporter à cette critique une réponse
> adéquate pour protéger convenablement la notion de planifica-
> tion stratégique en tant que processus proactif. Cet article
> affirme qu'il est possible d'apporter une telle réponse à condi-
> tion de prendre en compte le rôle joué par les organisations en
> tant que membres constitutifs d'une collectivité inter-organisa-
> tionnelle… On peut répondre au déterminisme environne-
> mental de l'écologie des populations en revoyant le concept
> de stratégie en termes de construction d'actions collectives et
> de mobilisation collective de ressources ayant pour but la

M.T. Hannan, J.H. Freeman, « The population ecology of organizations »,
American Journal of Sociology, 82, 1977, p. 929-964. Astley et Fombrun, comme
beaucoup d'autres théoriciens sur lesquels nous nous appuyons dans cet article, ne
sont pas des théoriciens du « *care* ». Il existe d'importantes affinités entre leurs
travaux et notre conception de la théorie des parties prenantes, mais Tom Peters,
Jack Welch, le Club de Rome ainsi que d'autres figures citées ici ne sont pas
forcément intéressés personnellement par « l'attitude de sollicitude » (*caring*), pas
plus qu'ils n'inscrivent leurs réflexions au sein de la perspective du « *care* ».
Cependant, leurs idées sont précieuses et elles apportent un soutien à notre théorie
à mesure que nous la développons.

1. H. Aldrich, *Organizations and environments, op. cit.*

réalisation d'objectifs partagés par les membres de réseaux inter-organisationnels [1].

Les managers qui restent ancrés dans cet individualisme et s'isolent de leurs parties prenantes et de l'environnement extérieur vont se retrouver dans une situation difficile, voire totalement inefficace.

Tom Peters met également l'accent sur ce sujet. Le fait qu'il insiste sur la capacité des équipes d'employés travaillant sur le développement et la production de nouveaux produits à améliorer la qualité, l'innovation et la réactivité pour les clients ainsi que la satisfaction des employés, va dans le même sens. Le «fonctionnalisme américain» qu'il critique à si juste titre pour sa rigidité et sa segmentation tend à isoler et à fragmenter le processus de travail et les relations entre les parties prenantes les plus importantes de l'entreprise (en particulier les clients, les fournisseurs et les autres départements internes à la firme). Les équipes de travail ne se contentent pas d'améliorer la capacité de chacun à réussir et à répondre à l'environnement économique dynamique d'aujourd'hui. Elles sont aussi le reflet d'une représentation de l'entreprise comme monde caractérisé par des relations d'interdépendance qui se nouent aussi bien entre les «murs» de l'entreprise qu'avec les parties prenantes externes. Au-delà des équipes de travail, Tom Peters souligne l'importance, à tous les niveaux de l'entreprise, de l'esprit de coopération et d'action collective [2].

1. W.G. Astley et C.J. Fombrun, «Collective strategy: Social ecology of organizational environments», *op. cit.*

2. T. Peters, *Thriving on chaos: Handbook for a management revolution*, 1987, New York, Knopf, trad. fr. I. Rosselin, A. Towo, *Le Chaos management: Manuel pour une nouvelle prospérité de l'entreprise*, Paris, InterEditions, 1988.

Les entreprises devraient « profiter du chaos » et du changement de leur environnement

Alors que le discours masculin sur le monde présenté dans la première partie considérait le changement et l'incertitude comme des menaces, la relecture féministe que nous proposons considère plutôt ces forces dynamiques comme une source de richesse et une partie intégrante de notre expérience du monde. Les forces qui étaient considérées comme sources de désordre et de menaces pour la firme sont à présent considérées comme des moyens importants de créer de la diversité, d'offrir de nouvelles opportunités. Elles reflètent également des processus naturels de changement. De plus, le sentiment de peur est moindre dans un contexte dynamique car le moi n'y est pas aussi fortement coupé de son « environnement extérieur ». L'idée d'interdépendance défendue par la pensée féministe fait que le monde nous apparaît moins étrange et artificiel. Il apparaît davantage comme un prolongement de notre propre moi – comme un compagnon de route dont le destin est lié au nôtre. Ainsi s'agit-il de créer des relations harmonieuses avec son environnement, de s'en occuper et de le préserver avec autant de soin que celui qu'on accorde à sa propre personne plutôt que d'essayer de le conquérir et de le contrôler.

Là encore, dans le monde des affaires, la tendance générale est de penser que cette vision apporte des éclairages importants et opportuns. La communauté des théoriciens de l'organisation et des écologistes des populations affirme que non seulement l'interdépendance est une réalité, mais aussi que cette réalité s'affirme au fur et à mesure que surviennent des « turbulences » et que se manifeste la nécessité de la coopération[1]. Le fait

1. B. Gray, *Collaborating : Finding common ground for multiparty problems*, *op. cit.* ; W.G. Astley et C.J. Fombrun, « Collective strategy : Social ecology of organizational environments », *op. cit.*

d'accepter le changement vient en partie d'une prise de conscience aiguë que, quelle que soit la réussite d'un individu et le caractère inébranlable de ses convictions sur la façon de gérer son entreprise, ce qui fonctionne aujourd'hui devra demain être réexaminé et corrigé. C'est pour cette raison que, pour aborder leur propre avenir et parvenir à la réussite, les firmes disposées à tenir compte de ce sage constat adopteront une philosophie du management qui fera du changement et de l'adaptation leurs principes directeurs.

L'émergence de schémas de coopération permettant de répondre à l'environnement fluctuant des entreprises constitue un autre aspect de cette approche. L'explosion des *joint ventures* et des alliances au niveau mondial est le reflet de la prise de conscience grandissante qu'il nous faut affronter le changement et l'incertitude à l'aide de stratégies de risques partagés et d'actions conjointes, et qu'il nous faut adopter l'idée qu'une plus grande interdépendance est nécessaire plutôt que de tenter de nous en dégager. Des concurrents aussi établis et hostiles que les constructeurs automobiles japonais et américains ont commencé à mettre en place des *joint ventures* de grande envergure et des accords de coopération afin d'améliorer leurs perspectives et de mieux servir leurs clients. Les exemples de ce type ne manquent pas, en particulier dans les secteurs des hautes technologies et des communications. Mais ces pratiques se sont aussi progressivement imposées dans une multitude de marchés et de secteurs différents, tout comme dans les relations sociales au sein de l'entreprise[1]. L'ensemble des firmes concernées a fini par admettre que le meilleur moyen de répondre aux turbulences de leur environnement est d'accepter le changement et d'unir leurs forces avec des partenaires intéressés à leur avenir. Il s'agit ainsi

---

1. B. Gray, *Collaborating : Finding common ground for multiparty problems*, *op. cit.*

d'augmenter les chances de réussite de tous. Jack Welsh, de General Electric, a soutenu que « les alliances de coopération, conçues pour donner aux deux entreprises participant à cette transaction de solides positions au niveau mondial », deviendront une façon extrêmement courante de gérer le changement et d'atteindre leurs objectifs[1]. Le Club de Rome est parvenu aux mêmes conclusions :

> Il est nécessaire qu'un nouvel ordre international permette à tous de tirer profit du changement. Il est nécessaire de mettre en place des réformes institutionnelles fondamentales, basées sur la reconnaissance d'un intérêt commun et de préoccupations communes, dans un monde de plus en plus interdépendant[2].

Le plus ardent avocat de cette vision est sans doute Tom Peters. Son récent ouvrage, *Le Chaos management*, est consacré à cette idée essentielle. Il propose d'amples références et analyse de nombreuses études de cas qui démontrent le besoin crucial pour les entreprises d'internaliser une attitude qui à la fois accepte le changement et en tire profit. L'une des affirmations de Peters les plus significatives et passionnées sur ce sujet en atteste :

> Aimer le chaos, souhaiter le changement plutôt que chercher à le combattre. L'entrepreneur mobile, créateur de valeur ajoutée et explorateur de nouveaux créneaux a tous les atouts pour profiter du chaos qui, chez les autres, crée la confusion. La stabilité a disparu à tout jamais et ne peut donc plus servir de présupposé pour concevoir une organisation, dessiner une usine, définir une politique salariale, fixer des objectifs ou évaluer des

1. D. Van Bever, « HBS focuses microscope on General Electric CEO », *Harbor News*, 51(1), 1987, p. 5.

2. J. Tinbergen, *Reshaping the international order : A report to the Club of Rome*, New York, Dutton, 1976.

performances. La victoire ira à ceux qui auront intégré le changement, en auront fait une arme concurrentielle [1].

La métaphore proposée par la pensée féministe, qui nourrit la nouvelle version de la théorie des parties prenantes, met en évidence le besoin, pour les différentes parties prenantes, de reconnaître leur interdépendance, de l'accepter et de travailler ensemble pour répondre à leurs besoins et à leurs attentes sans cesse changeants. Là où la formulation masculine définit l'entreprise comme une entité autonome privée de lien avec son environnement et avec les principales parties prenantes susceptibles de produire du changement – clients, communautés, fournisseurs –, notre lecture situe ces dernières directement à l'intérieur des frontières de l'organisation. Ainsi, par la communication et grâce à un soutien mutuel, la firme est en mesure de les « internaliser » et de faire en sorte que leurs besoins, leurs désirs et leurs attentes sans cesse changeants fassent partie intégrante de l'entreprise – autrement dit qu'il existe une tendance, parfaitement intégrée à l'entreprise, à anticiper et à répondre de façon dynamique au changement.

Remplacer le conflit et la compétition par la communication et l'action collective

Les métaphores du conflit et de la compétition sont monnaie courante lorsqu'on parle de la vie des affaires. Elles décrivent un monde dans lequel les managers doivent faire « des choix difficiles », « tuer ou être tués », « faire déposer les armes à l'ennemi » et « chercher à être le numéro un ». Là où la pensée masculine célèbre ces métaphores à caractère compétitif et violent, la pensée féministe s'efforce de les remplacer par des

---

1. T. Peters, *Thriving on chaos : Handbook for a management revolution*, *op. cit.*

alternatives davantage axées sur la coopération. Les penseurs féministes constatent que les approches basées sur la confrontation sont souvent mauvaises pour les relations humaines. Elles détruisent la confiance nécessaire à la coopération, et même toute éventualité de coopération. On peut voir, en particulier dans les cas qui relèvent du domaine du droit du divorce et de la garde des enfants, la façon dont cette approche engendre systématiquement des dégâts sérieux et durables pour les personnes et pour les relations familiales. On pourrait conclure, à partir de la vision féministe, que l'approche basée sur la confrontation n'est pas appropriée à certaines situations. Mais, en réalité, elle a, quelle que soit la situation, des conséquences dangereuses sur les relations humaines. Peters soutient que les relations basées sur la compétition et la confrontation entre des parties prenantes, en particulier parmi les fournisseurs, les distributeurs et les clients, sont synonymes de catastrophe pour la firme, précisément parce que la coopération et la confiance sont les ingrédients vitaux de la réussite dans l'environnement économique actuel.

A un niveau plus pratique, une conception basée sur la confrontation a tendance à faire apparaître d'inévitables conflits dans les situations où il n'y a que des gagnants et des perdants. Les théoriciens féministes considèrent qu'une telle conception résulte d'un aveuglement provoqué par une vision du monde qui fait de la compétition et de ces choix « difficiles » les seules options possibles. Elles auront plutôt tendance à chercher des solutions gagnant - gagnant dans lesquelles ce qui apparaît, au départ, comme des conflits d'intérêt entre parties prenantes peut être transformé en formes de collaboration profitables à tous. Le livre de Barbara Gray, *Collaborating*, est en partie consacré à l'illustration de la façon dont les conflits et/ou les choix ont été transformés en action collective mutuellement avantageuse – parmi tous ses exemples, le plus marquant est celui de la création de la Communauté Économique Européenne.

Lorsque tous leurs efforts pour éviter de provoquer des conflits entre les intérêts des parties prenantes semblent condamnés à l'échec, les managers et les dirigeants devraient être en mesure d'établir une communication efficace permettant de résoudre les conflits. Une telle compétence est en effet essentielle à la réussite d'une action collective ou de formes de collaboration comme celles analysées par Gray. Dès lors que l'accent est mis sur le *care* et les relations humaines et qu'on cherche à réaliser ces valeurs morales dans le cadre d'une communauté dynamique ou d'une simple interaction humaine, la capacité à communiquer devient essentielle. La communication s'avère très précieuse quand, dans une relation donnée, une coopération en vue d'un enrichissement mutuel ou d'une action collective devient nécessaire. Communiquer est un mécanisme qui permet aux personnes d'interagir et d'apprendre les unes des autres, de construire un sentiment de confiance, de trouver des points d'accord et de désaccord, de découvrir comment une relation peut enrichir chacune des parties impliquées et de concevoir une forme d'interaction qui leur convient.

Comme de plus en plus d'entreprises adoptent des formes de coopération, d'action collective, de décentralisation de l'autorité et de travail en équipe, les managers se servent de la communication pour limiter le stress qui en résulte. Dans un article donnant la parole à des cadres et des responsables d'entreprise telles que Heinz, Corning, Sara Lee, Chesapeake Corporation et Colgate, un journaliste du magazine Fortune conclut que « la communication est la source la plus importante de pouvoir personnel » et que « les PDG d'entreprises décentralisées intelligents comprennent qu'il leur faut encourager la communication entre les différentes parties de l'entreprise »[1].

---

1. T. Stewart, « New ways to exercise power », *Fortune*, 6 nov. 1989, p. 52-66.

Par sa capacité à faciliter l'action collective et à apporter des réponses constructives à l'interdépendance, la communication contribue à réaliser un certain nombre de valeurs importantes. L'action collective permet non seulement aux individus et aux groupes de participer à la prise de décision et à sa mise en œuvre – ce qui revient à des formes de participation épanouissantes et porteuses d'un sens de l'intérêt collectif –, mais elle permet également de mobiliser de meilleures ressources lorsqu'il s'agit d'affronter un problème donné. Gray et Waddock ont décrit plusieurs partenariats établis entre des entreprises privées et publiques dans le but de venir à bout de problèmes qu'aucune n'était en mesure de régler efficacement de son côté [1]. L'urgence de cette forme d'action apparaît encore plus grande lorsqu'on observe l'augmentation des turbulences qui touchent de nombreux marchés et l'intensification de l'interdépendance à travers le monde. Comme le font remarquer Astley et Fombrun :

> Aucun choix stratégique n'est possible dans des marchés hautement compétitifs où le comportement opportuniste d'une entreprise isolée ne peut résister aux tendances économiques à long terme qui déterminent la disponibilité et la distribution des ressources environnementales. De ce point de vue, des populations entières survivent ou déclinent indépendamment des actions menées par certaines organisations. Pourtant, les écologistes des populations ne parviennent pas à reconnaître que, bien que de tels facteurs diminuent l'importance de l'action stratégique au niveau d'une organisation isolée, ils ne diminuent pas l'importance de l'action stratégique menée collectivement. En effet, l'impuissance même des organisations quand elles

---

1. B. Gray, *Collaborating : Finding common ground for multiparty problems*, *op. cit.* ; S.A. Waddock, « Understanding social partnerships : An evolutionary model of partnership organizations », *Administration & Society*, 21, 1989, p. 78-100, et « A typology of social partnership organizations », *Administration & Society*, 22, 1991, p. 480-515.

agissent isolément ne fait que souligner l'intérêt de l'action collective[1].

Le fait d'encourager la participation et l'action collective contribue également à valider la prise de décision. Donner la parole aux parties prenantes et leur fournir un certain degré de contrôle prédispose les participants à la décision à accepter un résultat « non optimal », à admettre l'existence de différences qui, à la fois, divisent et unissent l'entreprise, à leur faire sentir que leur avis a de l'importance. Là où une approche fondée sur la confrontation peut donner à certaines parties prenantes le senti-ment d'avoir été écartées ou exclues et risque donc de nuire à leurs relations avec l'entreprise, le fait d'encourager la participa-tion, l'action collective et le partage du pouvoir crée très précisé-ment le type d'environnement nécessaire à la réussite de la firme.

UNE STRATÉGIE TOURNÉE VERS LA SOLIDARITÉ

Dans la première partie de cet article, on partait du principe que nous devons nous méfier des perceptions humaines et garder nos distances avec nos jugements naturels. Les penseurs fémi-nistes adoptent un principe contraire. Ils rejettent l'idée selon laquelle il nous faut adopter une posture d'extériorité pour com-prendre les problèmes. Ils font plutôt appel à la capacité humaine à aborder les situations avec empathie et dans un souci de communication[2]. La pensée féministe fait preuve de scepticisme à l'égard de la science. Celui-ci s'exprime à travers trois intui-

---

1. W.G. Astley et C.J. Fombrun, « Collective strategy : Social ecology of organizational environments », *op. cit.*
2. Notre position sur la stratégie a d'importantes affinités avec le travail de Gilbert – en particulier sa conception de la stratégie à travers le concept de convention : cf. *The twilight of corporate strategy : A comparative ethical critique*, Oxford University Press, 1992.

tions : la science et la recherche empirique sont vaines – elles sont incapables de nous dire ce que nous devons faire ou comment nous devons vivre ; le recours au détachement et à d'autres méthodes dites « objectives » est une approche purement masculine reflétant un penchant pour l'abstraction et la rationalité calculatrice ; les relations et les formes particulières de coopération ne peuvent facilement être traduites en formulations abstraites. En effet, l'approche objective, qui est contreintuitive, se révèle aller contre les buts essentiels de l'entreprise tels que les conçoivent les théoriciens féministes – créer de la valeur pour des personnes spécifiques, promouvoir des projets personnels et encourager les relations entre différentes parties prenantes. Pour ces raisons, l'approche scientifique de l'objectivité ne semble guère convenir à la formulation d'une stratégie [1].

Alors que la stratégie, en tant qu'activité objective, cherche à décrire les décisions prises comme des décisions « dictées par les chiffres » ou des « décisions d'affaires », la vision féministe de la solidarité exige que les managers fassent des choix fondés sur les responsabilités et les relations qu'ils entretiennent avec des parties prenantes spécifiques. La pensée féministe remet en question ce que ces décisions « objectives » prétendent être. Elle souligne que, loin d'être désintéressées et neutres, elles ne font que nous éloigner de la responsabilité du choix. Elles occultent également la réalité de ce qui les motive réellement : la recherche du profit pour ceux qui, au sein de l'organisation, détiennent le pouvoir. Le recours à un principe de solidarité exige que l'utilisation des données scientifiques serve des désirs spécifiques. La solidarité préserve la possibilité de parler au nom de personnes particulières et de se soucier de leurs besoins. Elle

---

1. Voir aussi Marilyn Friedman, « The impracticality of impartiality », *Journal of Philosophy*, 86(11), 1989, p. 645-656.

empêche aussi que les «chiffres» ou les faits induits par ces données dictent les décisions.

Cela ne veut pas dire que les théoriciens féministes rejettent l'idée que la recherche empirique puisse offrir des perspectives utiles. Comme le dit Sandra Harding :

> Pour reprendre la métaphore que j'ai empruntée au béhaviorisme, la science fonctionne avant tout comme une «boîte noire» : quelles que soient les valeurs morales, les valeurs politiques et les intérêts à partir desquels sont sélectionnés les problèmes, les théories, les méthodes et les interprétations de la recherche, ils réapparaissent à l'autre bout de l'enquête car ils composent l'univers moral et politique que la science projette naturellement et qu'elle contribue par là à légitimer. En ce sens, la science n'est pas différente de la fameuse description des ordinateurs : «*junk in; junk out*»[1]. C'est au sein des discours moraux et politiques que nous devrions logiquement trouver les paradigmes du discours rationnel, pas dans les discours scientifiques qui proclament leur reniement de la morale et de la politique. L'affirmation que la morale et la politique passent avant la théorie, la science et l'épistémologie conduit ces dernières à occuper une place moins importante et moins centrale que celle que leur assigne le point de vue issu des Lumières. Ici encore, le féminisme apporte une importante contribution au postmodernisme en nous permettant de comprendre que la philosophie centrée sur l'épistémologie – et, pourrions-nous ajouter, la rationalité centrée sur la science – ne constituent qu'un épisode de trois siècles dans l'histoire de la pensée occidentale[2].

Nous devrions inverser l'ordre traditionnel des priorités. Selon les penseurs féministes, nous devrions chercher, dans le riche

---

1. Cette expression signifie que l'ordinateur ne peut améliorer la qualité des éléments qu'on lui demande de traiter. (N.D.T.)

2. S. Harding, *The science question in feminism*, Ithaca, Cornell University Press, 1986.

tissu de l'expérience, du langage et des impressions, à construire une représentation complexe des problèmes et de leurs solutions reflétant la variété des perceptions des parties prenantes impliquées. Au lieu de recourir à la science, aux statistiques ou aux « faits » pour décrire un problème d'une manière qui soit acceptable par tous, une lecture féministe commencera par permettre aux différentes parties prenantes de mener à bien le laborieux processus consistant à assembler leurs différentes perceptions de la situation, de ce qui est en jeu et de la meilleure manière de la gérer. Bien que donnant l'impression de « brouiller » le tableau général, ce processus contribue à élargir le champ des possibles dans la façon d'envisager une situation ou de concevoir une solution [1].

Ce processus ne se contente pas d'admettre que notre relation au monde est humaine et qu'il s'agit donc d'une construction qui repose sur le langage, la culture et la coutume. Il contribue également à construire de la solidarité parmi les parties prenantes. Comme nous l'avons déjà dit, cette façon d'envisager la stratégie permet de réaliser des biens moraux importants – confiance, engagement, participation – qui viennent enrichir la vie des parties prenantes. Cette approche permet également de réaliser des buts pratiques dont l'importance ne cesse de croître : améliorer la communication et la coordination, construire un véritable consensus sur l'identification des problèmes ainsi que sur la définition des solutions, amener les gens à légitimer le processus et son résultat à travers leur participation. Chacun de ces éléments aide à renforcer l'unité de la firme, à la rendre plus réactive et plus décentralisée. Ils augmentent également la probabilité que les actions des employés se conforment à l'orientation décidée par l'entreprise. Le succès du management japonais, et

---

1. Voir également B. Gray, *Collaborating : Finding common ground for multiparty problems, op. cit.*

plus particulièrement l'attention qu'il accorde au consensus et à la communication, témoignent de la valeur pragmatique de cette approche. Comme le souligne Barbara Gray :

> Pour parvenir à un ordre négocié, une évaluation collective est nécessaire. Une des caractéristiques essentielles de ce type d'évaluation réside dans le pouvoir que possède la pensée collective de transformer les circonstances présentes. Boje, Smircich et Bartunek ont décrit la façon dont les dirigeants induisent le changement en décrivant ces circonstances à l'aide de nouvelles significations [1]. Ce processus de « fabrication de mythe » se produit au moment de la collaboration, lorsque les parties prenantes négocient. La fabrication d'un mythe implique l'abandon des interprétations existantes et la création d'interprétations nouvelles ou plus englobantes qui s'appliquent aux classes de problèmes que rencontre l'entreprise. Individuellement, il est rare que les parties prenantes disposent des moyens leur permettant d'envisager de nouvelles possibilités. Leurs propres visions sont partielles ou bloquées par un sentiment d'impuissance lié à leur isolement. Le processus de construction d'un mythe nécessite en partie l'introduction d'un nouveau langage [2] et de nouveaux symboles sur ce qui importe vraiment. Ce processus de transformation repose sur une idée essentielle : « la société est construite, elle est imaginée, il est

---

1. D. Boje, « Towards a theory and praxis of transorganizational development : Stakeholder networks and their habitats », *Working paper* 79-6, Behavioral and Organizational Science Study Center, Graduate School of Management, University of California at Los Angeles, 1982 ; L. Smircich, « Organizations as shared meaning », *in* L.R. Pondy *et al.* (ed.), *Organizational symbolism*, Greenwich, JAI Press, 1983 ; J.M. Bartunek, « Changing interpretive schemes and organizational restructuring : The example of a religious order », *Administrative Science Quarterly*, 29(3), 1984, p. 355-372.
2. D. Boje, « Towards a theory and praxis of transorganizational development : Stakeholder networks and their habitats », *op. cit.* ; L. Smircich, « Organizations as shared meaning », *op. cit.*

donc possible de la refaire et de l'imaginer à nouveau »[1].
Un nouvel ordre négocié émerge et les parties prenantes
commencent à inventer des symboles et un langage collectifs
pour décrire les accords qu'elles ont trouvés sur la classe de
problèmes en question. Lorsque les gens partagent des principes
fondamentaux, ils peuvent forger une évaluation collective[2].

Nous préconisons que les managers abandonnent la quête
d'objectivité et recherchent plutôt, par le biais de la communication, la solidarité et des conceptions partagées. L'orientation
stratégique de l'entreprise n'est jamais déterminée par les chiffres, les études abstraites ou les fonctions d'utilité, bien que ces
éléments puissent jouer un rôle dans la façon dont les parties
prenantes considèrent leurs intérêts et la façon de les poursuivre
avec réalisme. Elle devrait toujours être pensée et développée
par un « nous » – un collectif regroupant les intérêts, les désirs et
les besoins de toutes les parties prenantes – plutôt que par une
entreprise traçant seule sa route comme un acteur solitaire.
D'ailleurs, ceux qui comprennent le type de changement qu'implique notre nouvelle formulation du concept de partie prenante
ne réussissent plus à comprendre à quoi ressemble l'acte
consistant à formuler une stratégie « en solitaire ». La firme est
devenue, en termes de missions, de structure de prise de décision
et d'identité, un moyen pour créer de la valeur pour toutes les
parties prenantes. En ce sens, la stratégie n'est plus que l'orientation décidée par les intérêts, les désirs et les besoins des parties
prenantes – orientation qui a été forgée par le biais des
négociations et des accords auxquelles elles sont parvenues[3].

1. R. Unger, *Social theory : Its situation and its task*, Cambridge University Press, 1987.
2. B. Gray, *Collaborating : Finding common ground for multiparty problems*, *op. cit.*
3. Voir le livre de Freeman, *Strategic management : A stakeholder approach*, *op. cit.*, pour une présentation d'un modèle de négociation avec les

*Remplacer la hiérarchie par une décentralisation radicale
et une responsabilisation active des employés
(empowerment)*

Le recours à la hiérarchie en tant que moyen de structurer le pouvoir et l'autorité avait du sens dans le cadre des principes décrits dans la première partie de cet article. Au vu de la réinterprétation des quatre premiers principes que nous avons proposée ici, il est évident qu'une lecture féministe ira dans le sens d'une minimisation et d'une réduction d'une grande partie de la hiérarchie. Une des raisons de ce changement est le fait d'avoir compris que décentralisation, structures en équipes et responsabilisation active des employés participent au renforcement du sens qui est donné à l'expérience du travail. La révolution managériale de Frederick Taylor a débuté par une approche rationnelle et mécaniste fondée sur une parcellisation extrême des tâches. Elle a ensuite capitalisé sur la répétition des tâches et la production de masse. Cependant, ce qui, précisément, en faisait une approche efficace et structurée était ce qui la rendait aliénante pour les employés. Dans le cadre de la lecture alternative que nous proposons, un des buts premiers n'est pas de rechercher la structure, l'ordre et la simplicité. Il s'agit plutôt de répondre au besoin d'établir une relation harmonieuse entre les employés et leur travail ainsi que de stimuler leur potentiel créatif. Pour obtenir le maximum de la part des employés, il faut les responsabiliser et leur proposer des postes où ils se sentent directement concernés par le produit fini. Il faut également leur

parties prenantes similaire à ce que nous préconisons ici, en particulier son troisième niveau d'analyse. [Freeman suggère que la gestion par une entreprise de ses parties prenantes peut être appréhendée à trois niveaux d'analyse différents : le niveau 1 correspond à la carte des parties prenantes, le niveau 2 aux processus organisationnels régissant les relations entre la firme et ses parties prenantes, le niveau 3 aux transactions ou « négociations » effectives. (N.D.É.)]

permettre de s'impliquer de façon durable dans les principaux aspects de l'activité à laquelle ils participent. Alors que la vision taylorienne célébrait la chaîne de montage caractérisée par un travail répétitif et parcellisé, telle qu'elle existait aux États-Unis au cours des années 70, nous avons tendance, en ce qui nous concerne, à regarder du côté des usines suédoises Volvo, qui recourent à des équipes de travail chargées d'assembler des parties entières de voitures, d'alterner les tâches à effectuer et de participer à la planification et à l'organisation de leur travail. Le partage de l'autorité et de la responsabilité qui se dégagent des schémas d'organisation en équipes modifie le rôle du manager. Il devient alors plus proche de celui d'un professeur ou d'un coordinateur en s'éloignant des missions initiales de commandement et de supervision.

Une autre vertu du mouvement consistant à s'éloigner du modèle hiérarchique est le renforcement d'attitudes qui favorisent l'implication de l'employé, augmentent la confiance et valorisent l'engagement et la productivité. Comme le suggère le sens commun, la confiance est construite par ceux qui désirent son extension. Et l'on ne peut parler de responsabilité que si l'on est prêt à la déléguer. Bien que l'équation ne se vérifie pas à chaque fois ni pour tous les employés, la réalité de l'environnement de l'entreprise montre que les firmes ne peuvent se permettre de passer à côté de ces opportunités. James R. Houghton, PDG de Corning, l'exprime très simplement : « L'époque de la hiérarchie est révolue »[1]. C'est précisément parce que le lieu de travail et l'économie mondiale ont changé de façon si drastique que la firme doit s'éloigner de plus en plus du modèle de l'autorité et de la hiérarchie centralisées. Il ne s'agit pas d'abolir complètement la structure de l'entreprise et la division du travail mais de les mettre au service d'une humanisation des pratiques

1. T. Stewart, « New ways to exercise power », *op. cit.*

de travail, d'un accroissement de l'implication et de la responsa-bilisation des employés. La stratégie fondée sur la solidarité (décrite dans la partie précédente), une communication minu-tieuse et une structure organique souple contribuent toutes ensemble à soutenir et à encourager les relations complexes qui permettent à l'entreprise d'être productive et réactive face au changement. Les managers et les dirigeants n'incarnent plus ceux qui formulent le « plan » et font en sorte que leurs robots obéissent à leurs ordres. Ils ne passent plus leur temps à super-viser les autres et à s'assurer que les gens suivent leurs ordres à la lettre. Les managers deviennent plutôt des sources de motiva-tion, des coordinateurs et des créateurs qui aident les employés à partager l'information et les impliquent dans le développement, la planification et la révision des orientations fondamentales, tout comme dans leur exécution.

L'un des avantages pragmatiques de ce partage du pouvoir et de l'aplatissement de la structure hiérarchique est finalement d'amener à une augmentation de la capacité d'action de la firme dans son ensemble. Cela paraît logique étant donné que si l'on donne plus de responsabilités aux employés, ils peuvent saisir des opportunités. Les managers n'ont plus besoin de se conduire comme des parents surveillant leurs enfants et les employés ont vraiment le sentiment d'être des membres actifs de l'entreprise. Comme le dit un article récent de *Training* :

> (Ricardo) Semler remarque qu'une gestion sans gestionnaires repose sur le principe que les employés sont des adultes dignes de confiance. « Réfléchissez-y », écrit-il dans la *Harvard Business Review*. « En dehors de l'usine, les employés sont des hommes et des femmes qui élisent des gouvernements, servent dans l'armée, dirigent des projets au sein de leur communauté, fondent une famille, éduquent leurs enfants et prennent chaque jour des décisions concernant leur avenir … Mais à l'instant où ils pénètrent dans l'usine, l'entreprise les traite comme des adolescents ». Son idée la plus radicale, parfaitement exprimée

par O'Brien, de Corning, est la suivante : « Nous engageons des adultes puis nous les traitons comme des adultes. Pour que les équipes fonctionnent bien, le management doit apprendre à donner des responsabilités aux employés comme le font les parents avec leurs enfants lorsqu'ils leur apprennent à prendre des décisions. Quand je vois travailler des équipes hautement performantes, que je mesure leur enthousiasme et à quel point elles réussissent dans leur travail, je me dis : quelle honte de ne pas avoir commencé bien plus tôt à donner une responsabilité active aux employés ! » [1].

Ralph Stayer, PDG de Johnville Foods, soutient la thèse suivante :

Aplatir la pyramide hiérarchique ne sert à rien si, dans le même temps, vous ne transférez pas aussi le pouvoir. Auparavant je n'avais aucun pouvoir car mes employés tournaient en rond sans rien faire. Le vrai pouvoir est d'amener les gens à s'engager. On obtient un vrai pouvoir en donnant du pouvoir à ceux qui sont plus dans la situation de faire des choses que vous ne l'êtes vous-même. Le contrôle est une illusion. Le seul contrôle que vous puissiez avoir n'existe que lorsque les gens sont capables de se contrôler eux-mêmes [2].

La sagesse de ces affirmations se retrouve dans les changements en cours dans le monde de l'entreprise. Ils visent la décentralisation et le partage du pouvoir. Une étude récente montre que plus de la moitié (55%) des entreprises sondées du classement établi par le magazine *Fortune* affirment qu'elles sont en train de réduire le nombre d'échelons hiérarchiques. Seules 7% d'entre elles disent en avoir ajouté de nouveaux. L'étude montre aussi que 74% des PDG de ces entreprises « sont plus tournés vers la participation et le consensus, et qu'ils comptent plus sur la

---

1. C. Lee, « Beyond teamwork », *Training*, 27, 1990, p. 25-33.
2. T. Stewart, « New ways to exercise power », *op. cit.*

communication que sur le commandement; seuls 5% affirment le contraire »[1].

Les travaux de Peters font également de la problématique du nivellement de la hiérarchie et de la plus grande implication du personnel l'une des priorités pour les entreprises dans le cadre de l'émergence d'une économie globalisée : « Pour être compétitif, il faut avant tout être capable de s'adapter rapidement à la clientèle. Donc il est impératif que les opérationnels aient accès à l'information et qu'ils aient le pouvoir d'agir ». Il insiste également sur le fait qu'il faut combattre la bureaucratie, ce sous-produit de la hiérarchie et d'une autorité centralisée : « Les dirigeants passent beaucoup de temps à se plaindre de la bureaucratie. Cela ne suffit pas; il faut l'éliminer pour survivre. En tête de ses priorités stratégiques, l'entreprise doit mener une lutte acharnée contre la bureaucratie »[2].

Le passage à une autorité décentralisée est révélateur d'un changement des attitudes managériales, en particulier envers le personnel, bien sûr, mais aussi envers l'ensemble des parties prenantes. La lecture que nous proposons quant à ce changement de l'autorité implique que le management admette la légitimité, au sein de l'organisation, des différents points de vue des parties prenantes; qu'il admette aussi le fait que chacun de ces groupes a des intérêts qui sont liés à l'avenir de la firme; et qu'il admette, plus fondamentalement, la valeur que chacun d'eux apporte à l'organisation grâce à sa participation. En recherchant une plus grande décentralisation, la firme ne se contente pas d'encourager la communication et l'interdépendance entre les parties prenantes : elle crée aussi les conditions permettant de tirer parti du potentiel de tous en termes de compétence et de créativité.

---

1. *Ibid.*
2. T. Peters, *Thriving on chaos: Handbook for a management revolution*, *op. cit.*

L'employé tire profit du contrôle accru qu'il exerce sur son travail et de sa plus grande implication, alors que l'ensemble de la firme, pour sa part, est plus à même de satisfaire les intérêts de toutes les parties prenantes (par le biais de nouvelles idées, d'une plus grande efficacité, d'une réactivité accrue, etc.).

CONCLUSION

La pensée féministe apporte un point de vue nouveau et des intuitions significatives qui contribuent à enrichir notre vision du concept de partie prenante. Elle fournit également les ressources nécessaires pour formuler un grand nombre des problèmes moraux contemporains les plus sérieux tout en exprimant des idées pratiques qui permettront aux firmes d'être davantage en mesure de créer de la valeur et de prospérer. Il convient de souligner que notre ambition s'inscrit dans un projet plus vaste visant à soumettre les conceptions que nous avons de nous-mêmes, comme celles que nous avons de l'entreprise, à un examen plus approfondi et plus global.

Nous avons soutenu que la gestion des parties prenantes, au sens féministe du terme, consiste à créer de la valeur pour l'ensemble du réseau des parties prenantes. Pour que cet objectif soit atteint, il est nécessaire de développer des formes de coopération efficaces, de décentraliser le pouvoir et l'autorité. Il faut enfin construire un consensus parmi les parties prenantes par le biais de la communication en vue de définir une orientation stratégique. Dans ce contexte, il est impératif que les managers soient capables d'assurer la pérennité des réseaux de communication, de partager le pouvoir de prise de décision avec les employés et de puiser dans la créativité du personnel comme dans celle des fournisseurs.

A travers le tableau dressé ici nous n'exigeons en rien l'abandon ou l'amputation des métaphores que nous avons mises en évidence dans la première partie de cet article. Nous préconisons plutôt, pour nous aider à façonner et à modérer les pratiques managériales, de regarder du côté des idées féministes tout en continuant à utiliser les outils développés dans le cadre de la perspective masculine. Au contraire, continuer à utiliser les outils développés dans le cadre de la perspective masculine contribue à façonner et à modérer les pratiques managériales. La lecture féministe proposée ici ne se veut ni un faire-valoir ni l'exact opposé du cadre de référence existant. Même si les affirmations issues des deux théories que nous avons tour à tour examinées semblaient logiquement et intuitivement reliées au point de former une vue d'ensemble cohérente, le fait d'en préférer une n'oblige pas à exclure l'autre. Par exemple, une approche féministe du management au bénéfice des parties prenantes fait de la collaboration et de la coopération le mot d'ordre du management – les firmes devraient faire tout leur possible pour créer de la valeur pour les parties prenantes en développant des réseaux de coopération qui maximisent leurs ressources. Cela n'empêche pas la compétition de conserver toute sa place. Elle devient simplement une vertu secondaire : si une firme devient compétitive, c'est en raison d'une collaboration et d'un travail d'équipe réussis.

Pourtant nous souhaitons insister sur le fait que cette lecture apporte un nouveau souffle et qu'elle transforme notre façon de penser le management en faveur des parties prenantes ainsi que notre façon de penser l'entreprise. Elle propose un nouveau langage avec son propre ensemble de concepts et de métaphores qui nous permet d'envisager un contexte innovant et enrichi dans lequel la réflexion sur l'entreprise peut être menée. Il convient de souligner une autre vertu de la perspective féministe : elle permet d'orienter le débat relatif à la théorie des parties prenantes vers les questions morales qui sont implicites quand on réfléchit au sens de l'entreprise. Ces questions sont au centre de la réflexion parce qu'elles permettent à la fois de montrer la pertinence de la théorie des parties prenantes et la manière dont elle peut être mise en œuvre – à la fois en disant pourquoi elle est irréfutable et de quelle façon elle est mise en place. Il nous semble que cet article représente un progrès majeur pour définir l'éthique des affaires en lui conférant une assise intellectuelle, en exprimant nos aspirations et nos valeurs les plus importantes et en favorisant la prospérité des entreprises dans le cadre d'une économie mondialisée. Nous espérons que des échanges permanents sur ces sujets nous aideront à combattre les problèmes les plus urgents de notre époque, au moment où nous sommes confrontés à de nouveaux défis économiques, moraux et politiques d'une ampleur sans précédent. Même si la situation peut sembler grave, nous devrions garder à l'esprit que ce sont ces occasions d'échange qui fournissent les meilleures chances de parvenir à un changement et à une reconstruction.

Rogene A. Buchholz et Sandra B. Rosenthal

UN CADRE CONCEPTUEL RENOUVELÉ
POUR LA THÉORIE DES PARTIES PRENANTES *

Introduction

Dans le domaine des « questions sociales dans l'entreprise » (*Social issues in management* ou SIM), les développements théoriques liés d'une façon ou d'une autre à la théorie des parties prenantes se sont considérablement accrus au cours des dernières années. Il n'est peut-être pas exagéré de dire que cette théorie en est presque venue à dominer l'ensemble du domaine. Il suffit d'examiner les programmes du champ des SIM des années récentes, ou ceux de l'*International Association of Business and Society*, pour mesurer l'intérêt qu'elle suscite. On peut créditer Freeman d'avoir effectué le travail fondateur sur le concept de partie prenante, mais, depuis, celui-ci a été largement utilisé pour décrire et analyser la relation qui lie l'entreprise à la société [1]. Donaldson et Preston ont mentionné l'existence d'une douzaine d'ouvrages et de plus d'une centaine d'articles portant

---

* « Toward a contemporary conceptual framework for stakeholder theory », *Journal of Business Ethics*, 58, 2005, p. 137-148. Traduit par P. Vellozzo.

1. R.E. Freeman, *Strategic management : A stakeholder approach*, *op. cit.*

sur ce concept[1]. Des conférences ont été organisées exclusivement sur ce thème[2] et des revues y ont consacré des numéros spéciaux.

Même si les spécialistes ont proposé différentes définitions du concept[3], chacune s'appuie en général sur le même principe : les entreprises doivent être attentives aux besoins, aux intérêts et à l'influence de ceux qui peuvent être affectés par leurs politiques et leurs opérations[4]. Une définition typique est celle de Carroll. Il stipule qu'une partie prenante est « n'importe quel individu ou groupe susceptible d'affecter les actions, les décisions, les politiques, les pratiques ou les buts de l'organisation, ou qui peut en être affecté »[5]. Clarkson définit les parties prenantes comme « les personnes ou les groupes qui ont un intérêt, c'est-à-dire quelque chose à perdre ou à gagner, en raison des activités de l'entreprise »[6]. Une partie prenante est donc un individu ou un groupe qui possède un intérêt d'un certain type dans l'activité de l'entreprise et qui peut aussi l'affecter d'une façon ou d'une autre.

Typiquement, on considère que les parties prenantes sont les consommateurs, les fournisseurs, les pouvoirs publics, les

1. T. Donaldson, L.E. Preston, « The stakeholder theory of the corporation : Concepts, evidence, and implications », *Academy of Management Review*, 20(1), 1995, p. 65-91.

2. M.B.E. Clarkson *et al.*, « The Toronto conference : Reflections on stakeholder theory », *Business and Society*, 33(1), 1994, p. 82-131.

3. R.K. Mitchell, B.R. Agle, D.J. Wood, « Toward a theory of stakeholder identification and salience : Defining the principle of who and what really counts », *The Academy of Management Review*, 22(4), 1997, p. 853–886.

4. W.C. Frederick, « Social issues in management : Coming of age or prematurely gray ? », *Paper presented to the Doctoral Consortium of the Social Issues in Management Division*, Las Vegas, The Academy of Management, 1992.

5. A.B. Carroll, *Business and society : Ethics and stakeholder management*, South-Western Pub, 3ᵉ éd., 1996.

6. M.B.E. Clarkson (ed.), *The corporation and its stakeholders : Classic and contemporary readings*, Toronto, University of Toronto Press, 1998.

concurrents, les communautés locales, les employés et, bien sûr, les actionnaires – même si, pour une entreprise confrontée à une question particulière, la « carte » des parties prenantes peut devenir assez compliquée[1]. Gérer les parties prenantes suppose de prendre en compte leurs intérêts et leurs préoccupations dans le processus de décision managériale afin qu'elles soient toutes satisfaites, au moins dans une certaine mesure – ou qu'au minimum, pour une question donnée, les parties prenantes les plus importantes soient satisfaites. Le but même de l'entreprise est de servir et de coordonner les intérêts de ses différentes parties prenantes, et ses managers, lorsqu'ils conduisent ses activités, ont l'obligation morale d'équilibrer leurs intérêts de façon adéquate.

LA THÉORIE DES PARTIES PRENANTES
ET L'INDIVIDUALISME ATOMISTE

La plupart des définitions de la théorie des parties prenantes supposent que celles-ci sont des entités individuelles séparables qui peuvent être clairement identifiées par les managers et dont les intérêts peuvent être pris en compte dans les processus de décision. Ainsi chaque partie prenante a des intérêts bien identifiables que les managers doivent considérer pour parvenir à des décisions responsables et efficaces. Cette hypothèse provient d'une position philosophique, l'individualisme atomiste, qui trouve son origine dans la révolution scientifique caractéristique des sociétés modernes. Elle est fondée sur l'idée qu'un individu est la première brique d'une société ou d'une communauté et qu'une société n'est rien de plus que la somme des individus qui la composent. Selon cette conception philosophique, les individus, tout comme les institutions, sont des entités séparables,

1. A.B. Carroll, *Business and society : Ethics and stakeholder management*, *op. cit.*

aux limites bien définies, qui peuvent être isolées de leur environnement et qui ne font pas partie intégrante de la communauté ou de la société à laquelle ils participent.

Le problème que pose l'individualisme atomiste pour la théorie des parties prenantes, et le rôle qu'il a joué dans son développement, sont soulignés dans un article de Wicks, Gilbert et Freeman[1]. Ils évoquent la célébration de l'individu et le respect des libertés personnelles qui caractérisent le monde occidental après le siècle des Lumières – tout particulièrement les États-Unis à travers l'image du pionnier. Ils décrivent ensuite le problème de l'individualisme atomiste et montrent à quel point il s'inscrit dans les définitions de la théorie des parties prenantes.

> Cette vision du monde contient en elle-même l'hypothèse que le moi est par nature capable de vivre isolé des autres moi ainsi que du contexte plus large qui l'entoure. Les personnes existent en tant qu'êtres distincts perçus indépendamment de leurs relations avec les autres. Bien que le langage, la communauté et les relations humaines affectent le moi, ils sont perçus comme extérieurs et sans lien avec l'individu qui est, lui, à la fois autonome et ontologiquement antérieur à ces éléments de contexte. De la même façon, dans les affaires, l'entreprise est plutôt perçue comme un agent autonome, séparé de ses fournisseurs, de ses consommateurs et de son environnement extérieur. Là aussi, alors que, plus largement, les forces du marché et l'environnement économique ont un réel impact sur une entreprise donnée, c'est néanmoins cette seule entreprise qui sera au centre des discussions sur la stratégie. C'est également cette même entreprise que nous jugerons prééminente dans la

---

1. Il s'agit du texte de Wicks, Gilbert et Freeman traduit dans ce volume. (N.D.É.)

mesure où c'est à elle que nous attribuons la qualité d'agent (*agency*)[1].

Les auteurs soulignent une conséquence de cette hypothèse : les parties prenantes sont conçues comme des personnes affectées par les activités de l'entreprise – elles ne sont pas « constitutives de son identité première ». Selon eux, on retrouve cette vision « dans la définition proposée par un grand nombre d'auteurs. … Ces définitions partagent toutes la prémisse implicite que l'identité première de la firme est définie indépendamment et séparément de ses parties prenantes. Au niveau macro-économique, le monde des affaires est vu comme un ensemble d'atomes entrant chacun en collision avec d'autres atomes dans un processus mécanique représentatif des interactions et des transactions entre différentes firmes ».

Dans leur souci de réinterpréter certaines façons de penser traditionnelles associées à la théorie des parties prenantes, Wicks, Gilbert et Freeman se sont tournés vers les conceptions féministes, susceptibles de fonder une telle réinterprétation. Ils suggèrent qu'il existe des lacunes importantes dans les versions antérieures de la théorie, la principale étant qu'elles s'appuient sur « un mode de pensée trop « individualiste, autonome et masculin » pour pouvoir être intelligible et [qu'elles ne tiennent pas] suffisamment compte de beaucoup des idées féministes [qui peuvent être utilisées pour] mieux exprimer le sens et les missions des entreprises ».

Ils affirment ensuite que les personnes sont fondamentalement connectées les unes aux autres dans un réseau de relations dont dépend toute compréhension adéquate du moi. Ils soutiennent également qu'on ne peut engager de discussion sur l'autonomie ou la quête d'une identité personnelle sans l'avoir

1. *Ibid.*

déterminée et localisée à partir d'une telle appréhension du monde, plus organique et plus relationnelle. «Le concept de partie prenante, compris au sens féministe, explicite la façon dont les limites du moi s'étendent dans des zones qui se trouvent bien au-delà de ce que nous reconnaissons habituellement et qui sortent clairement du périmètre de l'entreprise». Les distinctions interne/externe disparaissent dans une appréhension intuitive de la solidarité collective au sein de laquelle l'identité de l'entreprise est intégrée au réseau de toutes les parties prenantes et reliée à un contexte social élargi.

Les auteurs prennent ainsi leurs distances à l'égard d'une conception longtemps admise selon laquelle, d'après eux, l'entreprise est une entité autonome confrontée à un environnement externe qu'elle doit contrôler; structurée selon de strictes hiérarchies de pouvoir et d'autorité, où les activités managériales s'expriment de préférence en termes de conflit et de compétition; dans laquelle les décisions stratégiques sont le résultat d'un ensemble objectif de faits collectés à partir d'investigations empiriques – des décisions prises par un décideur rationnel détaché des penchants, des biais et des perceptions trop émotionnelles. Ils privilégient au contraire une conception de l'entreprise comme réseau de relations entre parties prenantes. Ce réseau s'enrichit du changement et du pluralisme pour établir des relations continues et harmonieuses avec son environnement; sa structure est façonnée par une décentralisation et une redistribution du pouvoir (*empowerment*) radicales; enfin, ses activités doivent être décrites en termes de communication, d'action collective et de conciliation – au sein de ce réseau, les décisions managériales sont prises de façon solidaire et se fondent sur des conceptions communes, ancrées dans des relations de sollicitude (*caring*).

Peut-être y a-t-il eu des tentatives plus précoces de traiter ce problème, même s'il n'était pas explicitement reconnu. Par exemple, lorsque l'on examine attentivement la théorie de l'interpénétration des systèmes de Preston et Post, il semble que ces auteurs aient justement essayé d'aborder le problème de l'individualisme atomiste qui sépare l'entreprise de la société et en fait deux entités distinctes [1].

Le modèle de l'interpénétration des systèmes essayait de rapprocher l'entreprise et la société au sein d'un cadre théorique susceptible d'accorder leurs différences sans rendre nécessaire leur séparation conceptuelle. Pour parvenir à des arrangements acceptables entre l'entreprise et la société, ce cadre autorisait les conflits et les ajustements. Mais parce qu'il demeurait profondément ancré dans l'individualisme atomiste, il ne pouvait constituer un fondement approprié aux relations essentielles qui unissent l'entreprise et la société.

LES ORIGINES DE L'INDIVIDUALISME ATOMISTE

Notre culture est une culture scientifique et technique. Cependant, ces termes ne se réfèrent pas seulement aux outils et aux techniques, mais aussi à une certaine manière de penser le monde et de comprendre son fonctionnement et sa structure. Cette vision du monde repose sur une idée fondamentale : le monde est fait d'éléments individuels reliés les uns aux autres par des lois qui peuvent être découvertes grâce à l'exploration scientifique. Ces lois existent dans toutes les parties de notre monde physique, elles sont au fondement de notre capacité à comprendre la façon dont il fonctionne et elles nous permettent de nous servir de lui pour atteindre nos propres objectifs. Dans une conception de ce type, les choses sont naturellement divisées en parties constituantes de plus en plus petites qui sont

1. L.E. Preston, J.E. Post, *Private management and public policy*, Englewood Cliffs, Prentice-Hall, 1975.

essentiellement indépendantes les unes des autres et qui existent par elles-mêmes [1].

La science est réductionniste dans le sens où, lorsqu'elle s'intéresse à un certain objet, elle ne cherche pas à l'appréhender comme un tout mais examine ses constituants individuels et essaie de comprendre leurs relations réciproques. Elle est donc atomiste parce qu'elle cherche les composantes individuelles ou les atomes qui forment la nature, puis essaie de comprendre la manière dont ces composantes sont liées entre elles à travers un processus mécaniste. Le même processus est à l'œuvre dans les sciences sociales : le comportement humain y est étudié de façon similaire, ses composantes individuelles sont identifiées et leurs liens réciproques étudiés grâce à une méthode statistique qui vise à faire ressortir l'existence éventuelle de relations significatives. Ce processus réductionniste nous force donc à penser en termes d'atomes individuels et en fonction d'un processus mécaniste par lequel ces atomes sont reliés les uns aux autres [2].

Aussi la science, du moins dans son sens classique, voit-elle le monde comme un système fermé qui fonctionne selon des lois mécaniques exprimables en termes mathématiques. Elle produit un univers caractérisé de façon quantitative, de plus en plus mathématisé, et cette quantification affecte tant notre perception du monde que le genre de sensibilités que nous développons en tant qu'êtres humains. La science a tendance à rejeter les soi-disant « impressions subjectives » au motif qu'elles sont dépourvues de validité. Elle nous force à perdre le sentiment d'être connecté aux autres personnes comme à la nature – un sentiment essentiel pour fonder une véritable communauté [3]. Ainsi tout est-

---

1. D. Bohm, *Wholeness and the implicate order*, Londres, Routledge & Kegan Paul, 1980.

2. *Ibid.*

3. *Ibid.*

il objectivé et quantifié, et les modèles de prise de décision deviennent mécaniques, même dans le domaine de l'éthique. Dans une vision du monde purement scientifique, il n'y a plus de place pour le sacré, l'expérience religieuse ou la spiritualité.

De nouveaux développements, dont beaucoup ont eu lieu ces dernières années, ont modifié, voire radicalement remis en question, cette vision classique de la science et la vision scientifique du monde[1]. La première remise en question est venue du développement de la théorie quantique. Celle-ci a conduit au fameux principe d'incertitude d'Heisenberg à partir duquel la vision classique du déterminisme newtonien, qui affirme que l'on peut décrire tous les événements avec une précision infinie, a été remplacée par des ondes et des probabilités. La science est alors passée d'un monde de lois et de règles fixes à un monde de hasard et d'incertitude.

Ainsi la doctrine selon laquelle tout est déterminé et, en principe, prévisible, a-t-elle commencé à être remise en question par le développement de la théorie quantique. En outre, elle s'est trouvée encore plus affaiblie par le développement de la théorie du chaos, car la dynamique chaotique a rendu intenable l'ancienne idée du déterminisme, non seulement dans le domaine quantique, mais aussi dans l'étude de la plupart des systèmes naturels – par exemple la météorologie et le phénomène des marées[2]. Le chaos et l'indéterminisme ont introduit dans la nature les idées de liberté et de spontanéité, bien au-delà de ce que proposa la science pendant plus que trois siècles alors qu'elle était sous l'emprise du déterminisme classique.

1. C. Flowers, *A science odyssey : 100 years of discovery*, New York, William Morrow and Company, 1998.

2. M. Fox, R. Sheldrake, *Natural grace : Dialogues on creation, darkness, and the soul in spirituality and science*, New York, Doubleday, 1996.

Ces évolutions, comme beaucoup d'autres au sein de la communauté scientifique, conduisent à un changement de vision du monde – une sorte d'attitude post-mécaniste où l'univers, comme la terre, est un organisme qui croît et change et où même les lois qui régissent le comportement peuvent changer et évoluer. Cependant, on peut se poser la question de savoir si ces développements se sont diffusés à d'autres sciences – sans parler de leurs effets sur le commun des mortels. Par exemple, Capra a récemment affirmé que les sciences sociales conventionnelles sont fondées sur le vieux paradigme mécaniste des sciences naturelles[1]. Celui-ci exige une analyse objective des composantes individuelles pour aider à la construction de cadres conceptuels permettant la prédiction et le contrôle des phénomènes naturels et sociaux.

De façon générale, nous vivons toujours dans le monde de l'objectivité scientifique, où les choses se produisent sous les yeux d'un scientifique en position d'observateur détaché. L'idée que les scientifiques sont en quelque sorte désincarnés et qu'ils ne sont pas physiquement ou émotionnellement impliqués dans ce qu'ils font est toujours l'idéologie scientifique dominante. L'idée que la nature peut être un organisme vivant a été reléguée au domaine de l'expérience subjective et de la vie privée, alors que les attitudes mécanistes ont été dotées de la légitimité que confère l'autorité de la science[2]. Par conséquent, la traditionnelle vision scientifique du monde semble correspondre à la façon dont la plupart des gens pensent la nature et son fonctionnement. Bohm affirme que la science a pesé de presque tout son poids en faveur de l'approche fragmentaire de la réalité et que

---

1. F. Capra, *The web of life : A new scientific understanding of living systems*, New York, Anchor Books, Doubleday, 1996.
2. M. Fox, R. Sheldrake, *Natural grace : Dialogues on creation, darkness, and the soul in spirituality and science*, *op. cit.*

cette approche – l'idée que la réalité entière n'est en fait constituée que de « constituants atomiques » fonctionnant tous ensemble de façon plus ou moins mécanique – n'est plus perçue simplement comme une intuition féconde mais est tenue pour une vérité absolue[1].

POURQUOI L'INDIVIDUALISME ATOMISTE
EST-IL UN PROBLÈME ?

La société américaine a toujours été critiquée pour son individualisme et son manque d'intérêt pour la communauté. On est encouragé à ne faire attention qu'à soi et, dans une large mesure, à ne pas se préoccuper des besoins des autres[2]. Cependant l'individualisme de la société américaine n'est pas seulement un problème moral. C'est aussi un problème philosophique dans la mesure où la vision scientifique du monde a imprégné la manière dont nous nous comprenons nous-mêmes et dont nous comprenons l'univers. Nous sommes des sujets atomiques individuels, généralement seuls et autonomes, nous construisons des institutions et passons des contrats afin de survivre, de subvenir à nos besoins et de créer certains types de relations avec les autres. Mais la plupart de ces relations sont instrumentales dans le sens où nous nous lions avec des personnes qui peuvent faire quelque chose pour nous et qui peuvent nous fournir ce dont nous avons besoin pour notre existence. Nous ne sommes pas liés aux autres, sauf par des liens externes qui ne pourront jamais aboutir à une vraie communauté.

Selon la philosophie de l'individualisme atomiste, ces liens externes sont les seuls à pouvoir relier les personnes et les institutions. Des individus égoïstes et des institutions ayant leur

1. D. Bohm, *Wholeness and the implicate order*, *op. cit.*
2. R.N. Bellah *et al.*, *The good society*, *op. cit.*

propres volontés et leurs propres désirs entrent constamment en collision. Afin de minimiser les chocs et de réduire les conflits, les personnes et les institutions peuvent se rencontrer et établir une relation d'un certain genre qui leur permet de surmonter leurs différences. Mais tandis que des liens superficiels peuvent être noués quand les individus passent un contrat ou se mettent d'accord pour s'assurer qu'ils réaliseront leurs propres buts individualistes, les liens en question ne peuvent attacher les individus à la réalisation d'une œuvre qui serait plus qu'une somme de moi séparés, de volontés séparées, de désirs égoïstes. Une communauté ou une société authentiques ne peuvent en aucun cas se développer – pas plus qu'une véritable conception relationnelle des intérêts des parties prenantes.

Si toute communauté n'est perçue que comme la somme de ses parties, la société oscille entre donner la priorité aux droits de l'individu et privilégier les besoins de la communauté, entre la célébration du pluralisme et la nécessité de disposer d'objectifs et d'intérêts communs. Dès lors que l'individu est considéré comme une unité séparable, l'individu et la communauté en viennent à s'opposer l'un et l'autre dans une tension irréconciliable. Cette tension entre l'individu et la communauté entrave la recherche de solutions mutuellement satisfaisantes aux problèmes sociaux. En dehors de l'intérêt personnel, il n'y a rien qui puisse lier les individus et les institutions; si l'on part de pièces détachées ou d'atomes individuels de ce genre, il n'y a aucun moyen de parvenir à une véritable communauté. Une réelle unité entre les personnes ne peut naître que d'une forme d'action et d'un mode de pensée qui ne cherchent pas à fragmenter la réalité[1].

En outre, si l'on divise la réalité en unités atomiques, celles-ci seront la plupart du temps reliées entre elles à travers une sorte

---

1. D. Bohm, *Wholeness and the implicate order*, *op. cit.*

de processus mécaniste. Cela reflète une façon de considérer l'univers en termes essentiellement mécanistes, qui témoigne de l'emprise de la mécanique newtonienne. Par exemple, dans l'approche traditionnelle du marché, les consommateurs sont considérés comme des unités atomiques qui révèlent leurs désirs et leurs besoins propres lors des transactions. Ces demandes individuelles sont coordonnées par le mécanisme du marché à travers la courbe de la demande à laquelle les producteurs individuels peuvent répondre afin de générer du profit pour eux-mêmes. La concurrence est perçue comme un mécanisme de régulation de l'offre et de la demande qui garantit qu'aucun producteur unique ne pourra dominer le système et occuper une position de monopole.

Power défend l'idée que cette vision du moi atomique influence notre compréhension de l'économie et du fonctionnement du système économique[1]. La science économique suppose que la société n'est qu'une agrégation d'individus atomiques, aucun objectif social n'étant visé par les décisions individuelles. L'économie et l'activité économique sont perçus comme des domaines séparés qui peuvent être étudiés en dehors de leurs contextes sociaux et politiques et qui ont une existence séparée des autres activités humaines. La science économique a aussi recours à un modèle mécanique pour expliquer la façon dont fonctionne l'économie.

Par conséquent, comme le dit Power, faire de l'économie un domaine séparé des autres activités humaines est l'un des résultats importants de la science économique qui a pour effet d'attribuer son fonctionnement à un mécanisme automatique autorégulé. Celui-ci est en outre rationnel d'un point de vue

---

1. T.M. Power, « Trapped in consumption : Modern social structure and the entrenchment of the device », *in* E. Higgs, A. Light, D. Strong (ed.), *Technology and the good life*, University of Chicago Press, 2000.

social, bien qu'il ne soit dirigé par aucune pensée rationnelle. Un pilotage conscient de l'économie est non seulement inutile, mais aussi inapproprié et destructeur. Grâce à la concurrence entre des agents égoïstes, la recherche exclusive de l'intérêt personnel, seule source de leur motivation, se trouve neutralisée et produit des effets qui ne correspondent à aucune de leurs intentions. Ces effets sont supposés être rationnels au sens où ils minimisent les coûts et utilisent efficacement les ressources rares pour satisfaire les préférences agrégées de la population. Ceci réduit, pour une large part, les déterminants du bien-être de l'individu au niveau atteint par sa consommation personnelle.

On commença à mettre en doute cette vision traditionnelle des affaires et son inscription dans une approche fondée sur le marché quand les problèmes de société furent abordés à partir d'une interrogation sur les responsabilités sociales de l'entreprise. Les problèmes que soulevèrent les tenants de la responsabilité sociale, tels que la pollution et la sécurité au travail, avaient été créés en grande partie par la recherche de l'efficience sur le marché. On commença ainsi à défendre l'idée que l'entreprise avait des impacts sur la société qui allaient bien au-delà de sa performance sur le marché et que, dans la mesure où ils posaient des problèmes à la société dans son ensemble, l'entreprise devait y prêter attention.

Les tenants de la responsabilité sociale essayaient de saisir les relations mutuelles de l'entreprise avec la communauté plus large dont elle fait partie. Leur argument se fondait sur la nécessaire prise en compte des aspects sociaux des activités de l'entreprise, et pas seulement de sa performance économique. Cependant, cette tentative est généralement restée enracinée dans l'individualisme atomiste propre à la théorie économique. L'entreprise et la société étaient considérées comme deux entités séparables et isolées – la firme, en particulier, demeurait une unité autonome tenue de prendre en considération ses obligations envers la société au sein de laquelle elle déploie ses activités [1]. Comme l'affirme Solomon :

> La notion de responsabilité relève en grande partie de l'individualisme atomiste dont je critique l'inadéquation. Les arguments classiques en faveur des « responsabilités sociales de l'entreprise » tombent beaucoup trop souvent dans le piège consistant à partir de la prémisse selon laquelle l'entreprise est une entité autonome et indépendante qui doit, de ce fait, considérer son devoir envers la communauté environnante. Mais les entreprises, comme les individus, font partie intégrante des communautés qui les ont créées, et les responsabilités qu'elles assument ne sont pas le fruit d'un argument ou de contrats implicites, mais sont inhérentes à leur existence même en tant qu'entités sociales [2].

Par conséquent, les arguments en faveur des responsabilités sociales de l'entreprise proviennent d'une conception atomiste des firmes et de leur relation avec la société. La notion de responsabilité sociale de l'entreprise a été problématique depuis le début, car cette façon de penser les rapports de l'entreprise et de la société contient des suppositions atomistes implicites. On n'a pas réellement compris l'inscription de l'entreprise dans la société, ni proposé de réelle théorie qui incorpore l'aspect intrinsèquement relationnel qui les unit. L'attention est restée focalisée sur l'entreprise et, comme dans la théorie des parties prenantes, c'est sur elle que se sont concentrées les discussions sur la performance sociale de l'entreprise et l'attribution de la qualité d'agent (*agency*).

---

1. R.A. Buchholz, S.B. Rosenthal, « Business and society : What's in a name », *The International Journal of Organizational*, Analysis, 5(2), 1997, p. 180-201.

2. R.C. Solomon, *Ethics and excellence*, *op. cit.*

LE PRAGMATISME COMME PHILOSOPHIE RELATIONNELLE

Afin de traiter d'une façon adéquate du problème de l'individualisme atomiste au sein de la théorie des parties prenantes, il faut une nouvelle philosophie qui ne soit fondée ni sur l'atomisme ni sur la séparation, mais qui soit, au contraire, de nature relationnelle. Bien que la théorie féministe soit effective-ment relationnelle et qu'elle conçoive l'entreprise et l'ensemble des relations auxquelles elle participe à partir d'un contexte social élargi, elle ne propose aucun cadre conceptuel systémati-que pour asseoir ses propres idées. Elle contient donc les ingré-dients fondamentaux d'une autre vision du monde que celle de l'individualisme atomiste, mais pas la structure conceptuelle capable d'incorporer ces ingrédients en une vision du monde qui lui soit propre.

Le pragmatisme est une philosophie d'origine américaine qui apporte un fondement philosophique à une conception relationnelle du moi et de la dimension intrinsèquement collective des relations dans lesquelles l'entreprise est impli-quée. Cependant on ne doit pas confondre cette philosophie avec l'usage familier du terme « pragmatisme » qui renvoie à une certaine approche pratique des problèmes de la vie – une appro-che perçue comme typique du caractère américain. Le mot « pragmatisme », tel qu'il est utilisé ici, n'a rien à voir avec cette approche « pragmatique » des problèmes que l'on rencontre si souvent. Le développement du pragmatisme comme cadre philo-sophique à part entière renvoie à une période précise de l'histoire de la philosophie américaine, bien délimitée dans le temps. Elle inclut les doctrines de ses cinq figures majeures : Charles Peirce, William James, John Dewey, C.I. Lewis et George Herbert Mead.

Le pragmatisme remet virtuellement en question tous les *a priori* gouvernant ce que l'on peut appeler la « tradition philosophique dominante », ainsi que les types d'alternatives que ces *a priori* font naître. Il offre aussi de nouvelles solutions aux hypothèses, alternatives, dilemmes et impasses auxquels cette tradition a abouti. Ces nouvelles solutions ne peuvent pas être comprises comme une synthèse modernisée des alternatives traditionnelles. Elles dessinent plutôt une approche entièrement nouvelle des problèmes philosophiques. Dans une déclaration dont on trouve beaucoup d'échos différents dans les écrits des pragmatistes américains classiques, Mead nous met ainsi en garde : « Il existe une vieille querelle entre le rationalisme et l'empirisme qui ne pourra jamais s'apaiser tant que l'un ou l'autre ne se résoudra pas à décrire le réel dans sa totalité. Et il n'est pas non plus possible de partager cette description en deux récits différents »[1]. Pour éviter ces impasses, nous avons besoin d'une approche complètement nouvelle.

Dans le pragmatisme américain classique, on trouve un rejet complet de la sempiternelle conception des individus comme unités atomiques, séparables et isolées, reliées les unes aux autres par un processus externe. Selon cette conception, l'individu est la brique à partir de laquelle se construit une société ou une communauté, qui n'est rien de plus que la somme des individus qui la composent. Pour mieux s'assurer qu'ils vont atteindre les objectifs individuels qui sont les leurs, des liens superficiels peuvent s'établir entre ces individus lorsqu'ils entrent en contact les uns avec les autres ou se trouvent assemblés par d'autres voies. Mais, comme cela a été dit précédemment, ces liens ne peuvent attacher les individus à la réalisation d'une œuvre qui serait plus qu'une somme de moi séparés, de volontés séparées et de désirs égoïstes. Par conséquent, au niveau le plus profond, les humains restent séparés les uns des autres et des communautés dans lesquelles ils vivent et qui fondent leur être.

---

1. G.H. Mead, *The philosophy of the present*, La Salle, Open Court, 1959.

Par contraste, le pragmatisme considère que l'individu est intrinsèquement social. Selon cette perspective, au cours des ajustements et des coordinations requises par l'action coopérative dans un contexte social, les individus conduisent leur action en adoptant le point de vue de l'autre. De cette façon peut se développer un contenu commun qui produit une communauté de sens. Avoir un moi, c'est avoir un type particulier de capacité – la capacité d'être conscient que son propre comportement fait partie du processus social d'ajustement. Non seulement les moi ne peuvent exister que dans une relation avec les autres moi, mais aucune ligne de démarcation absolue ne peut être tracée entre notre propre moi et celui des autres. En effet, nos propres moi n'existent et n'apparaissent dans notre expérience que dans la mesure où les autres existent et y apparaissent aussi. Les origines et les fondations du moi, comme celles de l'esprit, sont sociales et intersubjectives.

En intégrant le point de vue de l'autre, le moi en développement en vient à adopter la perspective des autres pris comme un tout. Il intègre ainsi les exigences et l'autorité du groupe, l'organisation ou le système d'attitudes et de réactions appelé « l'Autrui généralisé »[1]. Il y a une dimension passive du moi. Pourtant, en réagissant au point de vue de l'autre, l'individu réagit comme un centre de gravité unique. Il y a aussi une dimension créatrice du moi. Un moi intègre donc, par sa nature même, tant le conformisme de la perspective du groupe que la créativité de sa perspective individuelle unique. Ainsi, Dewey soutient que la tension entre les forces conservatrices et émancipatrices réside

---

1. G.H. Mead, *Mind, self, and society from the standpoint of a social behaviorist*, édité par C.W. Morris, University of Chicago Press, 1934.

dans la constitution même des individus[1]. La liberté ne se situe pas en opposition avec le caractère restrictif des normes et de l'autorité, mais elle provient d'un mouvement imprimé par le moi qui requiert une interaction dynamique adéquate entre ces deux pôles à l'intérieur de lui. A cause de cette interaction dynamique, qui constitue la nature de la subjectivité, la perspective du pôle « émancipateur » original débouche toujours sur une perspective « conservatrice » plus commune. Comme l'a constaté Dewey, « le principe d'autorité » ne doit pas être interprété comme un « pouvoir de restriction », mais comme un principe indiquant la direction à suivre[2].

Étant donné la nature du moi, l'individu n'est ni un élément distinct et isolé au sein d'une communauté, ni un constituant atomique entrant dans la construction de celle-ci. Il représente plutôt le pôle ou la dimension créatrice au sein de la communauté. Lorsqu'il choisit un nouveau point de vue, celui-ci s'intègre au point de vue commun. Ce nouveau point de vue émerge à cause de sa relation avec les institutions, les traditions et les modes de vies qui ont conditionné son émergence ; il tire son sens du nouveau point de vue commun auquel il a donné naissance. La dynamique de la communauté se découvre dans cette interaction continue des ajustements des attitudes, des aspirations et des perceptions factuelles entre le point de vue commun, en tant que condition du nouveau point de vue émergent, et le nouveau point de vue émergent, en tant que condition du point de vue commun.

Ce qui constitue une communauté en tant que communauté, quel que soit son type, c'est la capacité à fournir un moyen de médiation au sein de ces continuelles dynamiques d'ajustement

---

1. J. Dewey, « Authority and social change », *in* J.A. Boydston (ed.), *The later works, vol. 11*, Carbondale and Edwardsville, Southern Illinois University Press, 1987.

2. *Ibid.*

participatif. Cet ajustement n'est ni l'assimilation d'une perspective à une autre, ni la fusion de perspectives en une unité indiscernable. Mais il peut être interprété comme une « participation équilibrée » (*accommodating participation*) dans laquelle chacun, par sa créativité, est affecté et affecte l'autre à travers des moyens d'ajustement convenus. Par conséquent, une communauté se crée et se développe à travers un ajustement communicationnel continu entre l'activité constitutive de la nouvelle perspective individuelle et la perspective commune ou collective. L'individualité et la communauté sont toutes deux des processus continus qui impliquent, de par leur essence même, le changement et le développement.

En outre, chacune de ces deux dimensions interactives de la communauté accroît sa signification, son importance et son enrichissement à travers ce processus d'adaptation ou d'ajustement participatif. Une société libre, tout comme un individu libre, requiert à la fois le pouvoir d'influence exercé par l'autorité, qui est incarnée dans les institutions et les traditions, et le pouvoir d'innovation de la créativité, celle-ci étant conçue comme une nouveauté contextuellement définie ou dirigée. Ainsi, pour reprendre les termes de Dewey, « une action collective agrégée, aussi importante soit-elle, ne constitue pas en soi une communauté... Apprendre à être humain, c'est développer, dans les échanges propres à la communication, le sentiment effectif d'être un membre individuel distinct au sein d'une communauté, quelqu'un qui comprend et apprécie ses croyances, ses désirs, ses méthodes et qui contribue à accroître la conversion des puissances organiques en ressources et en valeurs humaines. Mais cette transition n'arrive jamais à terme »[1].

1. J. Dewey, « The public and its problems », *in* J.A. Boydston (ed.), *The Later Works, vol. 2*, Carbondale and Edwardsville, Southern Illinois University Press, 1984.

La singularité de l'individu ainsi que les normes et les critères établis de la communauté sont deux facteurs reliés entre eux dans un échange continu, l'un ne pouvant exister sans l'autre. A cause de l'inextricable interaction entre ces deux pôles, il n'est plus possible de poursuivre les objectifs de « l'ensemble » en ignorant leurs conséquences pour les individus affectés, ni de poursuivre adéquatement des objectifs individuels sans considérer le fonctionnement de l'ensemble.

Le développement de la capacité à créer aussi bien qu'à réagir de façon constructive à la création de nouvelles perspectives, et à intégrer le point de vue de l'autre comme quelque chose qui n'est pas totalement étranger mais est compris par sympathie, sert à la fois la croissance du moi et celle de la communauté. Approfondir et développer les horizons de la communauté, c'est aussi approfondir et développer les horizons du moi qui sont impliqués dans cette dynamique continuelle d'ajustement. N'importe quelle situation problématique peut être conçue par le truchement de l'intelligence sociale afin d'élargir et de réintégrer la situation et les moi impliqués, ce qui procure à la fois un plus grand degré d'expression authentique de soi-même et de participation sociale. De cette façon, une organisation contrôle sa propre évolution. Toute organisation authentique implique des valeurs ou des buts partagés, et le but suprême d'une organisation qui ne veut pas mourir en faisant du sur-place est précisément, selon les termes de Mead, « ce contrôle de sa propre évolution »[1]. Ainsi, le « but » ultime, lorsqu'il s'agit de réaliser des idéaux qui visent l'universalité, est la croissance ou le développement, non l'achèvement final.

Ni la communauté ni la réalisation d'idéaux visant l'universalité n'impliquent que les différences doivent être

1. G.H. Mead, *Mind, self, and society from the standpoint of a social behaviorist, op. cit.*

éliminées ou fusionnées, car ces différences fournissent le matériau nécessaire pour qu'une société ou une organisation puisse continuer de croître. Comme le souligne Dewey, la croissance implique par nature la résolution des conflits[1]. Lorsqu'il y a incompatibilité, une authentique reconstruction doit s'appuyer sur la situation problématique et sur l'histoire au sein de laquelle celle-ci a émergé. Néanmoins, la reconstruction ne peut être imposée d'en haut, en partant des exigences d'un passé qui ne contient pas les moyens de la résolution, mais elle doit être développée en faisant appel au sentiment d'un niveau d'activité plus fondamental et plus créatif.

L'ajustement des perspectives par la reconstruction rationnelle ne requiert pas un impératif venu « d'en haut », mais un approfondissement du rapport humain jusqu'à un niveau plus profond. Bien que notre expérience naisse au sein de contextes concrets spécifiques, façonnés par une tradition particulière, il ne s'agit pas d'une simple inculcation, car l'approfondissement est assez ouvert pour nous permettre de l'interrompre afin d'évaluer notre propre situation. Il nous permet de saisir différents contextes, d'adopter la perspective de « l'autre », de participer à un dialogue avec « l'autre ».

CONSÉQUENCES POUR LA THÉORIE DES PARTIES PRENANTES

Wicks, Gilbert et Freeman défendent au fond l'idée qu'il ne faut rien de moins qu'une redéfinition de l'entreprise et ils insistent sur le fait que cette redéfinition nécessite à son tour une redéfinition du moi. En définitive, un moi reconstruit exige un contexte philosophique reconstruit au sein duquel sa nature relationnelle peut trouver sa place. La conception pragmatiste du

1. J. Dewey, « Ethics », *in* J.A. Boydston (ed.), *The Later Works, vol. 5*, Carbondale and Edwardsville, Southern Illinois University Press, 1978.

moi décrite plus haut apporte une fondation théorique sérieuse aux intuitions fondamentales de la théorie des parties prenantes car, malgré le caractère atomiste des définitions données précédemment, cette théorie présente, de par sa nature même, une conception relationnelle de la firme, qui inclut la dynamique réciproque de la communauté. Sa puissance tient à ce qu'elle oriente la prise de décision managériale vers la prise en compte de la multiplicité et de la diversité des relations au sein desquelles l'entreprise se constitue et vers la pluralité des finalités de l'entreprise, celle-ci étant conçue comme un instrument destiné à enrichir ces relations dans leurs diverses dimensions.

Dans une phrase conclusive, Wicks, Gilbert et Freeman soulignent l'importance des fondations philosophiques pour repenser la nature de l'entreprise. Par exemple, l'évolution vers une conception relationnelle de la gestion des parties prenantes n'enlève pas toute pertinence à la compétition, mais celle-ci devient plutôt une vertu secondaire. Une entreprise devient compétitive par l'effet d'une collaboration réussie et d'un travail de groupe. Dès lors qu'elle perd la priorité, la compétition prend place au sein d'une vision du monde renouvelée qui exclut l'ancien cadre de référence – et la place qu'elle occupe « logiquement » dans le réseau relationnel en est également modifiée. Ainsi, comme d'autres dimensions de la vie de l'entreprise, le concept même de compétition est transformé par le nouveau réseau relationnel, qui détermine sa signification et sa fonction.

Bien qu'une entreprise doive être capable d'affronter la concurrence pour survivre, la survie requiert la croissance et la croissance requiert l'élargissement d'un réseau relationnel. La direction prise par cette croissance évolue en fonction de la direction prise par la dynamique communautaire de la firme. En outre, la croissance de la communauté ne peut pas être mesurée seulement en termes économiques parce qu'elle implique un enrichissement de la vie humaine dans sa globalité.

La signification morale de la firme s'ancre dans la dynamique communautaire par laquelle la vie se perpétue et de laquelle émerge l'expérience de la valeur et de son accroissement.

Freeman exprime avec éloquence ce qu'implique le fait de repenser la nature de l'entreprise lorsqu'il suggère que « redécrire les entreprises revient à nous redécrire nous-mêmes et à redécrire nos communautés. Nous ne pouvons séparer l'idée d'une communauté morale ou d'un discours moral de l'idée d'une création de valeur qui résulte de l'activité des entreprises »[1]. Car si, selon Freeman, on entérine une telle rupture, cela revient à accepter la thèse de la séparation, selon laquelle « on peut séparer le discours sur l'entreprise et le discours sur l'éthique ». Cette thèse se retrouve dans certaines critiques de la théorie des parties prenantes qui soulignent des problèmes censés être inhérents au concept lui-même.

Par exemple, la confrontation de diverses thèses issues de la théorie des parties prenantes conduit Goodpaster à déplorer ce qu'il appelle le « paradoxe des parties prenantes » et à tenter de le résoudre[2]. Selon ce paradoxe, les administrateurs et les dirigeants doivent se penser à la fois comme les serviteurs fidèles de l'entreprise et de ses actionnaires, et comme les membres d'une communauté plus large à laquelle appartiennent l'entreprise, ses actionnaires et de nombreux autres groupes de parties prenantes. Goodpaster soutient que deux approches relatives aux parties prenantes sont possibles : une approche stratégique, qui produit une « vie des affaires sans éthique », ou une approche multi-fiduciaire, qui revient à une « éthique sans les affaires ». Freeman défend l'idée que ce « paradoxe » est le résultat d'une thèse de la

1. R.E. Freeman, « The politics of stakeholder theory : Some future directions », *op. cit.*

2. K.E. Goodpaster, « Business ethics and stakeholder analysis », *Business Ethics Quarterly*, 1(1), 1991, p. 53-73.

séparation implicite et n'est donc pas une critique valide de la théorie des parties prenantes[1].

Dans un autre article, Goodpaster et Holloran défendent l'idée que ce genre de paradoxe est une limitation de la raison pratique dont il n'y a pas forcément lieu de se plaindre et qu'il vaut mieux préserver plutôt que de chercher à le résoudre[2]. Les auteurs notent en effet que cette manière humaine d'envisager une dualité de perspectives est trop profonde pour que quiconque puisse espérer la dépasser. La conception pragmatiste du moi et de la communauté reconnaît que cette dualité de perspectives est profonde, car elle est ancrée au cœur même de la subjectivité. Cette dualité n'est cependant ni contradictoire ni paradoxale; elle représente plutôt les dynamiques bipolaires qui sont au cœur de la subjectivité et de la communauté. Ces dynamiques, convenablement ajustées, rendent possibles une croissance libre et créatrice et la réalisation d'un équilibre harmonieux entre des intérêts divergents et souvent conflictuels, parmi lesquels se trouvent les intérêts du moi et d'autrui.

Les différentes tentatives pour définir ce qu'est une partie prenante et qui est (ou n'est pas) une partie prenante, tout comme celles visant à délimiter le nombre de parties prenantes, sont peut-être sans pertinence. L'identification des revendications des parties prenantes dépendra du contexte. La moralité de toute décision ne peut découler que de la vision morale du décideur, qui opère dans les limites du contexte spécifique relatif au problème posé. Le développement moral ne consiste pas à utiliser des règles pour simplifier les situations, mais à avoir une capacité élargie à reconnaître les dimensions morales d'une

1. R.E. Freeman, «The politics of stakeholder theory: Some future directions», *op. cit.*

2. K.E. Goodpaster, T.E. Holloran, «In defense of a paradox», *Business Ethics Quarterly*, 4(4), 1994, p. 423-429.

situation. La théorie des parties prenantes détermine la direction de la vision, elle ne peut simplifier la complexité des contextes en délimitant dans l'abstrait, parmi différents contextes spécifiques, ceux auxquels la vision devrait s'appliquer. Ainsi, de par sa nature même, la théorie des parties prenantes semble incorporer non seulement une conception relationnelle de l'entreprise, mais aussi une façon de comprendre la nature situationnelle de la prise de décision éthique, qui intervient dans des contextes spécifiques.

En ce qui concerne la justification normative de la théorie des parties prenantes, Donaldson et Preston défendent l'idée que le concept de droits de propriété peut lui fournir le fondement requis[1]. En effet, les concepts théoriques contemporains de la propriété privée n'attribuent pas des droits illimités aux propriétaires et ne justifient donc pas l'idée selon laquelle les dirigeants ne sont responsables que devant leurs actionnaires. S'inspirant de travaux récents dans ce domaine, ces auteurs observent que les droits de propriété font partie intégrante des droits humains et sont soumis à des restrictions. Ils sont plutôt des relations entre des individus. Les auteurs remarquent ensuite que cette conception relationnelle des droits de propriété ne permet pas d'identifier les principes qui déterminent la répartition de la propriété. Les réponses à cette question s'appuient essentiellement sur l'utilitarisme, le libertarisme et la théorie du contrat social, qui insistent respectivement sur les besoins, les capacités et l'effort, et l'accord mutuel.

Donaldson et Preston soutiennent que, malgré la bataille théorique qui se poursuit entre ces théories rivales, le sens commun attribue à chacune d'elles une certaine validité, en accord avec la vision de la plupart des éminents spécialistes

---

1. T. Donaldson, L.E. Preston, « The stakeholder theory of the corporation : Concepts, evidence, and implications », *op. cit.*

contemporains des droits de propriété. Les auteurs se trouvent ainsi conduits à rejeter l'idée qu'une seule théorie de la justice distributive serait applicable universellement, soulignant que l'esprit du temps penche fortement vers les théories «pluralistes», qui confèrent un rôle à plus d'un principe fondamental. Selon eux, l'usage de cette pluralité de principes permet de connecter la théorie de la propriété et la théorie des parties prenantes, étant donné qu'on «retrouve toutes les caractéristiques importantes sous-tendant les théories classiques de la justice distributive parmi les parties prenantes d'une entreprise, telles qu'elles sont conçues conventionnellement et présentées dans la théorie des parties prenantes contemporaine»[1]. Les principes utilisés dans une théorie pluraliste des droits de propriété permettent d'attribuer à différents groupes un intérêt dans les activités de l'entreprise ou de reconnaître qu'ils ont des revendications. Les auteurs soutiennent ainsi que ces principes fournissent à la fois un fondement à la théorie pluraliste contemporaine des droits de propriété et un fondement normatif à la théorie des parties prenantes.

Comme le suggère la théorie des parties prenantes, la pluralité des principes qui permettent d'interpréter les droits de propriété nous amène au problème du pluralisme et souligne le besoin d'un fondement philosophique pour comprendre ce qui justifie le choix entre ces principes. Dans le cadre de la théorie pragmatiste, ces principes eux-mêmes tentent d'exprimer différentes dimensions des réciprocités qui existent au sein d'une communauté et participent à la richesse des contextes particuliers où se déploient les activités humaines. C'est au sein de ce processus qu'émerge une concordance morale (*moral attunement*) primitive, même si ce processus est trop riche pour être saisi par un ensemble de principes quel qu'il soit – toutefois

1. *Ibid.*

différents principes peuvent résumer des considérations pertinentes dans une situation donnée. Ainsi, pour le pragmatisme, le
fondement ultime de la théorie des parties prenantes réside dans
cette idée vague d'ajustement moral (*moral fittingness*) qui
émerge de la valeur immédiatement donnée ou sentie dans la
dynamique réciproque de la communauté.

La source dont proviennent les différents principes abstraits,
créés comme autant d'hypothèses de travail, est aussi la source
de la reconnaissance primitive que chaque être humain possède
un statut moral qui doit être respecté – il s'agit d'une concordance morale primitive qui peut donner lieu à une pluralité
d'hypothèses de travail ou de « principes » abstraits. Bien que
Freeman suggère une sorte de principe néo-kantien pour traiter
les parties prenantes comme des fins plutôt que comme de
simples moyens, il reconnaît que le cadre kantien n'admet pas le
pluralisme auquel nous sommes astreints. La position pragmatiste offre une possibilité de reconnaître et d'établir le statut
moral des parties prenantes tout en permettant un pluralisme
dans les tentatives d'exprimer cette reconnaissance primitive.

CONCLUSION

La relation entre la firme et ses parties prenantes dépend de la
façon dont on conçoit l'entreprise. Ceux qui adhèrent à la vision
économique traditionnelle soutiennent que l'entreprise est reliée
à la société uniquement à travers le marché et que les transactions
sur le marché constituent son existence et sa raison d'être. Ainsi
les actionnaires sont la première partie prenante, sinon la seule.
C'est cette définition étroite de l'entreprise et de ses relations que
la théorie des parties prenantes a essayé de corriger. Mais tant
qu'elle reste ancrée dans l'individualisme atomiste qui imprègne
la théorie économique traditionnelle, l'aspect relationnel de
l'entreprise ne peut devenir partie intégrante de la théorie.

Le cadre philosophique du pragmatisme peut offrir un soubassement théorique à cette conception relationnelle de la firme et de ses parties prenantes. D'un point de vue pragmatiste, concevoir l'entreprise uniquement à travers sa fonction sur le marché est une vision partielle qui ignore le contexte plus vaste dans lequel elle s'inscrit et les multiples relations et responsabilités qu'implique cette fonction. Celle-ci a été trop souvent la seule à avoir droit de cité, ce qui a conduit à séparer l'entreprise du contexte plus large qui lui confère son existence et sa finalité. De ce fait la finalité de l'entreprise a été formulée en des termes qui ne représentent qu'un aspect seulement de la totalité de son existence. L'entreprise ne fonde pas son existence et ne trouve pas sa raison d'être uniquement dans le marché, et son objectif n'est pas uniquement la maximisation de la richesse des actionnaires. C'est une organisation pluraliste qui change avec le contexte dans lequel elle opère, et c'est cette nature pluraliste de l'entreprise que la théorie des parties prenantes tente de saisir.

On a perdu de vue que l'entreprise fait intrinsèquement partie d'une communauté plus large à laquelle elle est inextricablement attachée et au sein de laquelle elle est reliée à de multiples « autres » qu'elle affecte et qui l'affectent à leur tour dans une relation réciproque. L'entreprise ne peut être isolée de ses parties prenantes. Elle est en fait constituée par les multiples relations dans lesquelles elle est engagée et qui lui confèrent son être même. Ces relations multiples sont de celles qui se trouvent au cœur de l'existence humaine. La fonction essentielle de l'entreprise est l'enrichissement de ces multiples relations dans lesquelles elle est profondément inscrite puisqu'elles fondent son existence.

Une relation vraiment harmonieuse entre l'entreprise et ses parties prenantes – une relation d'enrichissement et de fécondation mutuels plutôt que de domination, de contrôle ou de « tolérance externe » – exige que l'entreprise internalise les perspectives des parties prenantes dans un unique réseau de perspectives. Car c'est ainsi que l'on parvient à l'adaptation et à l'harmonisation grâce auxquelles une croissance durable est possible. La nature relationnelle de l'entreprise requiert cette internalisation exactement comme la nature relationnelle du moi requiert l'internalisation de la perspective de l'autre. Pour l'entreprise comme pour le moi, l'individualisme atomiste, qui suppose des entités séparables, est très éloigné des relations harmonieuses de sollicitude qui sont fondées sur l'internalisation de la perspective de « l'autre », dans la diversité des perspectives constituant l'être même de l'entreprise et du moi.

CHRISTOPHER MCMAHON

L'AUTORITÉ PUBLIQUE DES MANAGERS DES ENTREPRISES PRIVÉES [*]

Les managers des entreprises privées occupent des positions d'autorité dans les sociétés où sont implantées leurs entreprises. La nécessité pour l'autorité d'être légitime est un lieu commun de la philosophie politique. Mais comment établir la légitimité de l'autorité managériale ? Pour répondre à cette question, nous devons connaître l'objet de cette forme d'autorité. Les décisions managériales peuvent avoir des effets dans toute la société et même au-delà. Comme nous le verrons, ce fait est pertinent pour savoir ce qui rend légitime l'autorité managériale. Mais en général il existe une relation d'autorité quand les membres d'un groupe sont prêts à suivre les directives émanant d'une certaine source, par exemple un État – « suivre une directive » signifiant alors « faire ce qu'on nous demande ». Ceci implique que l'autorité managériale s'exerce d'abord vis-à-vis des employés.

[*] « The public authority of the managers of private corporations », *in* G.G. Brenkert, T.L. Beauchamp (ed.), *The Oxford handbook of business ethics* (p. 100-125), Oxford University Press, 2010. (J'ai reçu des commentaires utiles sur des versions antérieures de cet article de la part de Jeffrey Smith et, tout spécialement, des éditeurs.) Traduit par P. Vellozzo.

Nous pouvons donc commencer par nous demander ce qui rend cette autorité légitime.

Il pourrait sembler que cette question mérite à peine d'être discutée. Ne dit-on pas couramment, dans les sociétés modernes, que l'autorité exercée par le gouvernement se fonde sur le consentement des gouvernés ? On estime que le consentement implique une promesse d'obéissance ou quelque chose de semblable. Ainsi, suivre les directives émanant du gouvernement, obéir aux lois et aux réglementations de l'État est justifié parce que les personnes recevant ces directives ont promis de les suivre. L'idée a cependant été critiquée et est presque certainement intenable. On peut considérer que, dans un État moderne type, seuls quelques citoyens ont consenti à l'autorité du gouvernement d'une façon qui constitue effectivement une promesse d'obéir[1]. Il y a une raison importante à cela. C'est que la plupart des gens sont nés au sein d'un certain régime politique et n'ont en réalité pas le choix d'en rester membre ou non. La légitimité de l'autorité politique doit donc être établie d'une autre façon. Le cas de l'entreprise, par contraste, semble correspondre au modèle du consentement : les employés ont volontairement rejoint les entreprises où ils travaillent. Accepter un travail signifie que nous nous mettons nous-mêmes dans une position où l'employeur nous dira ce que nous devons faire. Le consentement des employés à faire ce qu'on leur demande prend donc tout son sens. De plus, il ne semble pas y avoir de difficulté à considérer ce consentement comme ayant valeur de promesse, comme créant une obligation pour l'employé de faire ce qu'on

---

1. Voir A.J. Simmons, *Moral principles and political obligations*, Princeton University Press, 1979, chap. 3 et 4.

lui dit. On peut voir l'employé comme quelqu'un qui a promis d'obéir en échange d'un salaire [1].

Dans ce qui suit, je présente plusieurs raisons de penser que les choses ne sont pas si simples. La meilleure manière de concevoir les managers des entreprises privées, c'est de considérer qu'ils exercent le même genre d'autorité que les représentants de l'État. La raison en est qu'un consentement ayant la force d'une promesse ne remplit pas vraiment les conditions permettant d'établir la légitimité de l'autorité managériale. Rien n'a été dit pour l'instant sur la façon dont doit être comprise l'autorité des représentants de l'État, par exemple celle des législateurs. Mais nous savons déjà que le mécanisme qui confère l'autorité n'est pas un consentement ayant la force d'une promesse.

L'autorité est un concept politique. En conséquence, il est nécessaire, pour expliquer l'autorité exercée par les managers des entreprises privées, de construire une théorie politique de l'entreprise. Il est courant de distinguer le secteur public et le secteur privé. Cette distinction suggère que, d'un point de vue politique, les entreprises privées sont fondamentalement différentes des États. Mais je ne crois pas que cette idée s'accorde avec la réalité sociale. Dans une société moderne, le gouvernement et le management de l'entreprise sont deux parties d'une structure unique et intégrée d'autorité sociale. Nous avons donc besoin d'une théorie tout aussi intégrée pour expliquer la légitimité de cette autorité. En particulier, nous avons besoin d'une théorie qui établisse la légitimité d'une telle intégration. Si le gouvernement et le management de l'entreprise sont deux parties d'une structure unique et intégrée d'autorité sociale, l'autorité que les responsables d'entreprise exercent est une

---

1. Il est possible que ce qui compte moralement soit ici l'obligation de ne pas décevoir une confiance suscitée intentionnellement, mais nous pouvons mettre cette possibilité de côté pour le moment.

forme d'autorité publique. Les responsables d'entreprise sont des agents publics d'un certain genre, dont la tâche ultime est de servir le bien public en général.

On pourrait suggérer que le projet que j'ai décrit – formuler une théorie politique de l'entreprise –, bien qu'il trouve naturellement sa place dans la philosophie politique, ne relève pas de l'éthique des affaires. Celle-ci est habituellement considérée comme une branche de l'éthique professionnelle qui identifie et élabore les principes moraux gouvernant les actions des hommes et des femmes dans l'exercice de certaines capacités professionnelles. Mais on peut aussi penser que l'éthique des affaires s'appuie sur des valeurs et des normes applicables à l'ensemble de la société. Celles-ci lui servent de guides pour réfléchir à la manière dont un aspect central de la vie collective, les affaires, doit être structuré. Vue de cette façon, l'éthique des affaires est en réalité une branche de la philosophie politique.

Le pouvoir et l'autorité

Mon argument a trois parties principales. Premièrement, je présente des raisons de penser que l'autorité des managers ne peut être fondée sur le consentement des employés. Deuxièmement, je propose une certaine façon de penser l'autorité des États et je suggère que, convenablement interprétée, elle s'applique au cas des entreprises. Ceci nous donne la structure intégrée pour l'autorité légitime que je viens de mentionner. Troisièmement, je considère plus en détail la façon dont cette structure intégrée doit être comprise. Mais avant d'aborder ces questions, il est nécessaire d'en dire plus sur le concept d'autorité. Ceci nous permettra aussi de rejeter une autre suggestion sur ce qui fonde l'autorité des managers, selon laquelle la propriété des moyens de production a pour corollaire une autorité légitime sur ceux qui sont employés par les propriétaires.

Dans la philosophie politique, il est courant de distinguer le pouvoir et l'autorité. Quand nous parlons du pouvoir, nous parlons d'une capacité réelle de réaliser certaines choses. Cependant l'autorité, ou plus précisément l'autorité légitime, est un concept normatif. Il concerne ce que les gens doivent faire. Pour établir un contraste entre le pouvoir et l'autorité, nous pouvons nous intéresser spécifiquement à ce que j'appellerai le *pouvoir directif*. C'est la capacité à conduire les gens à faire certaines choses parce qu'on leur a dit de les faire. Souvent le pouvoir directif provient du fait qu'un agent est capable de fournir des incitations pour que d'autres fassent ce qu'il leur dit. Dans le cas de l'État, les incitations les plus importantes sont négatives, par exemple la menace d'une sanction pour non-respect des directives. Ainsi, une des raisons pour lesquelles les États ont un pouvoir directif est qu'ils peuvent menacer d'emprisonnement ou d'amende celui qui n'obéit pas à la loi.

La capacité à récompenser le respect des instructions peut aussi créer un pouvoir directif, mais ce cas ressemble à celui des incitations négatives. Dès lors que de telles récompenses sont instaurées, la menace de mettre fin à la relation peut fonctionner comme une raison de suivre les directives, surtout si celui qui reçoit des récompenses finit par dépendre d'elles. Bien sûr, ceci a pour conséquence que les managers ont un pouvoir directif vis-à-vis des employés. Ils ont la capacité de promettre une rémunération en échange du respect de leurs instructions et de menacer de mettre fin à la relation d'emploi si elles ne sont pas respectées.

Considérons maintenant l'autorité. J'ai dit plus tôt qu'il existe une relation d'autorité dès lors que les membres d'un groupe sont prêts à se soumettre aux directives émanant d'une certaine source. Quand une telle source a de l'autorité sur un groupe, le respect de ses directives ne dépend pas de la capacité à fournir des incitations. Ceux qui les reçoivent s'y conforment parce qu'ils pensent que c'est la meilleure chose à faire. Ils peuvent avoir diverses raisons de le penser. Par exemple, ils peuvent se conformer parce que leurs parents leur ont dit de « respecter l'autorité », c'est-à-dire de se soumettre aux directives issues de personnes occupant différents rôles institutionnels. Un professeur peut avoir une autorité de cette nature.

Ce genre d'autorité est appelé « autorité *de facto* ». Il consiste simplement dans le fait que les membres d'un groupe sont prêts à suivre les directives émanant d'une certaine source même en l'absence d'incitations externes à s'y conformer. C'est en fait une forme de pouvoir directif, une capacité à conduire les gens à faire certaines choses parce qu'on leur a dit de les faire. L'autorité *de facto* est un phénomène social extrêmement important. Les États, par exemple, ne peuvent s'appuyer seulement sur la menace de la punition ou sur des amendes pour s'assurer que la loi est respectée. L'efficacité de ces menaces dépend du fait que la plupart des gens obéissent à la loi simplement parce c'est la loi. Cela permet à la police de s'occuper de la minorité qui n'y obéit pas.

Cependant, pour qu'une source de directives possède une autorité *légitime*, il ne suffit pas de compter sur l'obéissance des destinataires. Ceux-ci doivent avoir des raisons suffisantes de les suivre, c'est-à-dire des raisons qui suffisent à établir que ce serait vraiment une mauvaise chose – mauvaise dans un sens objectif – de ne pas les suivre. Une source de directives possède une autorité légitime au sein d'un groupe si elle possède une autorité légitime sur presque tous les membres de ce groupe. Disons, pour fixer les idées, qu'elle doit être légitime vis-à-vis de 99% des membres du groupe. Exiger, dans un groupe de taille importante, une légitimité vis-à-vis de tous ses membres n'est pas réaliste. Il y aura toujours un petit nombre qui estimera que les conditions de la légitimité ne sont pas remplies. Mais si un sous-ensemble conséquent des personnes auxquelles s'adressent les directives ne considère pas que la source d'où elles émanent exerce sur elles une autorité légitime, cette source ne peut prétendre à la légitimité dans le groupe tout entier. Ce point jouera un rôle important dans l'argument qui suit.

Bien sûr, ces observations générales s'appliquent au cas de l'entreprise. Comme cela a été mentionné, les managers ont un pouvoir directif qui dérive du fait qu'ils sont capables de récompenser le respect de leurs directives et d'en punir le non-respect. La récompense est le paiement d'une rétribution et la sanction est le fait de mettre un terme au contrat de travail. De plus, dans la réalité sociale, beaucoup d'employés suivent les directives managériales parce qu'on leur a appris à respecter l'autorité. Ainsi, les managers eux aussi ont typiquement une autorité *de facto* au sein des groupes dont ils sont responsables, et les dirigeants ont une autorité *de facto* au sein de leur entreprise. Mais le fait qu'ils possèdent ces deux genres de pouvoir directif ne prouve pas qu'ils exercent une autorité légitime. Il ne prouve pas qu'un employé agirait mal, en un sens objectif, s'il ne se conformait pas aux directives managériales. La question du fondement de la légitimité de l'autorité managériale est le sujet central de cet essai.

LA LÉGITIMITÉ EST-ELLE NÉCESSAIRE ?

L'autorité légitime n'est pas une alternative au pouvoir directif. Une source de directives ne peut prétendre exercer une autorité légitime à moins qu'elle ait aussi la capacité *de facto* d'amener les gens à faire des choses parce qu'on leur a dit de les faire[1]. Une raison est que, dans de nombreux cas, il faut, pour qu'un individu ait de bonnes raisons de se soumettre aux

---

1. L'observation que l'autorité légitime présuppose l'autorité *de facto* a été faite pas Joseph Raz dans « Authority and justification », *Philosophy and Public Affairs*, 14(1), 1985, p. 3-29.

directives émanant d'une certaine source, que les autres personnes concernées s'y soumettent aussi. Établir qu'une source de directives possède une autorité légitime implique donc de montrer à la fois qu'elle possède un pouvoir directif et qu'elle satisfait une condition supplémentaire. Nous pouvons supposer que les managers possèdent un pouvoir directif sur les employés. Notre tâche est donc de déterminer quelle est la condition supplémentaire à remplir dans ce cas.

Il nous faut être clair sur la méthode à suivre pour répondre à cette question. Afin d'établir qu'une source de directives exerce une autorité légitime, nous devons identifier une raison de se conformer aux instructions qui opère indépendamment de toute incitation que la source est en mesure de fournir. Sans cela, nous n'avons que le pouvoir directif. Dans le cas politique, on peut donner une formulation simple à cette exigence. Les citoyens doivent avoir une raison de suivre les directives officielles de l'État, ses lois et ses réglementations, une raison qui leur donnerait une justification même si l'État n'était pas capable de sanctionner la violation des lois.

S'agissant des entreprises, la situation est similaire par certains côtés. Les employés doivent avoir une raison de se soumettre aux directives managériales, une raison qui justifierait le respect des directives même si les managers n'avaient pas la capacité de superviser leurs employés pour s'assurer qu'ils font leur travail. Cependant, nous ne pouvons pas nous contenter de dire que les employés doivent avoir une raison de se soumettre aux directives managériales qui serait opérante même en l'absence d'incitations. Un employé aura rarement une raison de suivre ces directives si l'employeur n'a pas la capacité de le payer. Pourtant, pour pouvoir parler d'autorité légitime, quelque chose doit être ajouté à la capacité de fournir des incitations. Sinon les managers ne font qu'exercer un pouvoir directif.

Face à cette observation, certains pourraient être tentés de renoncer à l'idée d'autorité légitime[1]. Aujourd'hui, nous pensons tous qu'il est important que l'autorité politique soit légitime. Nous reconnaissons la distinction entre le simple pouvoir politique et l'autorité politique légitime. Mais, s'agissant de la gouvernance des entreprises, on pourrait suggérer que nous pouvons nous passer du concept d'autorité légitime. Dans ce cas, nous devrions simplement accepter le fait que nous sommes uniquement en présence d'un pouvoir directif. De plus, ce pouvoir ne sera pas dépourvu de toute régulation. Si un État donné considère que les managers abusent du pouvoir qu'ils possèdent, il peut promulguer des lois exigeant que ce pouvoir soit exercé (ou non) d'une manière particulière.

Cependant, adopter cette perspective revient à concéder que les managers peuvent exercer leur pouvoir directif de façon appropriée ou inappropriée. Et une fois ceci admis, on ne voit pas pour quel motif la question de la légitimité pourrait être écartée. Ou du moins en est-il ainsi dans toute culture qui, à l'instar de la culture occidentale, a évolué jusqu'au point de reconnaître une distinction générale entre le pouvoir et l'autorité dans les contextes institutionnels. Pour une telle culture, l'affirmation qu'un pouvoir directif est exercé de façon appropriée doit au bout du compte s'exprimer dans le langage de la légitimité. On évite l'abus de pouvoir dans un cadre institutionnel si et seulement si ceux qui donnent des directives possèdent une autorité légitime. On évite l'abus de pouvoir si et seulement si les

---

1. Cette possibilité est abordée par Jeffrey Moriarty dans « McMahon on workplace democracy », *Journal of Business Ethics*, 71, 2007, p. 339-345. Cet article est sa contribution à un symposium sur mon livre *Authority and democracy : A general theory of government and management, op. cit.* Les actes ont été publiés dans le numéro précité du *Journal of Business Ethics*. Le symposium était organisé par Jeffery Smith. Les autres participants étaient Nien-hê Hsieh et J. (Hans) van Oosterhout.

destinataires agissent mal, en un sens objectif, dès lors qu'ils ne suivent pas ces directives.

L'Autorité et la propriété

Les droits de propriété expliquent pourquoi les entreprises sont des entités privées. La propriété de l'entreprise est privée. Comme je l'ai signalé dans l'introduction, si l'on conçoit finalement qu'à l'instar de l'autorité exercée par les agents de l'État, l'autorité exercée par les managers remplit une fonction au sein d'une structure intégrée d'autorité sociale légitime, alors ces managers seront en un sens, et de façon significative, considérés comme des agents publics. Cela signifie qu'en un sens, et de façon tout aussi significative, les entreprises ne sont pas, au bout du compte, des entités privées. Mais il n'en est pas moins vrai que la propriété de l'entreprise est privée.

La capacité des managers à fournir des incitations externes, à la fois positives et négatives, provient du fait qu'ils exercent des droits de propriété. On peut le comprendre dans le cas des incitations négatives qui résultent de la menace de mettre un terme à la relation d'emploi pour non-respect des directives. La source fondamentale de la capacité des managers à mettre fin à la relation d'emploi est un système de droits légaux de propriété. La cessation du contrat de travail implique d'abord que l'individu auquel s'applique cette mesure se trouve exclu des locaux de l'employeur. Le droit d'exclure est l'une des composantes de la propriété [1].

---

1. La propriété d'une chose implique un certain nombre de droits différents. Voir A.M. Honoré, « Ownership », *in* A.G. Guest (ed.), *Oxford essays in jurisprudence*, Oxford, Clarendon Press, 1961, p. 107-148. Ce qu'Honoré appelle le « droit de posséder » est un droit d'exclure les autres de la possession d'une certaine chose.

Pour établir la légitimité de l'autorité managériale, nous devons montrer que les employés ont, au-delà des incitations que les managers peuvent fournir, une raison de se conformer à leurs directives. Mais on pourrait penser que les droits de propriété eux-mêmes peuvent fournir une telle raison, c'est-à-dire qu'ils ne fondent pas seulement le pouvoir directif que possèdent les managers mais donnent aussi aux employés une raison indépendante de se conformer aux directives managériales. Le respect des droits de propriété de l'employeur exigerait ainsi de se conformer aux directives managériales. Mais cette idée est erronée. Les droits de propriété ne peuvent établir la légitimité de l'autorité managériale.

Un exemple simple suffit à le montrer. Ces droits donnent au propriétaire d'une voiture le pouvoir d'exiger d'un conducteur qui ne veut pas suivre ses directives qu'il sorte de sa voiture. La menace que ce pouvoir soit mis à exécution fournit au conducteur réticent une raison de respecter les directives du propriétaire. Mais les droits de propriété de ce dernier ne donnent pas au conducteur une raison d'obéir correspondant au genre de raison qui est requis pour établir la légitimité d'une autorité. La légitimité requiert l'existence d'une raison plus forte que celle qui est fournie par les sanctions négatives de la désobéissance. Les droits de propriété ne peuvent fournir une telle raison. Le propriétaire d'une voiture n'a pas le droit, par le simple fait qu'il est propriétaire, d'ordonner à un passant de le conduire quelque part. On a une raison de suivre les directives d'une personne exerçant des droits de propriété seulement si on a un désir indépendant de ne pas être exclu de cette propriété. Ce désir fait de la perspective de l'exclusion une menace et confère au propriétaire un pouvoir directif.

Il est important d'être clair sur la portée de cet exemple. Les managers peuvent être considérés comme les agents des propriétaires – ils dirigent l'entreprise pour leur compte. Ils sont ainsi autorisés à exercer les droits de propriété des propriétaires. Dit d'une autre façon, on leur a donné l'autorité pour exercer ces droits. Mais l'autorité pour exercer des droits de propriété n'est pas la même chose que l'autorité sur les employés. Les propriétaires ne peuvent donner aux managers l'autorité sur les employés, ils ne peuvent leur déléguer une telle autorité sans la posséder au préalable. Et, comme nous l'avons vu, le fait d'être propriétaire ne crée pas à lui seul une autorité légitime. En autorisant les managers à exercer leurs droits de propriété, les propriétaires donnent aux managers un pouvoir directif. Ils leur donnent la capacité de proposer aux employés des incitations pour qu'ils se conforment aux directives managériales. Mais le pouvoir directif n'est pas l'autorité légitime.

L'INSUFFISANCE DU CONSENTEMENT

Si les droits de propriété ne peuvent fonder l'autorité managériale, qu'est-ce qui le peut ? Comme nous l'avons vu, une suggestion naturelle est que l'autorité managériale naît du consentement des employés. En d'autres termes, ce qui justifie que les employés se conforment aux directives managériales est le fait qu'ils ont consenti à ce que les managers leur disent ce qu'ils ont à faire, et cela implique une promesse de faire ce qu'on leur dit de faire. Pour être plus précis, les employés ont promis de suivre les directives managériales en échange d'un salaire. La perspective d'un salaire fournit une incitation à suivre les directives, mais ce qui prouve que ce qui est en question est bien une autorité légitime et non un pouvoir directif, c'est que l'employé a fait la promesse de se conformer aux directives s'il est payé. Cette promesse est rarement explicite. Les mots « Je promets » sont rarement utilisés. On peut cependant faire une promesse tacite et nous pouvons supposer qu'une promesse de ce genre est à l'œuvre dans un tel cas. En acceptant l'emploi qu'on lui propose, l'employé promet tacitement de suivre les directives managériales.

Cela suffit-il à établir la légitimité de l'autorité managériale ? Il est particulièrement intéressant de considérer le cas où l'employé juge que les actions qui lui sont demandées sont moralement critiquables. Quand la source des directives est un État, la question de la légitimité, dans un cas comme celui-là, revient à se demander s'il peut y avoir de bonnes raisons d'obéir à une loi que l'on tient pour moralement critiquable. Dans les contextes managériaux, la question de la légitimité a un caractère légèrement différent. Les activités des entreprises sont encadrées par la loi, si bien que la question de savoir si nous devons obéir à des lois que nous jugeons moralement critiquables peut être liée à notre activité professionnelle. Mais un employé peut penser qu'il existe des objections morales à ce qu'il fasse ce qu'on lui dit de faire même quand les activités de son entreprise sont parfaitement légales. Si l'on veut qu'un consentement ayant la force d'une promesse fonde la légitimité de l'autorité managériale, ce consentement doit être capable de justifier l'obéissance aux directives managériales dans ce genre de situations.

On pourrait rétorquer que, même si les activités d'une entreprise suscitent des objections morales, cela n'implique pas que les employés fassent quelque chose de moralement mauvais simplement parce qu'ils font leur travail. Mais, en un sens, tous les employés d'une entreprise, même ceux qui assemblent les produits dans les usines, pourraient se considérer comme agissant d'une façon moralement inappropriée. L'obéissance aux directives managériales ordinaires contribue à faire de l'entreprise un agent collectif. Ainsi, quand il se conforme aux directives managériales ordinaires, un employé qui condamne moralement différents aspects des actions accomplies par son employeur ou de la stratégie que celui-ci met en œuvre s'associe personnellement à un résultat qu'il tient pour inacceptable d'un point de vue moral.

J'expliquerai bientôt pourquoi il en est ainsi. Mais d'abord il est utile d'explorer plus avant l'idée que les employés puissent juger que ce que font leurs employeurs est moralement critiquable. Les exigences de la morale incluent des normes gouvernant la façon dont les individus peuvent traiter d'autres individus. C'est ainsi que le meurtre et l'agression physique sont moralement interdits. Mais quand nous considérons des questions de philosophie politique, il est nécessaire de reconnaître l'existence de considérations morales d'un genre différent. Celles-ci ne sont pas des normes morales, mais plutôt des valeurs qui établissent que certains états de choses dans le domaine social sont moralement désirables. Je les appelle des *valeurs sociales moralement importantes*. Elles incluent la justice sociale, la défense du territoire national, le maintien de l'État de droit (et plus généralement de la paix sociale), la promotion de la prospérité sociale (c'est-à-dire la prospérité de la population), la protection de l'environnement, la promotion de la communauté, la préservation de la santé publique, le progrès des connaissances (y compris la bonne information de la population) et de la culture. Un employé qui considère que, dans l'ensemble, la politique de son entreprise freine la promotion sociale de ces valeurs peut tenir avec raison sa conduite pour inappropriée quand il se conforme aux directives managériales ordinaires.

Le fait que l'employé a consenti, au sens d'une promesse, à ce que son employeur ou l'un de ses représentants lui dise quoi faire, justifie-t-il l'obéissance aux directives managériales ? Il existe des raisons de penser que non. Une obligation issue d'une promesse constitue une raison morale d'agir substantielle. Pour les employés qui condamnent moralement les politiques de leur employeur, cette obligation entrera en conflit avec d'autres raisons substantielles, comme celles qu'apportent les valeurs sociales moralement importantes, qui vont à l'encontre de l'obéissance. Par exemple, quand un employé pense que les activités de son employeur nuisent à la santé d'une partie de la population (dans laquelle se trouvent peut-être les employés eux-mêmes), l'obligation, fondée sur une promesse, de suivre les directives managériales entre en conflit avec une raison contraire fournie par une valeur sociale moralement importante. Je mentionnerai d'autres exemples dans la prochaine section.

De plus, on peut s'attendre à ce qu'un nombre conséquent d'employés se trouvent eux-mêmes dans ce type de situation. Dans les sociétés pluralistes modernes, il existe de nombreux désaccords sur le caractère moralement acceptable des politiques d'entreprises particulières, et les employés de n'importe quelle grande entreprise sont un échantillon de la société dans son ensemble. Il est donc probable qu'un nombre significatif des employés d'une entreprise – même s'ils ne sont pas souvent majoritaires – juge que les politiques de cette entreprise sont moralement critiquables. Parmi ces employés, certains peuvent conclure que l'obligation (fondée sur une promesse) de suivre les directives managériales a une force morale suffisante pour écarter ces critiques. Mais si nous supposons qu'il y a de fortes raisons morales des deux côtés, il est plausible qu'un nombre similaire d'employés parvienne à la conclusion opposée. Ils jugeront que les objections morales aux politiques de l'entreprise ont plus de poids que l'obligation fondée sur leur promesse. Et, comme cela a été remarqué dans la section sur le pouvoir et l'autorité, quand un sous-ensemble non négligeable des personnes recevant ses directives d'une certaine source n'a pas de raison suffisante, indépendamment de toute incitation, de se conformer aux directives en question, la source ne peut prétendre exercer une autorité légitime sur l'ensemble des personnes concernées.

Il peut être utile de reformuler ces arguments. La raison pour laquelle le consentement ayant force de promesse ne peut établir la légitimité de l'autorité managériale est qu'une promesse est seulement une considération morale parmi beaucoup d'autres. Dans l'esprit de ceux qui ont fait la promesse, elle peut donc être supplantée par d'autres considérations qui s'opposent à l'obéissance aux directives managériales. Parce qu'il leur faut bien vivre, il est probable que les employés qui ont cette conception obéiront malgré tout. Ils feront ce qu'on leur dit de faire. Mais le fait de suivre les directives pour cette raison n'est pas pertinent pour asseoir la légitimité de l'autorité managériale.

LES RAISONS DE NE PAS SE CONFORMER

Avant de considérer une façon d'établir la légitimité de l'autorité managériale qui permet d'échapper à ce problème, il peut être utile d'explorer plus avant quelques questions soulevées par l'argument qui vient d'être proposé. La première concerne l'idée qu'en se conformant aux directives managériales, un employé qui juge moralement critiquables les politiques de son entreprise se trouve associé à ces politiques. On pourrait le comprendre en termes explicitement causaux. Si c'était le cas, l'argument pourrait susciter l'objection selon laquelle la contribution causale de presque tous les employés, en tant qu'individus, à une action quelconque de leur entreprise est presque insignifiante. Et qu'est donc presque insignifiante toute critique morale de la contribution spécifique d'un employé particulier. J'ai tenté ailleurs de répondre à cette objection en proposant l'idée que si les employés qui critiquent les politiques de leur entreprise agissent avec d'autres employés partageant le même état d'esprit, ils peuvent bloquer ces politiques. Ainsi, les employés qui ne saisissent pas l'opportunité d'une telle action conjointe peuvent être considérés comme causalement responsables des politiques de leur entreprise qu'ils jugent critiquables[1].

On peut discuter cet argument, mais la contribution causale n'est pas la seule question[2]. La préservation de ce que Bernard Williams appelle « l'intégrité morale » fournit une raison de se dissocier de quelque chose que l'on tient pour moralement critiquable, même quand cette dissociation n'a aucune conséquence causale[3]. Par exemple, cette raison peut justifier le fait de refuser d'acheter des vêtements fabriqués dans un atelier où on exploite le personnel, même si ce refus n'a aucun effet causal sur ce qui s'y passe. De façon similaire, elle peut justifier qu'un employé refuse de contribuer à une initiative globale de son

---

1. Je développe cet argument dans *Authority and democracy*, *op. cit.*

2. Mon affirmation, dans *Authority and democracy*, selon laquelle une promesse d'obéir ne peut fonder l'autorité managériale, est remise en question par Nien-hê Hsieh dans « Managers, workers and authority », *Journal of Business Ethics*, 71, 2007, p. 347-357. Dans ma réponse, je suggère que même si des raisons morales substantielles, comme celle fournie par le consentement ayant la force d'une promesse, peuvent en fait justifier l'exercice ordinaire de l'autorité managériale, il est encore raisonnable de concevoir l'autorité managériale comme « facilitation de la coopération ». Ceci a pour résultat que la légitimité de l'autorité managériale est surdéterminée. Cependant, comme je l'indique dans le corps de l'article, je penche aujourd'hui en faveur de la position que je soutenais à l'origine, selon laquelle l'obligation liée à la promesse est inadéquate pour établir la légitimité de l'autorité managériale. C. McMahon, « Comments on Hsieh, Moriarty and Oosterhout », *Journal of Business Ethics*, 71, 2007, p. 371-379.

3. Voir Bernard Williams, « A critique of utilitarianism », *in* J.J.C. Smart et B. Williams (ed.), *Utilitarianism for and against*, Cambridge University Press, 1973, p. 108-118, et « Utilitarianism and moral self-indulgence », *in Moral luck*, Cambridge University Press, 1981, p. 40-53. Williams utilise la notion d'intégrité morale pour justifier qu'un agent refuse de faire une action moralement répugnante qui préviendrait quelque chose de pire. Mais l'idée qu'on puisse avoir une raison morale forte de refuser de s'associer à quelque chose que l'on tient pour moralement critiquable semble avoir une application plus large, comme le montre l'exemple de l'achat d'un vêtement fabriqué dans un atelier de misère (*sweatshop*).

entreprise qu'il juge moralement problématique, même si ce refus n'a aucun effet sur l'initiative en question. Dans ce genre de cas, l'employé a une raison de refuser de se conformer aux directives managériales qui entre en conflit avec la raison de s'y conformer provenant du consentement ayant la force d'une promesse.

Des remarques parallèles s'appliquent dans la sphère politique. Le caractère moralement condamnable d'une politique gouvernementale peut fournir une raison de suspendre le paiement d'une partie au moins de ses impôts. Ainsi, pendant la guerre du Vietnam, certaines personnes ont considéré le caractère moralement condamnable de la guerre comme une raison de ne pas payer leurs impôts. Mais l'impact causal d'une telle action est négligeable quand elle n'est le fait que d'un seul individu. Pour que quelqu'un ait une raison de ne pas payer ses impôts, il faut partir d'une base différente. Or, des considérations liées à l'intégrité morale sont capables d'en fournir une. En payant ses impôts, on s'associe aux actions de son pays, même si on ne fait aucune contribution causale à l'accomplissement de ces actions. Inversement, on s'en dissocie si l'on ne paie rien. On peut dire la même chose du respect des directives managériales ordinaires. En les respectant, on s'associe aux politiques de l'entreprise que l'on trouve critiquables et, en ne les respectant pas, on se dissocie de ces actions.

Une seconde question mérite un examen complémentaire. Elle concerne le rôle des considérations systémiques dans les arguments que j'ai proposés. Il serait naturel d'opposer à l'argument précédent qu'un employé qui juge moralement critiquable la politique de son entreprise et qui considère que les raisons fondées sur l'intégrité sont plus fortes que son obligation à suivre les directives devrait démissionner. Ce serait certainement pour lui la façon la plus efficace de se dissocier d'un fait qu'il tient pour moralement critiquable[1]. Mais si les employés ont souvent la possibilité de changer d'entreprise, celui qui émet des réserves morales sur l'activité de son employeur risque d'adopter la même position ailleurs. Il estimera probablement que les politiques de toutes les entreprises où il pourrait trouver un emploi sont moralement critiquables d'une façon ou d'une autre. Si c'est le cas, le « retrait » (*exit*) ne résoudra pas son problème[2].

Un dernier point devrait être abordé. Les employés qui jugent que les politiques de leurs entreprises sont moralement condamnables peuvent avoir des raisons très variées de porter ce jugement. Certains ont des convictions de droite, d'autres de gauche. Plusieurs objections viennent de la gauche : l'entreprise favorise l'injustice distributive en s'opposant à la syndicalisation des salariés; elle empêche la réduction de la pauvreté dans les pays pauvres en faisant pression afin d'obtenir une protection tarifaire pour ses produits; elle contribue de façon inacceptable au réchauffement climatique; et (par exemple une compagnie d'assurance) elle rend plus difficile la préservation de la santé publique en œuvrant contre l'assurance maladie nationale. Une

---

1. L'alerte professionnelle est une autre possibilité. Mais normalement elle n'est envisageable que lorsque le fait à l'origine de l'alerte a un caractère illégal. Or beaucoup des activités des entreprises qui suscitent des controverses morales sont parfaitement légales.

2. Dans « Toward an ethics of organizations », *Business Ethics Quarterly*, 9(4), 1999, p. 619-638, Phillips et Margolis suggèrent que la possibilité du retrait (*exit*) constitue une différence importante entre les entreprises et les sociétés politiques. Ils évoquent ce fait en faisant valoir qu'il n'est pas approprié de fonder l'éthique organisationnelle sur la philosophie politique. Mais, plus loin dans leur article, ils semblent revenir sur leur affirmation concernant le retrait. Ils écrivent en effet : « Ceux qui ne peuvent exercer que peu de pouvoir au sein d'une entreprise n'ont pas vraiment de contrôle sur la décision de la rejoindre, et ils ont une liberté limitée de la quitter. Ils ont moins de contrôle et de liberté sur le fait de rejoindre ou de quitter l'entreprise aussi bien que les activités auxquelles ils participent ».

réponse naturelle à ces objections est que renoncer à de telles politiques coûterait cher en emplois. Quelle est l'importance de cette considération pour la question de la légitimité ?

Le fait qu'une nouvelle politique de son entreprise puisse s'accompagner d'une baisse d'effectifs engendre, chez l'employé qui condamne moralement sa politique actuelle, un conflit entre moralité et intérêt personnel. Si son entreprise agissait conformément à son point de vue moral, cela pourrait être contraire à son intérêt personnel. Cependant, on considère souvent que la moralité autorise à renoncer à des actions moralement désirables si elles s'avèrent extrêmement coûteuses sur un plan personnel. Par exemple, le devoir de charité n'exige pas que l'on fasse des dons si importants aux nécessiteux que notre propre situation en devienne aussi mauvaise que la leur, même si cela reviendrait probablement à leur faire plus de bien qu'une contribution plus modeste. Cela signifie qu'un employé se trouvant dans la situation considérée peut finalement avoir de bonnes raisons de se conformer aux directives managériales, même s'il juge que la politique de son entreprise est moralement critiquable.

Mais ce type de justification n'établit pas la légitimité de l'autorité managériale. Pour établir la légitimité de l'autorité dans les situations où un employé juge qu'il existe une véritable objection morale à se conformer à une directive, il ne suffit pas de montrer qu'il y a des limites aux sacrifices que l'on peut raisonnablement attendre de lui. Sinon, une source de directives pourrait garantir son statut d'autorité légitime simplement en se débrouillant pour que les alternatives aux actions qu'elle prescrit soient coûteuses pour les destinataires. En fait, elle pourrait s'assurer de sa légitimité en utilisant un expédient simple : menacer de punir ceux qui ne respectent pas ses directives. Ce dernier point s'applique aussi au cas de l'entreprise. Un employé qui estime que la politique de son entreprise est moralement critiquable peut néanmoins avoir de bonnes raisons de suivre les directives managériales simplement parce que le non-respect de ces directives aboutirait à la fin de son emploi, ce qui s'avèrerait très couteux pour lui. Mais encore une fois cette justification n'est pas celle qui est requise pour établir la légitimité de l'autorité.

En résumé, il est plausible de supposer que les employés ont une obligation, liée à une promesse, de suivre les directives managériales. Mais certains employés de grandes entreprises ont des objections morales contre les actions de leur entreprise, des objections suffisamment sérieuses selon eux pour l'emporter sur cette obligation. L'argument que je viens de développer n'est pas qu'ils devraient refuser de suivre les directives. Cela pourrait en effet impliquer des sacrifices que la moralité ne peut exiger. L'argument est que la conformité que l'on attend habituellement exige un autre type de justification [1].

L'AUTORITÉ ET LA COOPÉRATION

Si cet argument est correct, un consentement ayant la force d'une promesse n'est pas en mesure de justifier, aux yeux de presque tous les employés d'une grande entreprise, le respect ordinaire des directives managériales. Cela signifie qu'il ne peut établir que ses managers exercent une autorité légitime auprès de

1. On pourrait suggérer qu'il y a une raison supplémentaire pour laquelle le consentement ayant la force d'une promesse ne peut établir la légitimité de l'autorité managériale. La promesse consiste à se conformer aux directives managériales en échange d'un salaire. Un employé a ainsi une raison morale d'y obéir s'il accepte d'être payé et d'accepter de ne pas être payé s'il n'y obéit pas. Mais ceci signifie simplement qu'il a une raison morale de collaborer à l'exercice du pouvoir directif des managers. Un employé qui agit pour cette raison exerce le pouvoir directif de son employeur pour le compte de son employeur. Or, le pouvoir directif n'est pas l'autorité légitime. Comparez avec la discussion sur l'autorité et la propriété.

l'ensemble des employés. Comment pourrions-nous faire mieux ?

Le problème que nous avons considéré (comment justifier le respect d'une directive que l'on juge moralement critiquable ?) se pose aussi dans le domaine politique. Tout comme dans le cas managérial, de nombreux membres d'une communauté politique donnée jugent certaines de ses actions moralement critiquables. De plus, en obéissant aux directives officielles de l'État, à ses lois et à ses règlements, les membres de ces communautés contribuent, ou du moins s'associent, à ces politiques. Ils ont donc une raison morale de ne pas obéir aux directives officielles de l'État. Comme cela a été dit plus tôt, il n'est pas plausible de supposer que les sujets d'une autorité politique ont consenti à l'exercice de cette autorité d'une façon qui a la force d'une promesse. Par conséquent, qu'est-ce qui peut établir la légitimité de l'autorité politique ?

Il existe souvent un désaccord raisonnable sur la question de savoir si les actions accomplies par une communauté politique sont moralement critiquables[1]. Quand c'est le cas, aucun ensemble complet de politiques ne peut être approuvé sans réserves par tout le monde. Il s'ensuit qu'aucun membre d'une communauté politique ne peut raisonnablement exiger la perfection morale, quel que soit le sens qu'il confère à cette notion. Aucune personne ne peut raisonnablement exiger que la coopération politique prenne exactement la forme qu'elle estime moralement correcte. Ce que l'on peut raisonnablement attendre de chaque membre de la communauté, c'est qu'il accepte de vivre avec un certain nombre de choses qu'il juge moralement défaillantes. C'est qu'il accepte de vivre avec au moins quelques

---

1. J'explore le phénomène du désaccord raisonnable dans *Reasonable disagreement : A theory of political morality*, Cambridge University Press, 2009.

politiques qui ont, selon lui, été adoptées pour de mauvaises raisons morales.

Ces observations impliquent que l'association politique est une forme de coopération particulière. Des gens ayant différentes conceptions politiques doivent coopérer les uns avec les autres pour produire des conditions de vie que chacun puisse au moins tenir pour moralement tolérables. Le fait que chacun puisse juger que les conditions de vie ainsi produites sont moralement tolérables, ajouté à la persistance d'un désaccord raisonnable de fait, signifie que personne ne peut espérer que de telles conditions de vie soient exactement conformes à ses aspirations. Ainsi, être disposé à coopérer politiquement, c'est en partie être prêt à accepter des arrangements que l'on juge sous-optimaux.

Ceci nous donne un moyen de comprendre l'autorité politique légitime. On peut considérer que les directives officielles de l'État facilitent la coopération qui vient d'être décrite. En tant qu'individus disposés à la coopération, les membres d'une communauté politique ont ainsi une raison suffisante d'obéir aux directives officielles de l'État. Ils agiraient mal, en un sens objectif, s'ils n'y obéissaient pas. En particulier, ils agiraient alors à l'encontre d'une exigence de la raison pratique[1]. Ce serait du moins le cas s'ils pouvaient juger que les politiques mises en œuvre par l'État sont dans l'ensemble moralement acceptables. S'ils ne le pouvaient pas, s'ils considéraient que les aspects

---

1. Je défends l'idée que manifester une disposition à la coopération est une exigence de la raison pratique dans le chapitre 1 de *Collective rationality and collective reasoning*, Cambridge University Press, 2001, p. 50-54. Les directives émanant d'une certaine source peuvent faciliter la coopération entre des individus qui y sont disposés seulement si chacun a une bonne raison de penser que les autres feront leur part du travail. La connaissance, partagée entre les membres du groupe, que la source possède un pouvoir directif peut apporter cette assurance. Je discute de la connexion entre autorité et assurance dans *Collective rationality and collective reasoning*.

négatifs de la coopération politique sont plus importants que les aspects positifs, ils n'auraient alors aucune raison d'obéir aux directives officielles de l'État. Mais si l'État est bien gouverné, seul un infime pourcentage de la population verra les choses de cette façon, ce qui signifie que l'autorité exercée par le gouvernement sera légitime.

LA STRUCTURE INTÉGRÉE DE L'AUTORITÉ SOCIALE

Peut-on étendre cette façon de comprendre l'autorité légitime au cas des managers ? L'idée de départ est que la légitimité de l'autorité est fondée sur le fait que, d'un point de vue général, obéir aux directives permet à des gens ayant un désaccord raisonnable concernant les exigences de la morale de coopérer de façon mutuellement bénéfique. Comme nous l'avons vu, les politiques des entreprises, et leurs actions en général, ont des implications morales. Elles ont en particulier des conséquences sur la promotion de valeurs sociales moralement importantes telles que la justice sociale, la protection de l'environnement ou la préservation de la santé publique. Et l'on doit s'attendre à ce qu'il y ait des désaccords entre les employés des grandes entreprises concernant le caractère moralement critiquable des politiques et des activités de leur entreprise. De ce point de vue, la situation de l'entreprise ressemble à la situation politique.

Il existe cependant un obstacle à l'application du modèle politique au cas de l'entreprise. Ce modèle exige que presque toutes les personnes soumises à l'autorité considèrent que ce à quoi elles contribuent est dans l'ensemble moralement acceptable. Mais en proposant un argument contre l'idée que la légitimité de l'autorité managériale pouvait être fondée sur le consentement des employés, j'ai affirmé qu'il y avait des raisons de supposer que cette condition n'est pas remplie dans le cas des entreprises. Les employés d'une grande entreprise forment un échantillon représentatif de la société dans son ensemble et il y a de nombreux désaccords au sein de la plupart des sociétés modernes au sujet du caractère moralement acceptable des politiques et des actions menées par les entreprises. On peut donc s'attendre à ce qu'un nombre significatif des employés d'une grande entreprise juge que les politiques qu'elle met en œuvre sont dans l'ensemble moralement critiquables. Nous pourrions appeler ces personnes les « dissidents de l'entreprise », bien qu'elles gardent souvent leur dissidence pour elles-mêmes. Elles se conforment aux directives managériales seulement parce qu'elles doivent assurer leur subsistance. La plupart des employés d'une grande entreprise ne sont pas des dissidents en ce sens, mais il y a des raisons de supposer qu'un nombre important l'est effectivement. Pour certains dissidents, l'obligation (ayant la force d'une promesse) qu'ils ont contractée en acceptant leur emploi suffit à neutraliser leurs raisons morales de ne pas se conformer aux directives managériales. Mais puisqu'il y a des considérations morales importantes de chaque côté, il est probable qu'un nombre semblable de dissidents aboutisse à la conclusion opposée. Et une source de directives ne peut se prévaloir d'une autorité légitime dans un groupe important que si presque tous les membres du groupe – j'ai suggéré un minimum de 99 % – tiennent le respect des directives pour justifié.

Cependant cet obstacle n'est pas insurmontable. Il a pour conséquence que nous ne pouvons appliquer le modèle politique à l'échelle des entreprises considérées isolément. Nous ne pouvons établir la légitimité de l'autorité managériale en montrant que chaque entreprise, prise séparément, peut être comparée, du point de vue de la légitimité, à un État souverain. Mais ce n'est pas la seule possibilité. Nous pouvons aussi considérer que chaque entreprise est un centre subordonné où l'autorité vise à faciliter la coopération, cela dans le cadre d'un effort coopératif qui se déploie à l'échelle de la société et est contrôlé par l'autorité politique, c'est-à-dire par l'État. Pour le dire autrement, nous pouvons concevoir la société entière comme étant engagée dans un effort coopératif unique au sein duquel on peut distinguer des parties constituantes, dont certaines correspondent à la coopération qui se développe au sein des entreprises.

Nous nous sommes concentrés jusqu'à présent sur le fait que les activités des entreprises peuvent avoir des effets négatifs sur les valeurs sociales moralement importantes. Mais elles peuvent aussi avoir des effets positifs. Les entreprises jouent un rôle de premier plan dans la promotion des valeurs sociales moralement importantes. C'est particulièrement vrai pour la valeur de prospérité sociale, que j'ai décrite comme la prospérité de la population dans son ensemble. En produisant des biens et des services et en fournissant le travail qui permet aux membres de la population de les acheter, les entreprises contribuent à la prospérité sociale.

Pour les dissidents de l'entreprise, ces effets positifs sur la prospérité (et sur n'importe quelle autre valeur sociale moralement importante à laquelle contribue leur entreprise) sont surpassés par différents effets négatifs. Mais la situation peut paraître différente si les entreprises sont vues comme des centres de coopération subordonnés au sein d'un vaste système de coopération intégré. On peut considérer que ce système promeut le bien public – un état caractérisé par un équilibre approprié entre toutes les valeurs sociales moralement importantes. Certes, les questions morales pertinentes suscitent un désaccord raisonnable, et il en va de même quand il s'agit de savoir comment promouvoir le bien public. Mais beaucoup d'employés qui estiment que les politiques mises en œuvre par leur entreprise sont dans l'ensemble moralement critiquables peuvent avoir une vision différente de l'effort coopératif total dans la société. Bien qu'ils le jugent sous-optimal à différents titres, ils peuvent considérer que, d'un point de vue global, il produit plus de bien que de mal. Ainsi, s'ils considèrent que la coopération dans l'entreprise est une partie de cet effort coopératif plus vaste, les employés dissidents peuvent accepter de se conformer aux directives managériales.

Examinons cette idée plus en détail. Un employé dissident comme celui dont nous parlons considère que son entreprise fait plus de mal que de bien. Il ne peut donc pas attribuer au fait de participer à la coopération dans l'entreprise, considérée isolément de ce qui se passe dans le reste de la société, le genre de justification nécessaire pour établir la légitimité de l'autorité. Il obéit aux directives managériales, mais seulement parce qu'il doit subvenir à ses besoins. Pour lui, les managers n'ont qu'un pouvoir directif.

Mais s'il considère que les activités de son entreprise font partie d'un effort coopératif plus vaste coordonné par l'autorité politique, notre employé dissident peut parvenir à une conclusion différente. Dans ce cas, il peut additionner les maux qui, selon lui, sont produits par son entreprise, avec ceux qui surviennent dans l'ensemble de la société – dans la mesure où ils sont produits par le système total de coopération. Il peut aussi ajouter les biens qui, selon lui, sont produits par son entreprise, à ceux qui surviennent dans l'ensemble de la société et qui sont produits par le système total de coopération. Et en étendant l'horizon moral de cette façon, on peut finir par juger que le bien l'emporte sur le mal. Cela signifie que notre employé dissident peut considérer qu'il a une raison suffisante de participer au système intégré pris comme un tout, et ainsi de se conformer aux directives qui maintiennent ce système. Mais si l'on considère que les entreprises sont des centres de coopération subordonnés au sein de ce système intégré, la raison suffisante qu'a l'employé pour obéir aux directives qui soutiennent le système pris comme un tout se transforme en une raison suffisante pour obéir aux directives managériales. Ainsi, en concevant les entreprises comme de tels centres de coopération subordonnés, nous sommes en mesure d'établir la légitimité de l'autorité managériale.

Il faut insister sur le fait qu'on parvient à ce résultat seulement si l'on considère que la coopération dans l'entreprise joue un rôle subordonné dans le système global de coopération en vigueur dans l'ensemble de la société. Cet effort global de coopération est coordonné au niveau politique. On arrive donc au résultat précédent seulement si l'on considère que la coopération en entreprise est finalement guidée par les autorités politiques. C'est ce qui permet à un employé dissident de se considérer lui-même comme contribuant, à travers le respect des directives qu'il reçoit immédiatement de ses supérieurs, à un système intégré de coopération sociale.

Il n'y a aucune garantie qu'un employé dissident adoptera cette façon de voir. Il peut aussi être un dissident au sein de la communauté politique. Il peut juger que l'effort coopératif total, coordonné par l'autorité politique ultime dans sa société, est, tout bien considéré, moralement inacceptable. Dans ce cas, il ne jugera légitime ni l'autorité managériale ni l'autorité politique. Mais en élargissant l'horizon moral de la façon décrite, on enrichit les activités des entreprises jugées moralement criti-quables par d'autres formes de coopération sociale que l'on tient pour moralement désirables. Il y a donc des raisons de penser que l'élargissement de l'horizon moral permet finalement à beaucoup de dissidents de l'entreprise de justifier à leurs propres yeux le respect des directives managériales. Et si le nombre de ces dissidents est assez grand – ce sera typiquement le cas si l'autorité politique exercée par les États concernés peut être tenue pour légitime –, alors les managers possèderont une autorité légitime au sein de leur entreprise.

LA DÉMOCRATIE DANS L'ENTREPRISE

Le principe selon lequel l'autorité facilite la coopération est étayé par une idée simple : ceux qui exercent l'autorité servent ceux sur qui elle est exercée en facilitant leur coopération. Une extension naturelle de cette idée consiste à supposer que l'autorité qui favorise la coopération devrait prendre une forme démocratique. De cette façon, ceux que sert l'autorité contrôlent son exercice. Plus généralement, la démocratie peut être comprise comme la façon la plus équitable de distribuer entre les individus le fardeau consistant à vivre avec le sentiment d'une imperfection morale (*moral error*) – un fardeau qui s'avère inévitable dès lors qu'il existe un désaccord raisonnable sur la forme que devrait prendre la coopération. Il y a donc une présomption morale, fondée sur la valeur d'équité, que l'autorité facilitant la coopération devrait être exercée démocratiquement.

Ce dernier point est pertinent pour l'argument de la section précédente. J'ai suggéré que les dissidents de l'entreprise pouvaient être capables de juger que le système global de coopération était moralement acceptable. Mais ils jugeraient le système global encore meilleur si les politiques menées par leurs entreprises étaient différentes. Toutefois, si le système intégré de coopération sociale est en dernier ressort soumis au contrôle démocratique, ils ont une raison d'accepter que le système dans son ensemble ne soit pas structuré comme ils le voudraient. La question de savoir comment structurer le système dans son ensemble est susceptible d'un désaccord raisonnable et certaines personnes peuvent avoir une conception différente de ce que devraient faire les entreprises qui en font partie. La démocratie permet de résoudre ces controverses de façon juste.

Néanmoins, cela n'implique pas que les entreprises elles-mêmes devraient être gérées démocratiquement. Quand l'autorité facilitant la coopération est organisée de façon hiérarchique – à travers une relation de subordination entre des centres d'autorité facilitant la coopération –, la présomption en faveur de la démocratie ne s'applique qu'au niveau le plus haut de l'autorité, c'est-à-dire au niveau le plus élevé de gouvernement. Or, celui-ci peut décider que la présomption en faveur d'un exercice démocratique de l'autorité à des niveaux inférieurs est moins forte que d'autres considérations. Donc, si nous considérons que le management joue un rôle subordonné dans une structure intégrée d'autorité sociale, l'autorité politique située au plus haut niveau peut décider que le bien public serait mieux servi en autorisant des formes non démocratiques d'organisation de la firme.

Une raison de voir les choses ainsi est que les décisions que prennent les entreprises supposent de faire appel à différents types de compétences. En outre, il est souvent approprié, pour les non-experts, de s'en remettre aux experts (qui mettent effectivement en œuvre leur expertise). Une autre raison vient du rôle de l'investissement dans un système de marché. Dans un tel système, l'investissement provient essentiellement de personnes qui ne sont pas employées par l'entreprise, et il est peu probable qu'elles se satisferaient d'un arrangement par lequel elles abandonneraient totalement le contrôle de leurs investissements à des managers chargés d'exécuter la volonté démocratique des employés – même si l'on admet que les investisseurs ont un droit sur les profits. Mais il est important d'assurer un niveau adéquat d'investissement pour promouvoir la prospérité sociale. C'est ce qui rend possible la production d'une plus grande quantité de biens et de services et l'augmentation de l'emploi.

Ces considérations ne sont pas décisives en elles-mêmes. La raison pour laquelle on peut donner un pouvoir de contrôle aux experts ou aux investisseurs est que certaines valeurs sociales moralement importantes, en particulier la valeur de prospérité sociale, seront promues de façon plus efficace. Mais en décidant quelles formes de gouvernance d'entreprise autoriser, les autorités politiques situées au niveau le plus élevé ne peuvent pas totalement ignorer la présomption morale, fondée sur la valeur d'équité, en faveur d'un exercice démocratique de l'autorité facilitant la coopération. Ainsi, stipuler des arrangements donnant aux employés un certain rôle dans la prise de décision au sein de l'entreprise peut, tout bien considéré, s'avérer approprié. Il y a beaucoup de possibilités. Mandater des représentants des salariés dans les conseils d'administration en est une. Encourager, à travers une législation appropriée, la syndicalisation des employés en est une autre.

DEUX FORMES D'AUTORITÉ SUBORDONNÉE

J'ai suggéré que si nous considérons les entreprises comme des centres subordonnés où l'autorité vise à faciliter la coopération (dans le cadre d'une structure intégrée d'autorité placée sous contrôle politique), nous pouvons asseoir la légitimité de l'autorité exercée par les managers. A tout le moins pouvons-nous l'envisager si la plupart des employés dissidents ne sont pas également des citoyens dissidents qui rejettent la structure intégrée elle-même. Cependant, il faut en dire plus sur la manière de comprendre l'autorité subordonnée exercée par les managers.

Si nous examinons le système d'autorité politique en général, nous voyons que l'autorité subordonnée peut prendre deux formes. La première est celle qui est exercée par des gouvernements situés à des niveaux inférieurs – par exemple, dans un système fédéral, ceux des États et des communes. Ainsi, aux États-Unis, le gouvernement fédéral facilite la coopération sur le territoire national dans le but de promouvoir le bien public. Mais de l'espace est laissé pour des formes plus locales de coopération qui possèdent le même caractère. Les gouvernements des différents États sont subordonnés au gouvernement fédéral dans le sens où leurs efforts pour promouvoir le bien public localement sont contraints par des directives émanant du gouvernement fédéral. Des remarques similaires s'appliquent aux communes. Pour notre propos, la caractéristique essentielle d'un système fédéral est qu'à chaque niveau, l'exercice de l'autorité implique de prendre des décisions sur la façon de réconcilier les revendications qui découlent d'un grand nombre de valeurs sociales moralement importantes. Appelons « autorité *législative* » une telle autorité. Le gouvernement fédéral, les gouvernements des États et ceux des communes exercent tous une autorité législative.

On peut considérer que, par certains côtés, l'autorité subordonnée exercée par les managers dans le système intégré que j'ai décrit possède un caractère législatif. C'est ainsi que les choses se présentent si nous supposons que la prise de décision managériale implique d'équilibrer les revendications de différentes valeurs sociales moralement importantes à l'intérieur d'un cadre contraignant établi par les autorités politiques de niveau supérieur. Dans la mesure où les managers prennent de telles décisions, les entreprises figurent parmi les centres d'autorité législative subordonnés aux côtés des gouvernements des États et des communes. Bien que beaucoup d'entreprises opèrent dans des juridictions politiques différentes, l'exemple le plus frappant est celui des entreprises multinationales. Si mon argument est correct, l'autorité managériale peut être tenue pour légitime parce qu'elle joue un rôle subordonné dans un système intégré d'autorité sociale qui se trouve au bout du compte sous contrôle politique. Ainsi la préservation de la légitimité nécessite que les activités des entreprises qui se déroulent sur le territoire de chaque entité politique soient les parties constituantes d'un effort coordonné, sous le contrôle ultime du politique, en vue de promouvoir le bien public au sein de cette entité [1].

L'autre possibilité est de modeler l'autorité managériale, comprise comme une forme subordonnée d'autorité dans une structure intégrée d'autorité sociale, d'après l'autorité exercée par les agents publics représentant les départements et les agences de l'État. Autrement dit, nous pourrions modeler l'autorité managériale sur ce que l'on pourrait appeler l'autorité *bureaucratique*. Celle-ci facilite la coopération dans un groupe d'employés. Mais, comme Henri Richardson l'a soutenu, le rôle social fondamental de l'autorité bureaucratique est de donner une forme spécifique à des buts généraux définis par la loi [2]. La tâche la plus simple que remplissent ces centres de coopération est ainsi de transformer ces buts généraux en buts plus spécifiques, ou d'identifier et de mettre en œuvre des moyens spécifiques pour atteindre les buts généraux fixés par la loi. Richardson donne l'exemple de l'amendement « Biaggi » au *Urban Mass Transit Act* de 1970. Celui-ci stipulait qu'on devait prévoir différentes étapes pour rendre les transports accessibles aux personnes âgées et aux handicapés. Mais le Département des transports devait choisir entre différents définitions de « l'accès » et élaborer une politique spécifique [3].

---

1. L'emploi du concept de « bien public » peut être restreint aux entités politiques et peut ainsi ne pas avoir de sens à une échelle globale, au moins à ce stade de l'histoire humaine. Pour une discussion pertinente, voir T. Nagel, « The problem of global justice », *Philosophy and Public Affairs*, 33(2), 2005, p. 113-147.

2. H.S. Richardson, *Democratic autonomy : Public reasoning about the ends of policy*, Oxford University Press, 2002.

3. Voir H.S. Richardson, *Democratic autonomy*, *op. cit.*, chap. 7. Richardson remarque que la décision finale du Département des transports a été ultérieurement justifiée par la loi dans l'*Americans with Disabilities Act* de 1990.

Dans la plupart des entreprises, certaines décisions managériales ont un caractère bureaucratique et d'autres un caractère législatif. Considérons ces possibilités plus en détail.

L'Autorité bureaucratique des managers

L'aspect bureaucratique de la prise de décision managériale est facilement perceptible si l'on considère son rôle dans une économie planifiée. Dans celle de l'ancienne Union Soviétique, la consommation et l'emploi n'étaient pas régis par les autorités centrales. Les citoyens prenaient eux-mêmes leurs décisions d'achat en tenant compte des biens disponibles, et ils décidaient du secteur où trouver un emploi. Mais la production était planifiée au niveau central. Les responsables des unités de production travaillaient ainsi comme des bureaucrates au sein de ce qui était en fait un département de l'État assigné à la promotion de la prospérité sociale. Nous pourrions parler ici d'un « département de production ». Le travail des responsables était de traduire les buts que leur avait fixé le plan en politiques spécifiques guidant l'activité des unités de production dont ils assuraient la gestion. Ils avaient la responsabilité de trouver des façons particulières d'atteindre des buts plus généraux fixés par une autorité supérieure. Cette responsabilité est la marque de la prise de décision bureaucratique.

Ceci diffère apparemment d'un système de marché. Les producteurs entrent en compétition avec d'autres producteurs. Ils décident quels biens produire en considérant ce qui, dans un environnement concurrentiel, permettra de maximiser le profit ou un autre critère de réussite comme la part de marché. La tâche consistant à coordonner la production sociale globale est remplie par le marché. Or, on peut justement considérer que le système composé des firmes en compétition sur le marché (ou sur les différents marchés qui constituent une économie) joue le rôle du département de production de la société. Cette interprétation est particulièrement plausible si l'on considère que les managers des entreprises exercent une autorité subordonnée dans une structure intégrée d'autorité. Ce fait confère au marché, en plus de son rôle de coordination, le caractère d'une forme subordonnée de coopération au sein d'un système intégré de coopération sociale.

L'idée que les managers exercent une autorité bureau-cratique reçoit une confirmation supplémentaire. Dans les économies modernes, les interactions qui ont lieu sur le marché se déroulent dans un cadre légal. Il reflète des décisions législa-tives et réglementaires qui ont été prises en vue d'assurer la promotion de buts sociaux que le fonctionnement normal du marché ne permettrait pas de réaliser. Ceci est accompli en partie par des interdictions légales et en partie par la création d'incita-tions plus importantes que celles que le marché peut fournir, comme les subventions et les exonérations d'impôt. Plus le mar-ché fonctionne dans un tel cadre – caractérisé par des contraintes et des incitations légales –, plus le trait caractéristique de la prise de décision bureaucratique – la traduction des buts fixés par l'autorité supérieure en politiques spécifiques – se manifestera dans les décisions prises par les managers [1].

J'ai dit dans l'introduction que l'autorité managériale s'exerce d'abord vis-à-vis des employés. Les responsables des départements de l'État et de ses agences possèdent une autorité de ce genre. Ces organisations ont beaucoup d'employés, mais dans le cas politique l'autorité bureaucratique s'exerce aussi à l'égard de la population dans son ensemble. Les départements et les agences de l'État sont autorisés par le pouvoir législatif

---

[1]. Le rôle des incitations et des exonérations d'impôts mérite d'être souligné. Elles résultent de décisions législatives. Les entreprises qui en bénéficient ne pensent probablement pas que ces décisions relèvent de la régulation de la vie des affaires par les pouvoirs publics, mais c'est le cas.

à élaborer des directives qui imposent différents types de contraintes sur la population.

Des travaux récents en philosophie politique ont souligné l'importance de disposer de procédures favorisant la participation des parties concernées aux décisions bureaucratiques[1]. Les bureaucraties façonnent de manière spécifique la fonction législative et, lorsqu'ils élisent des législateurs, ceux qui sont affectés par les décisions bureaucratiques peuvent participer à l'élaboration de la fonction législative. Mais certains théoriciens de premier plan estiment aujourd'hui que l'on doit aussi, dans le cadre de ce processus de spécification, donner un rôle à ceux-là même qui sont affectés. Il faut en particulier leur donner l'opportunité d'exprimer leurs préoccupations et de soumettre aux bureaucrates des arguments en faveur de l'une ou l'autre des options de choix. On attend ainsi de toute institution d'origine étatique qu'elle tienne des auditions publiques sur ses propositions règlementaires.

Le pouvoir législatif n'autorise pas les managers à adresser des directives à l'ensemble de la population, mais leurs décisions sur la manière de promouvoir la prospérité sociale et n'importe quel autre but préconisé par la loi ont typiquement des conséquences sur la population. Ainsi, le parallèle avec le cas gouvernemental suggère qu'il faut établir des procédures pour donner à ceux qui sont affectés par les décisions managériales l'opportunité d'exprimer leurs préoccupations et de présenter des arguments en faveur de l'une ou l'autre des options disponibles. La conception qui en résulte ressemble un peu à celle qui est associée, dans l'éthique des affaires, à la théorie des parties

---

1. Voir par exemple H.S. Richardson, *Democratic autonomy*, *op. cit.*, chap. 16, et Ph. Pettit, *A theory of freedom : From the psychology to the politics of agency*, Oxford University Press, 2001, chap. 7, surtout p. 169-171.

prenantes, dans la mesure où l'on estime que celles-ci ont le droit d'être entendues, mais pas de voter.

Cependant, il convient de préciser ce qui justifierait la participation des différents groupes ayant un intérêt à défendre au regard des décisions managériales. Selon les principes démocratiques, les gens qui ont le droit de participer aux décisions sur les activités futures d'un agent collectif ne sont pas ceux qui seront affectés par ses actions. Ceux qui ont le droit de participer sont les membres de cet agent collectif qui vont coopérer pour mettre en œuvre les décisions prises[1]. A cet égard, la prise de décision des agents collectifs est similaire à celle des individus. Ceux qui sont potentiellement affectés par l'une de mes actions ont droit à ce que je prenne en compte leurs préoccupations. Mais ils n'ont absolument pas le droit de déterminer par un vote ce que je vais faire. C'est à moi de décider comment concilier leurs préoccupations avec les autres considérations moralement pertinentes. On peut rapprocher de cette observation le rôle que jouent souvent les investisseurs dans la prise de décision managériale, à condition de supposer qu'on est partiellement responsable de ce qu'il advient de son bien dès lors qu'on l'a mis à disposition en vue d'une certaine fin[2]. La raison d'être des procédures grâce auxquelles des parties prenantes qui ne sont ni

1. Pour un point de vue opposé, voir Robert Goodin, « Enfranchising all affected interests, and its alternatives », *Philosophy and Public Affairs*, 35(1), 2007, p. 40-68. Si on le prend au pied de la lettre, l'argument de Goodin semble avoir pour conséquence que la prise de décision morale autonome – le fait qu'un agent décide de façon autonome comment traiter les autres agents avec lesquels il interagit – ne devrait jouer aucun rôle dans les affaires humaines. S'il y a place pour l'idée que les agents devraient décider par eux-mêmes ce que la morale requiert, on ne la trouve que lorsqu'il est question de voter pour ou contre des politiques menées par un unique agent collectif dont tout individu serait membre.

2. La question de savoir si l'autorité managériale concerne les investisseurs est discutée par J. (Hans) van Oosterhout, « Authority and democracy in corporate governance ? », *Journal of Business Ethics*, 71, 2007, p. 359-370.

des employés ni des investisseurs peuvent exprimer leurs préoccupations n'est donc pas qu'elles ont, selon les principes démocratiques, le droit de participer à ces décisions. Cette raison d'être est que l'établissement de procédures par lesquelles elles peuvent informer les managers de leurs préoccupations est une façon équitable et efficace de garantir que ces préoccupations et ces arguments seront pris en considération dans toute procédure de décision interne.

L'AUTORITÉ LÉGISLATIVE DES MANAGERS

L'autorité bureaucratique décide de la forme spécifique qui est donnée à l'effort social pour promouvoir les buts établis par l'autorité supérieure. Les décisions législatives qui fixent ces buts arbitrent entre différentes valeurs sociales moralement importantes. Cet arbitrage est la marque d'une réflexion sur le bien public. Par conséquent, toute décision législative conduit à élaborer une conception du bien public. Au sein de la structure intégrée, la prise de décision en matière législative peut avoir lieu dans les centres de coopération subordonnés. C'est le cas quand l'autorité supérieure permet aux décideurs qui définissent la politique d'une unité subordonnée de décider comment résoudre les conflits entre les valeurs sociales moralement importantes affectées par les activités se déroulant dans cette unité. Dans la mesure où les décideurs subordonnés ont cette marge de manœuvre, leurs décisions déterminent en partie la conception du bien public que la structure intégrée dans son ensemble met en œuvre. C'est vrai des décisions prises par les gouvernements des États et des communes, et cela peut aussi être vrai des décisions des managers.

L'autorité législative subordonnée que l'on trouve dans une structure fédérale d'autorité politique est typiquement exercée de façon démocratique, mais ce n'est pas là l'essentiel. Le trait essentiel de l'autorité législative subordonnée est que les décisions prises par ceux qui exercent l'autorité équilibrent les prétentions de différentes valeurs sociales moralement importantes. Ainsi, le fait que la démocratie dans l'entreprise est presque toujours considérablement réduite n'interdit en rien de tenir l'autorité managériale pour une autorité législative. Dans la mesure où une forme de participation des collaborateurs (*non-managers*) dans la prise de décision législative est jugée appropriée, les remarques de la section précédente peuvent s'appliquer. Les raisons de participer de ceux dont l'effort coopératif est organisé par les directives managériales sont différentes de celles que peuvent invoquer ceux qui sont simplement affectés par les actions qui en résultent.

Avant d'explorer la dimension législative de la prise de décision managériale, nous devons en dire plus sur les considérations morales que les managers doivent prendre en compte lorsqu'ils prennent des décisions législatives. Comme je l'ai suggéré, on peut concevoir qu'un système de firmes en compétition sur un marché est fondamentalement orienté vers la promotion d'une valeur sociale moralement importante, celle de la prospérité sociale – la prospérité de la population toute entière. Mais quel sens donner à la prospérité elle-même ? Si la prospérité est ce que produisent des marchés efficients, on pourrait penser que les gens sont prospères si leurs désirs pour des biens et des services sont satisfaits. La prospérité sociale est une valeur morale, mais il n'est pas nécessaire de croire que les biens et services (dont la jouissance constitue la prospérité sociale) ont une valeur morale. Ils peuvent seulement être des choses que les gens désirent obtenir.

Le système de marché promeut la prospérité sociale, mais la prospérité peut être promue par d'autres voies. Elle peut l'être, en particulier, par la régulation du marché. La pureté de l'air est un exemple souvent évoqué. Une grande partie de la production industrielle génère de la pollution atmosphérique et, quand les coûts imposés par la pollution sont effectivement pris en compte, le coût total, pour la société, de la production de certains biens peut en excéder le bénéfice. Les acheteurs bénéficient de ces biens, mais le prix qu'ils paient ne reflète pas le coût social de la production. Ce type de défaillance du marché est bien connu grâce à la théorie économique. Ce sont des externalités associées à des processus de production qui créent de la pollution. Le remède usuel consiste à promulguer des lois et à définir, au niveau bureaucratique, des mesures permettant d'internaliser les coûts. Il en résulte que les consommateurs acquittent la totalité du coût social de la production des biens qu'ils souhaitent acquérir. Un gouvernement peut ainsi préconiser l'installation d'équipements de contrôle de la pollution dans les centrales électriques, dont le coût est répercuté sur les utilisateurs.

Le fait que les gens désirent respirer un air pur suggère que la mise en œuvre de mesures visant à purifier l'air promouvra la prospérité sociale. Mais une autre valeur sociale moralement importante exige de telles mesures : la protection de l'environnement. Dans ce cas, la promotion de la prospérité sociale est donc liée à la promotion d'une valeur sociale supplémentaire. On peut faire des remarques similaires à propos des autres valeurs sociales moralement importantes. Les gens désirent souvent que la promotion de l'une de ces valeurs s'accompagne de la réalisation d'autres valeurs. Ainsi la promotion de la prospérité sociale, qu'elle soit le produit de l'activité du marché ou de l'action de l'État, peut impliquer la promotion d'autres valeurs. Mais en attribuant à celles-ci une importance morale intrinsèque, nous supposons que l'attrait qu'elles ont sur nous ne dépend pas de ce que les gens désirent réellement. Si la préservation de l'environnement a une importance morale intrinsèque, une société devrait mettre en œuvre des mesures visant à préserver l'environnement même si cela signifie que ses membres sont privés de choses qu'ils désirent obtenir.

Ce sont d'abord les gouvernements qui décident des mesures à prendre. Le législateur doit décider comment arbitrer entre les valeurs sociales moralement importantes qui s'avèrent appropriées puis, dans un second temps, il doit élaborer des lois qui mettent ces arbitrages en application. Les agences et les départements de l'État ont aussi un rôle à jouer puisque les préconisations inscrites dans la loi doivent être converties en politiques spécifiques. Ces activités législatives et bureaucratiques peuvent conduire à imposer des contraintes sur les producteurs ou les consommateurs, ou à mettre en place des incitations. Le but de ces mesures est de garantir que d'autres valeurs sociales que la prospérité sont promues de façon adéquate.

Mais dans la mesure où les gouvernements ne s'impliquent pas dans la gestion des entreprises, ils délèguent aux managers certaines de leurs décisions concernant la manière de concilier différentes valeurs sociales moralement importantes. Quand c'est le cas, la prise de décision managériale prend un caractère législatif. Les décisions des managers déterminent alors en partie la conception du bien public que la structure intégrée dans son ensemble va mettre en application. Le caractère législatif de la prise de décision managériale est particulièrement prononcé dans les entreprises dont la finalité est de promouvoir d'autres valeurs sociales moralement importantes que la prospérité sociale. Dans un système différent, le rôle de ces entreprises pourrait être assumé par une agence de l'État. Par exemple, les entreprises de médias promeuvent, en plus de la prospérité sociale, les valeurs sociales moralement importantes de progrès des connaissances (au sens indiqué précédemment) et de la culture. Elles remplissent ainsi une fonction qui, en Grande-

Bretagne, est assumée par la BBC[1]. Et les entreprises qui opèrent dans le secteur de la santé, y compris les compagnies d'assurance, promeuvent, en plus de la prospérité sociale, la préservation de la santé de la population. Elles remplissent donc une fonction qui, en Grande-Bretagne, est assumée par le National Health Service.

Que de telles entreprises promeuvent la prospérité sociale signifie qu'elles agissent pour satisfaire les désirs des gens en produisant des biens et des services et en les vendant sur un marché. Cependant, il n'est pas vraisemblable de supposer que, dans ce genre d'entreprise, les actions qui maximisent le profit – et contribuent ainsi à la promotion de la prospérité sociale par le système de marché en général – sont toujours optimales du point de vue des autres valeurs sociales. Ainsi l'impératif de maximisation des profits peut par exemple pousser des entreprises de médias à fournir plus de divertissements et moins d'informations, ou à diffuser des informations d'une manière insipide que les consommateurs qu'elles veulent fidéliser jugeront néanmoins acceptable. Et la motivation pour le profit peut conduire des entreprises pharmaceutiques à produire des médicaments en quantité insuffisante ou, à l'inverse, exagérée, compromettant ainsi la santé globale de la population. Des remarques du même ordre s'appliquent aux compagnies privées d'assurance maladie. Des considérations relatives à la maximisation du profit peuvent les conduire à fixer le prix des assurances de telle sorte que les gens qui en ont le plus besoin ne puissent pas se les offrir, compromettant là encore la santé globale de la population.

---

1. Les États-Unis ont bien le *Public Broadcasting Service*, mais étant donné le rôle des entreprises de médias privées dans la vie américaine, celles-ci doivent se charger en partie de promouvoir le développement des connaissances et de la culture.

Lorsqu'ils se trouvent dans cette situation, les managers sont confrontés à la tâche législative consistant à équilibrer la valeur de prospérité sociale (celle-ci étant promue par l'activité normale de recherche du profit) et d'autres valeurs sociales moralement importantes. La latitude dont ils disposent pour prendre de telles décisions revient en pratique à les autoriser à définir un aspect de la conception du bien public que la structure intégrée dans son ensemble doit rendre effective. Ainsi, les managers des entreprises de médias sont autorisés à déterminer en partie comment la structure intégrée dans son ensemble équilibre d'un côté la satisfaction des désirs en général et de l'autre le développement des connaissances et de la culture.

Cependant, aucune entreprise ne conduira une politique susceptible de lui faire perdre un avantage concurrentiel. Par conséquent, pour que des valeurs sociales moralement importantes (en dehors de la prospérité) puissent être reconnues dans un système de marché, certaines mesures doivent être prises pour permettre aux firmes de promouvoir ces valeurs sans se faire devancer par leurs concurrents. Le résultat est qu'une société qui reconnait l'importance morale d'autres valeurs sociales que la prospérité, mais qui veut aussi tirer avantage de la prise de décision décentralisée associée au système de marché, est confrontée à une tâche délicate. Elle doit créer un cadre légal permettant aux managers des entreprises en question d'exercer leur autorité législative de façon responsable tout en préservant la viabilité de leurs entreprises en tant qu'entités tournées vers le profit.

En définitive, pour atteindre un tel objectif, il est nécessaire que la population reconnaisse la distinction entre la prospérité sociale et les autres valeurs sociales moralement importantes. Il faut qu'elle reconnaisse que la satisfaction des désirs des gens n'est pas la seule chose qui compte. C'est seulement quand cette condition est remplie qu'une démocratie peut élaborer le cadre légal requis. De plus, si les citoyens reconnaissent effectivement que la simple satisfaction des désirs n'est pas la seule chose qui importe, les entreprises opèreront dans un climat d'opinion qui en lui-même, indépendamment de la régulation légale, contraindra et récompensera les actions des entreprises.

CONCLUSION

Le fait que les gens ont besoin d'assurer leur subsistance et doivent ainsi faire ce que leur demandent leurs employeurs ne suffit pas à établir que les managers des entreprises privées exercent une autorité légitime. Il révèle seulement qu'ils possèdent un pouvoir directif. J'ai défendu l'idée qu'un consentement ayant la force d'une promesse n'est pas suffisant pour convertir ce pouvoir directif en autorité légitime. On peut considérer que les managers des entreprises privées exercent une autorité légitime seulement si leur autorité est comprise comme une forme subordonnée d'autorité facilitant la coopération. Cette forme d'autorité est inscrite dans une structure intégrée plus grande qui est finalement placée sous contrôle politique – celui des gouvernements concernés. Cela signifie que, dès lors que les managers exercent une autorité légitime, ils agissent comme des agents publics d'un certain genre.

INDEX DES NOMS

INDEX DES NOTIONS

TABLE DES MATIÈRES

DANS LA MÊME COLLECTION

Philosophie de la médecine
    Textes réunis par M. GAILLE
    – vol. I : *Frontière, savoir, clinique*, 480 pages, 2011

Philosophie de la religion. Approches contemporaines
    Textes réunis par C. MICHON et R. POUIVET, 384 pages, 2010

Philosophie des sciences
    Textes réunis par S. LAUGIER et P. WAGNER
    – vol. I : *Théories, expériences et méthodes*, 370 pages, 2004
    – vol. II : *Naturalismes et réalismes*, 424 pages, 2004

Philosophie du corps. Expériences, interactions et écologie corporelle
    Textes réunis par B. ANDRIEU, 384 pages, 2010

Philosophie du langage
    Textes réunis par B. AMBROISE et S. LAUGIER
    – vol. I : *Signification, vérité et réalité*, 384 pages, 2009
    – vol. II : *Sens, usage et contexte*, 384 pages, 2011

Philosophie du théâtre
    Textes réunis par M. HAUMESSER, C. COMBES-LAFITTE et N. PUYUELO, 352 pages, 2008

Psychologie morale. Autonomie, rationalité pratique et responsabilité
    Textes réunis par M. JOUAN, 384 pages, 2008

Imprimerie de la manutention à Mayenne - Novembre 2011 - N° 801010H
Dépôt légal : Novembre 2011

Imprimé en France